한 권으로 끝내는

내공의 파이썬

초보자용 코딩 입문서

한선관 지음

자유아카데미

머리말

코딩, 즉 프로그래밍은 더 이상 특정 전문가들만의 영역이 아닙니다. 오늘날 우리는 다양한 분야에서 프로그래밍을 접하며, 디지털 시대를 살아가는 필수 역량으로 자리 잡았습니다. 코딩을 배우는 것은 단순한 기술 습득을 넘어, 논리적 사고를 기르고 창의적인 문제 해결 능력을 키우는 과정이기도 합니다. 이러한 프로그래밍 언어 중 가장 널리 사용되며 사랑받는 언어가 바로 '파이썬(Python)'입니다.

파이썬은 쉽고 직관적인 문법을 갖추고 있어 프로그래밍을 처음 접하는 사람도 부담 없이 배울 수 있습니다. 그러나 단순히 배우기 쉬운 것을 넘어, 웹 개발, 데이터 분석, 인공지능, 사물인터넷(IoT) 등 다양한 분야에서 활용되며 강력한 기능을 갖춘 언어로 인정받고 있습니다. 이러한 이유로 초보자는 물론 전문가들까지도 파이썬을 배우고, 실무에서 폭넓게 활용하고 있습니다.

이 책은 파이썬을 처음 접하는 독자들이 기본 개념을 쉽게 익히고, 점진적으로 내공의 실력을 쌓을 수 있도록 구성하였습니다. 단순한 문법 암기에 그치지 않고, 실제 코딩에 적용할 수 있는 능력을 기를 수 있도록 다양한 예제와 실습 문제를 포함하였습니다. 또한, 프로그래밍의 기초 개념을 배우는 과정에서 컴퓨터과학적 사고를 함께 익힐 수 있도록 '기초 내공 쌓기', '도전 내공 쌓기', '기초튼튼 컴퓨터과학' 등의 코너를 마련하여 독자들이 문제 해결 능력을 기르면서 컴퓨터과학의 개념과 자연스럽게 연결 지을 수 있도록 하였습니다.

이 책은 두 개의 파트(Part)로 구성되어 있습니다. Part 1에서는 프로그래밍과 파이썬의 기본 개념 및 문법을 예제와 함께 익힙니다. Part 2에서는 파이썬을 실전에서 활용하기 위한 구체적인 방법을 배우며, 다양한 함수와 라이브러리를 활용하여 실생활에서 유용하게 적용할 수 있는 테크닉을 익힙니다.

최선을 다해 집필했지만, 부족한 부분이 있을 수 있습니다. 이 점은 양해를 바라며, 출간 후 나올 수 있는 수정사항 및 파이썬 데이터 파일은 자유아카데미 홈페이지(www.freeca.com) 자료실을 통해 제공할 예정이니 참고하시기 바랍니다.

이 책을 통해 파이썬의 기초를 탄탄히 다지고, 나아가 실생활의 다양한 문제를 코딩으로 해결할 수 있는 능력을 갖추길 바랍니다. 처음에는 어려울 수도 있지만, 하나하나 차근차근 배워 나가다 보면 어느새 자신의 실력이 성장하고 있다는 것을 느낄 수 있을 것입니다.

프로그래밍은 단순한 기술이 아니라, 더 나은 미래를 만들어 가는 도구입니다. 이 책이 여러분의 첫걸음을 도와주고, 프로그래밍을 배우는 즐거움을 느낄 수 있도록 길잡이가 되기를 바랍니다.

디지털 사회의 주인공으로서 즐겁고 유익한 학습이 되기를 기대하며

저자 한선관

차례

Part 2 파이썬의 활용

Chapter 14 문자열과 포매팅

Chapter 15 리스트와 튜플

Chapter 16 딕셔너리와 집합

Chapter 17 내장함수와 외장함수

Part 1

파이썬의 기초

Chapter 1

파이썬 인트로: 헬로 파이!

1 Welcome to Programming World!

"프로그래밍의 세계에 오신 것을 환영합니다!"

우리가 살아갈 세상은 지금까지와는 다른 디지털 기술이 중심인 새로운 세상이 될 것으로 전문가들은 예측하고 있다. 혹자는 새롭게 도래하는 세상을 4차 산업 혁명, 또 다른 혹자는 소프트웨어 중심 사회라고 이야기한다. 용어는 다르지만 공통적인 부분은 IT 기술이 세상에 많은 영향을 줄 것이라는 점이다. 국외에서는 이런 새로운 세상에 대비하기 위해 모두가 D 언어를 배워야 한다고 주장하고 있다. D 언어란 디지털(Digital) 언어로 영어와 프로그래밍 언어를 지칭한다. 이처럼 프로그래밍을 배우는 것은 꼭 필요한 일이다. 무조건 프로그래머가 될 사람들만 프로그래밍을 배우는 것은 아니라는 점을 꼭 알아두어야 한다.

그런데 머릿속에 바로 이 생각이 떠오를 수 있다. "프로그래밍, 어렵지 않나요?" 그 대답은 "아니요. 매우 재미있어요!"일 것이다. 다만 처음에는 익숙하지 않아서 어렵게 느껴질 수도 있다. 하지만 하나씩 따라오다 보면 어느새 재미가 붙고 실력이 생긴다. 심지어 집에서도 프로그래밍을 하고 싶어질 것이다. 또 어떤 이는 장래 희망을 프로그래머로 마음먹을 수도 있다. 아예 밤을 새워가며 누가 시키지 않았는데도 불구하고 프로그래밍에 몰입하는 사람도 나타날 것이다.

2 프로그래밍은 무엇일까요?

프로그래밍을 시작하기 전에 먼저 '코드'라는 용어를 간단히 알아두는 것이 좋다. 프로그래밍은 컴퓨터에 명령을 내리는 과정으로, 이 명령을 통해 컴퓨터가 특정 작업을 수행하도록 한다. 예를 들어, 컴퓨터에 하나의 명령을 내릴 수도 있지만 보통은 여러 명령을 조합하여 더 복잡한 작업을 자동으로 수행할 수 있도록 한다. 이렇게 여러 명령어가 모여 있는 것을 '코드'라고 부른다.

코드는 컴퓨터가 이해할 수 있는 언어로 작성된 지침서와 같다. 다음과 같은 예시를 보면 코드가 어떻게 생겼는지 감을 잡을 수 있을 것이다. 코드가 영어 단어처럼 보이지만, 각각의 단어와 기호가 컴퓨터에 특정한 명령을 내리는 역할을 한다. 지금 단계에서는 코드가 컴퓨터에 내리는 지시라고 이해하면 충분하다.

이런 코드를 컴퓨터가 실행하기 위해서는 특별한 프로그램이 필요하다. 이제 코드를 실행할 수 있는 환경을 컴퓨터에 설치해 보자. 만약, 이미 프로그램이 설치되어 있다면 다음 단계로 넘어가도 좋다.

```
import turtle

p=turtle.Pen()

for i in range(20):
    if i%2==0:
        p.pendown()
    else:
        p.penup()
p.forward(i)
p.right(90)
```

이런 코드를 컴퓨터가 실행하려면 특별한 프로그램이 필요하다. 이제부터는 우선 앞의 코드를 실행할 수 있는 환경을 설치해 보자. 만약, 각자 PC 환경에 이미 필요한 프로그램이 설치되어 있다면, 다음 단계로 넘어가자.

3 파이썬이란?

파이썬(Python)은 1990년 암스테르담의 귀도 반 로섬(Guido Van Rossum)이 개발한 인터프리터언어이다. 귀도는 파이썬이라는 이름을 자신이 좋아하는 코미디 쇼인 “몬티 파이썬의 날아다니는 서커스(Monty Python's Flying Circus)”에서 따왔다고 한다. 파이썬의 기원은 고대 신화에 나오는 파르나소스산의 동굴에 살던 큰 뱀을 뜻하며, 아폴로 신이 델파이에서 파이썬을 퇴치했다는 이야기가 전해지고 있다. 대부분의 파이썬 책 표지와 아이콘이 뱀 모양으로 그려져 있는 이유가 여기에 있다.

> 프로그래밍 언어로 작성된 프로그램들을 실행하는 데에는 두 가지 방법이 있다.
> 가장 일반적인 방법은 프로그램을 컴파일하는 것이고, 다른 하나는 프로그램 인터프리터를 사용하는 방법이다. 인터프리터는 고급 명령어들을 중간 형태로 번역한 다음, 그것을 실행한다. 이와는 대조적으로, 컴파일러는 고급 명령어들을 직접 기계어로 번역한다.
> - **인터프리터 방식:** 소스 코드를 한 라인씩 해석해서 그때그때 실행한 뒤 결과를 바로 확인할 수 있는 방식의 언어를 말한다.
> - **컴파일러 방식:** 모든 소스코드를 한꺼번에 입력받아 기계어로 해석해서 바로 실행 할 수 있게 하는 방식의 언어를 말한다.

파이썬이라는 프로그래밍 언어는 빅데이터를 바탕으로 웹과 인터넷이 중요한 시대를 위한 프로그래밍 교육에 최적의 언어이다. 우선 문법이 프로그래밍 언어 중에서 매우 쉽다. 본래 프로그래밍 언어는 쉬우면 쉬울수록 활용할 수 있는 기능이 적은 편인데, 파이썬은 쉬우면서도 다양한 최신 기술도 활용이 가능하다. 그래서 구글, 마이크로소프트, 아마존 등 가장 소프트웨어 업계 선두 기업도 파이썬을 많이 사용한다. 알파고로 유명해진 인공지능이나 유망한 분야 중 하나인 빅데이터 분야에서도 파이썬을 많이 사용한다. 더군다나 간단한 프로그래밍으로도 마우스와 키보드를 자동으로 움직이도록 만들 수 있다. 문서도 자동으로 만들 수 있고, 그림도 그릴 수 있고, 많은 사람들이 좋아하는 게임도 만들 수 있다.

파이썬은 다음과 같은 특징을 갖고 있다.

- **첫째, 파이썬은 단순하다**

파이썬은 단순하고 최소화된 언어이다. 잘 쓰인 파이썬 프로그램을 읽는 것은 좀 딱딱하게 쓰인 영어 문장을 읽는 것과 크게 다르지 않다. 프로그램 코드처럼 보이지 않는다는 점은 파이썬의 가장 강력한 특성 중 하나이다. 이로 인해 파이썬이라는 언어 자체보다 풀고자 하는 문제에 더 쉽게 집중할 수 있다.

• **둘째, 파이썬은 배우기 쉬운 언어이다**

파이썬은 정말 배우기 쉬운 언어이다. 파이썬은 굉장히 쉬운 문법 체계를 갖고 있다. 영어를 아는 사람이라면 코드가 술술 이해되고 직관적으로 작성할 수 있다.

• **셋째, 파이썬은 오픈 소스 소프트웨어이다**

파이썬은 FLOSS(Free/Libré and Open Source Software; 자유, 오픈 소스 소프트웨어)의 좋은 예다. FLOSS는 이 소프트웨어의 복사본을 마음대로 배포할 수 있고, 소스 코드가 공개되어 있어 언제든지 읽을 수 있으며, 필요한 부분을 고칠 수 있고, 새로운 자유 소프트웨어를 작성할 때 이 프로그램의 일부를 사용해도 된다는 것을 의미한다. FLOSS는 지식을 공유하는 공동체를 기반으로 하고 있다. 이것은 왜 파이썬이라는 언어가 이렇게 좋은 언어가 되었는지를 설명하는 좋은 이유이다. 파이썬은 좀 더 나은 파이썬을 만들고자 하는 공동체의 노력에 의해 지속해서 개선되고 있기 때문이다.

open source

오픈 소스 소프트웨어(Open Source Software)
저작권자가 소스 코드를 공개하여 누구나 별다른 제한 없이 자유롭게 사용, 복제, 배포, 수정할 수 있는 소프트웨어를 말한다. 리눅스, 안드로이드 등이 대표적인 오픈 소스이다.

• **넷째, 파이썬은 고수준 언어이다**

파이썬으로 프로그램을 작성할 때, 메모리를 관리한다든가 하는 저수준의 세부적인 사항들을 신경 쓸 필요가 없다. 편안한 환경에서 고수준의 수처리 작업, 대용량 데이터 처리, 세계적 수준의 기업에서 사용하는 작업을 할 수 있다.

• **다섯째, 파이썬은 객체 지향 언어이다**

파이썬은 절차 지향 프로그래밍 및 객체 지향 프로그래밍을 지원한다. 절차 지향 언어에서 프로그램은 '프로시저' 또는 '함수'들로 구성되는데, 이것들은 단순히 프로그램에서 많이 재사용되는 코드 조각들을 의미한다. 반면 객체 지향 언어에서 프로그램은 '객체'로 구성되어 있는데, 객체란 데이터와 기능이 결합된 하나의 대상을 의미한다. 파이썬은 특히 C++이나 Java와 같은 언어들에 비해 매우 강력하고도 쉬운 방법으로 객체 지향을 지원한다.

- **여섯째, 파이썬은 확장 가능한 라이브러리를 갖추고 있다**

파이썬은 엄청난 표준 라이브러리를 갖추고 있다. 여기에는 정규 표현식, 자동문서 생성, 유닛 테스트, 쓰레딩, 데이터베이스, 웹 브라우저, CGI, FTP, 전자메일, XML, XML-RPC, HTML, WAV 파일, 암호화 알고리즘, GUI(graphical user interfaces) 등등이 들어 있으며, 여러 시스템 관련 기능들 또한 포함되어 있다. 이러한 기능들은 파이썬이 설치되어 있는 어떤 시스템에서든지 사용 가능하다는 것을 의미한다. 이러한 표준 라이브러리 외에도, 파이썬 패키지 인덱스(Python Package Index)에 다양한 라이브러리가 공개되어 있다. 모두 무료로 사용할 수 있다.

> 파이썬 라이브러리: 파이썬 프로그램 작성 시 불러와 사용할 수 있는 미리 만들어진 파이썬 파일들의 모음이다. 게임을 제작하는 라이브러리, 수학 계산하는 라이브러리와 함께 얼굴인식, 음성인식, 바둑 프로그램 등 인공지능에서 사용되는 딥러닝도 텐서플로우라는 무료 라이브러리로 제공되고 있다.

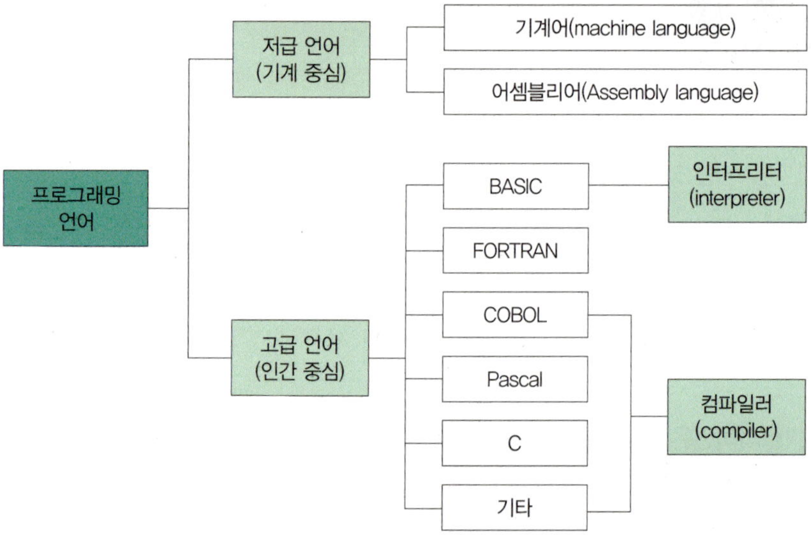

프로그래밍 언어의 계층; 고수준 언어와 저수준 언어

4 파이썬 실행하기

이제 파이썬을 실행해 보자. 프로그램 메뉴에서 'python'을 입력하면 설치된 python 프로그램을 확인할 수 있다.

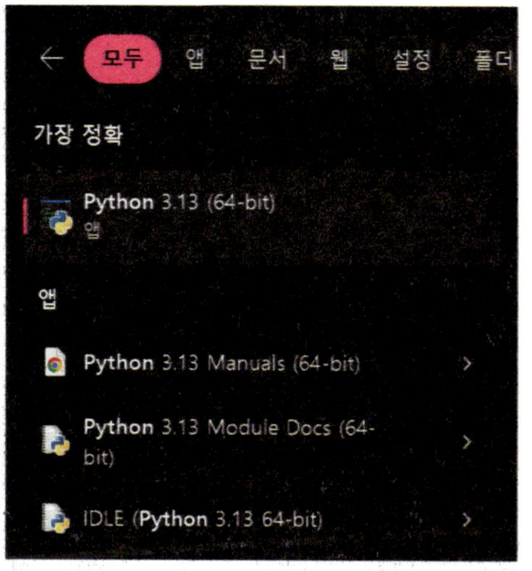

여러 개의 파일 중 'IDLE(Python 3.13(64-bit))'를 선택하자. 'IDLE'라는 파이썬 셸(Python Shell)은 파이썬 문법을 확인해 보거나, 명령어에 대한 도움말을 바로바로 볼 때, 또는 작은 프로그램을 수정할 때 사용할 수 있다.

파이썬 셸은, 그 내부에 파이썬 셸을 내장하고 있고, 파이썬에 대한 구문 강조를 지원하는 문서 편집기이다. (파이썬은 다양한 문서 편집기를 사용할 수 있는데 이 책에서는 파이썬 셸을 사용하도록 한다.)

Python 3.13(64-bit)은 파이썬 자체 엔진(인터프리터)으로 파이썬 쉘처럼 프로그래밍을 실행할 수 있지만 편집기능, 디버깅 등의 기능이 없다.

이제 본격적으로 파이썬과 놀아보자. 대화형 인터프리터 프롬프트를 이용해 보도록 한다. 파이썬 셸을 실행시키면 다음과 같은 창의 실행이 되며 '>>>'이 보인다. 이것의 이름이 바로 '파이썬 셸 프롬프트'이다.

>>>(파이썬 셸 프롬프트): 여러분이 원하는 파이썬 명령을 입력할 수 있는 상태임을 뜻한다. 파이썬 셸 프롬프트(>>>)는 따로 입력하지 않아도 된다.

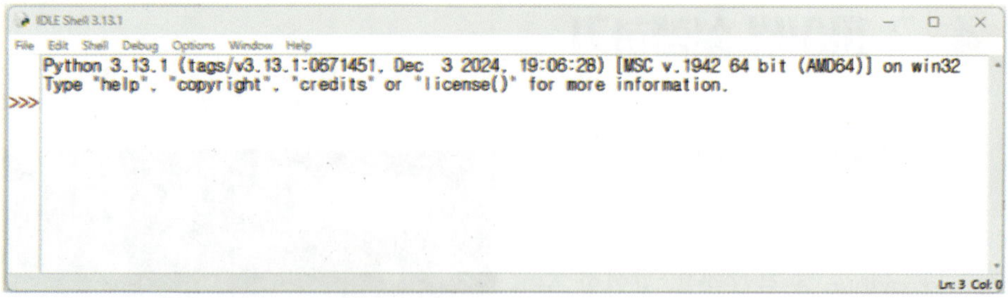

프로그래밍을 시작하는 사람이라면 프로그램을 실행시키고서 가장 먼저 하는 것이 있다. 프롬프트 옆에 직접 'print ('Hello World')'를 입력하고 엔터키를 쳐보자.

그러면 다음과 같이 입력한 문자가 나타날 것이다.

```
>>> print ('Hello World')
Hello World
```

5 Python 편집창으로 코드 작성하기

파이썬 셸(Python Shell)은 대화형 셸이기 때문에 긴 코드의 명령어를 입력하고자 할 때는 파이썬 셸의 메모장과 같은 역할을 해주는 편집창을 활용하면 프롬프트에 구애받지 않고 코드를 작성할 수 있다.

파이썬 셸 메뉴에서 [File]-[New File]을 클릭하면 다음과 같은 화면이 나타난다.

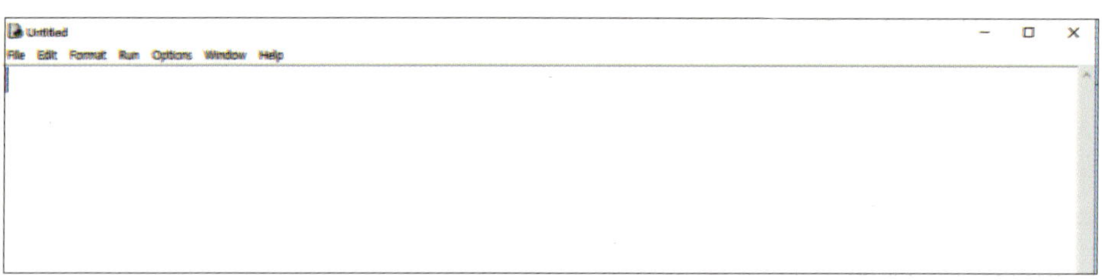

이 편집 화면에서는 프롬프트가 보이지 않는다. 일종의 텍스트 편집창(메모장과 유사한)으로 원하는 소스코드를 모두 입력한 뒤 [F5]키를 클릭하여 바로 실행해 볼 수 있다.

일반적으로 간단하게 1~2라인의 명령어를 입력하여 바로 실행하여 결과를 확인할 때는 쉘창을 사용하고, 여러 라인의 명령어로 실행되는 코드나 프로젝트 파일은 코드를 모두 입력하고 편집하여 저장한 뒤 한꺼번에 실행하는 편집창을 사용한다.

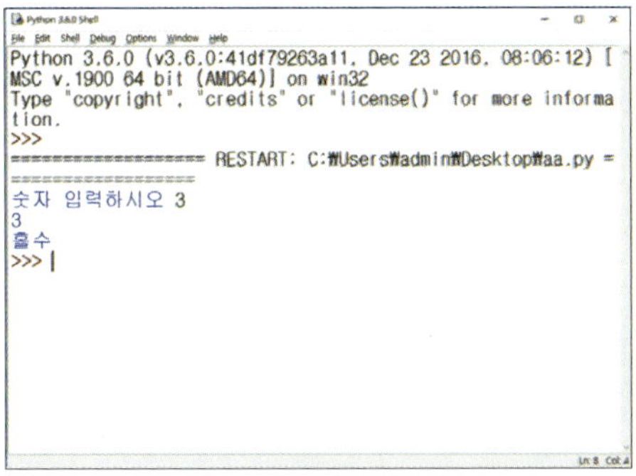

쉘창

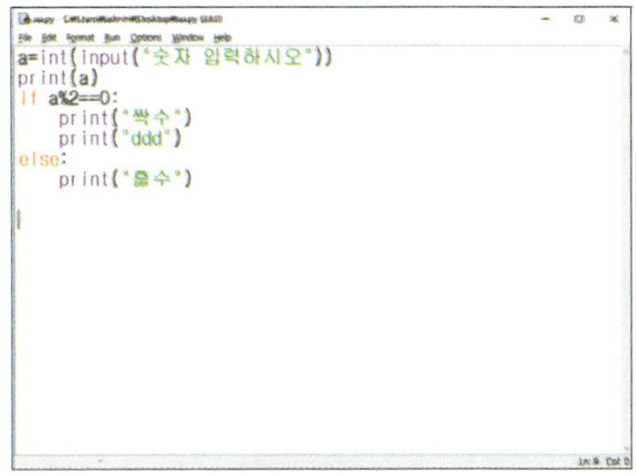

편집창

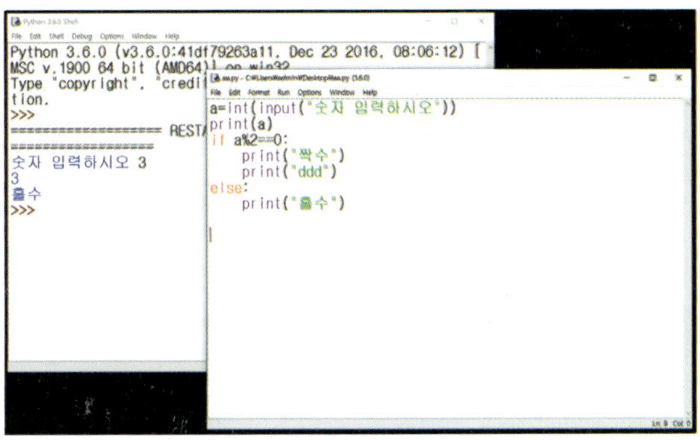

두 창의 관계(편집과 실행을 담당)

이제 만들고자 하는 프로그램을 편집창으로 작성해 보자. 위에서 작성한 프로그램의 코드를 보면 복잡하고 어렵게 느껴질 수 있지만, 우선 분석하지 말고 바로 편집창에 입력해 보자.

예제

```
import turtle
t=turtle.Pen()
t.speed(0)
num=int(turtle.numinput("원의 갯수","원의 갯수는?",6))
for x in range(num):
    t.circle(50)
    t.left(360/num)
```

모든 코드를 입력한 뒤 실행 결과를 보고 싶으면 메뉴의 [Run] – [Run Module] 또는 [F5] 키를 누르고 파일을 저장하면 아래 그림처럼 파이썬 셸 창이 뜨고 실행 결과가 출력된다.

저장할 때는 폴더를 바탕화면 또는 원하는 위치에 새로운 폴더를 만들고 난 뒤 그 폴더에 저장하는 것이 관리하기 쉽다.

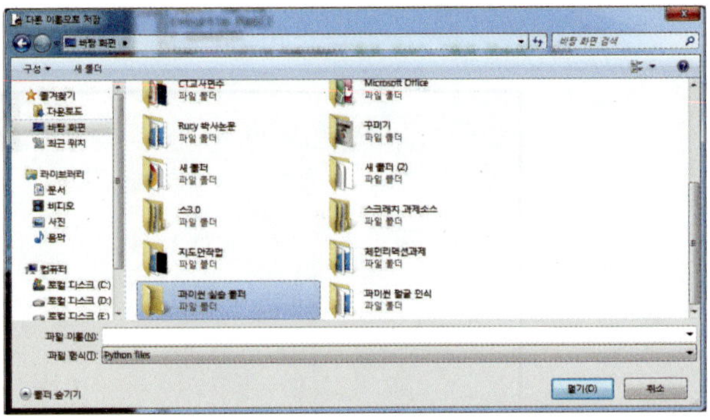

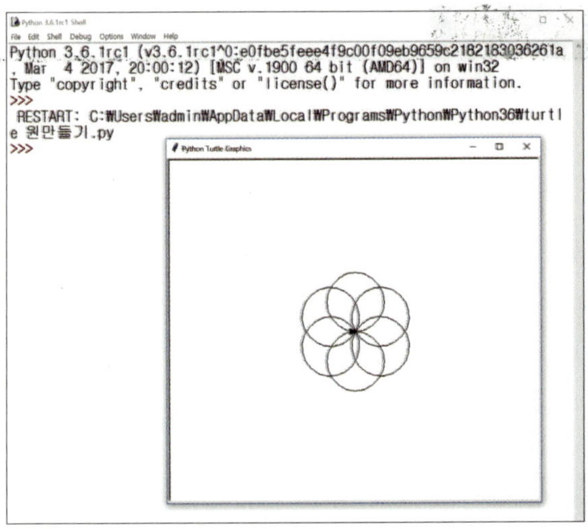

실행 결과

6 Python으로 컴퓨터과학 이해하기

알고리즘은 데이터와 프로세스를 고려한 사고 과정이자 문제해결 과정이다. 프로그래밍은 데이터를 사용하여 프로세스를 진행하여 문제의 해결 과정을 구현하는 행위이다. 따라서 파이썬의 학습 구조도 알고리즘과 프로그래밍의 과정을 따른다.

파이썬으로 코딩한다는 것은 한마디로 정의하자면 데이터와 프로세스를 다룬다.

파이썬 기본 문법의 코딩

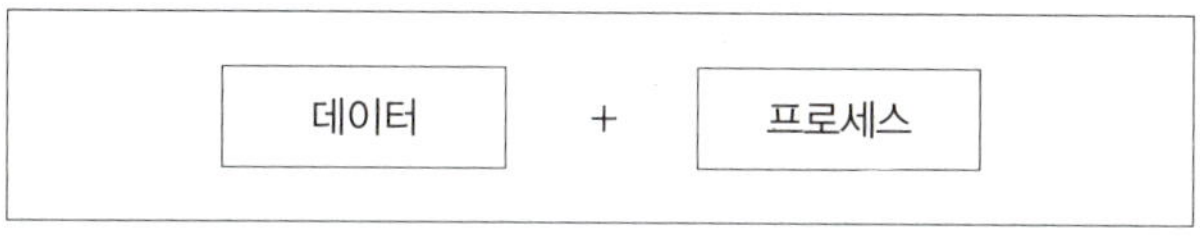

① 데이터: 컴퓨터에서 사용되는 데이터

인간은 뇌와 입출력 감각기관을 이용하여 세상의 정보를 다루는데 이것을 기계에 넣기 위해서는 기계의 특성을 고려하여 자료화한 뒤 사용한다. 즉, 컴퓨터의 전기 신호(on, off)를 0과1로 추상화한 비트를 기본 데이터로 사용한다.

계산의 기본이 되는 숫자는 인간이 일반적으로 사용하는 십진수 체계를 통해 표현된다. 우리는 0부터 9까지의 숫자를 조합하여 정수, 음수, 소수, 실수, 무리수 등 다양한 수를 다룬다. 그러나 컴퓨터는 이러한 숫자를 그대로 사용할 수 없다. 컴퓨터는 전기 신호를 통해 데이터를 처리하기 때문에, 모든 정보를 0과 1로 구성된 이진수 형태로 변환해야 한다. 따라서 인간이 사용하는 십진수는 컴퓨터 내부에서 0과 1의 이진수로 변환되어 처리된다. 이 과정 덕분에 컴퓨터는 복잡한 계산을 효율적으로 수행할 수 있다.

언어 즉, 문자는 인간 상호 간의 표준 약속으로 사용되므로 컴퓨터에서도 인간의 언어를 표현하기 위해 표준 약속 코드를 사용한다. ASCII 코드 또는 유니코드의 숫자를 문자에 맵핑하여 사용한다.

결국 파이썬도 인간의 기본정보인 숫자와 문자를 사용하기 위해 기본 데이터를 다룬다. 숫자와 문자를 이용하여 인간이 문제를 해결하기 위해 정보를 처리하는 과정을 거치게 된다.

0, 1 → 0~9, −32, 0.34, 3/2, e, log 3, … → a,b,c #, +, 가, 나, 문자

이러한 숫자와 문자 자료는 그 형태를 구조화하여 사용하면 문제를 해결하는데 도움이 되는데, 자료를 여러 개 나열하여 구성한다거나, 두 개의 쌍이 짝을 이루어 구성하고, 관련 있는 것끼리 묶어 사용하면 편리한 점이 많다. 파이썬에서는 이런 구조의 형태를 리스트, 튜플, 딕셔너리, 집합이라고 한다. 이러한 데이터는 입력을 받아 기계 안에서 처리한 뒤 인간이 사용할 수 있도록 출력하는 과정을 거치게 된다.

② 프로세스: 데이터를 입력받아 기계 안에서 처리하고 출력하는 과정

프로세스는 전기 신호를 받아 처리하기 때문에 순서대로 앞부터 끝까지 진행하게 되는데 프로그래밍에서 코드가 작성된 순서대로 명령을 처리하는 구조를 순차구조라 한다. 하지만 이러한 절차적 처리에 조건을 걸어 일부 명령만 선택하여 처리하도록 할 수 있고 일부분을 반복적으로 처리할 수 있도록 하면 인간의 문제해결에 도움을 준다.

• 프로세스(Process), 문제해결의 처리 과정

프로세스는 데이터를 입력받아 기계 안에서 처리하고 출력하는 과정을 의미한다.

- 프로세스는 전기신호를 받아 처리하기 때문에 앞부터 끝까지 순서대로 진행하게 되는데, 이러한 구조를 순차구조라 한다.
- 자주 사용하는 기능이나 핵심이 되는 부분은 하나로 묶어서 기능을 제공하는 방법을 함수라고 하는데, 함수를 사용하면 데이터의 관리, 수정, 활용이 쉬워진다.

또한, 자주 사용하는 기능이나 핵심이 되는 부분은 하나로 묶어서 기능을 제공하는 방법을 사용하면 관리도 쉽고 수정과 활용이 쉬워진다. 이러한 기능을 함수라고 하는데 프로세스를 이루는 기본 단위가 된다.

이처럼 데이터와 프로세스를 다루는 두 가지 영역을 이해하게 되면 프로그래

밍의 기본 문법을 이해하게 되며 코딩을 가능하게 한다. 이것은 파이썬뿐만 아니라 컴퓨터에서 사용되는 모든 프로그래밍 언어들이 공통으로 사용하는 문법구조이다.

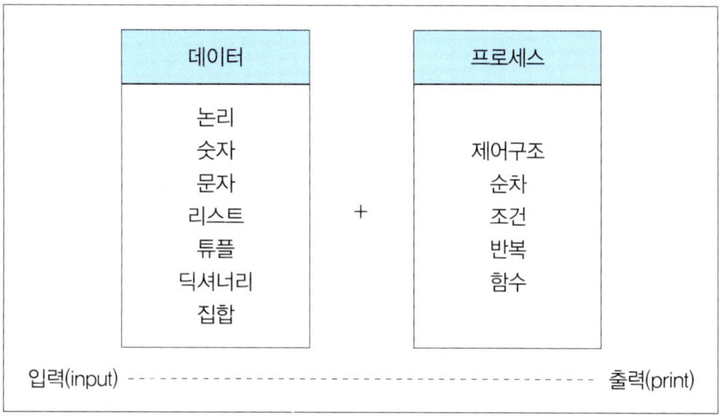

이제 이러한 기본 프로그래밍 구조를 이해하였으면 데이터를 다루는 부분부터 시작해서 제어하는 명령어, 그리고 함수로 기능을 구성하는 단계를 거쳐 프로그래밍을 시작해 보자. 이후에 프로그래밍을 효과적으로 하기 위한 기법(Trick)을 배운다.

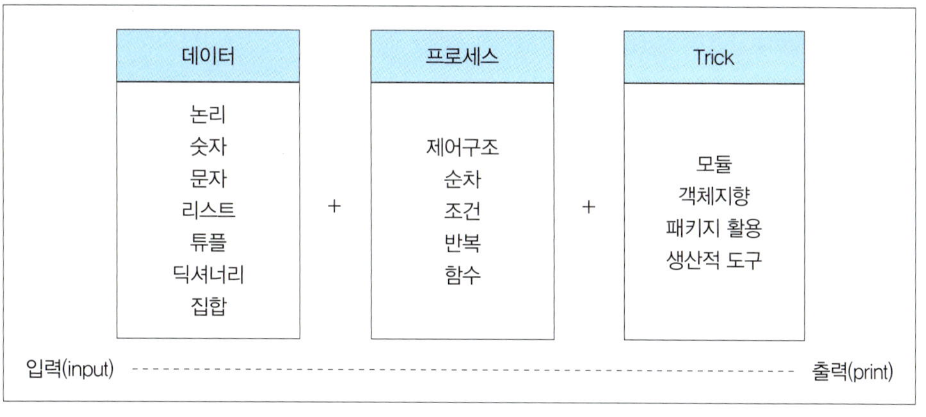

Chapter 2

데이터와 연산

컴퓨터가 처리하는 데이터는 0과 1로 구성된 이진수 형태의 전기 신호다. 반면, 우리는 오감을 통해 다양한 형태의 정보를 받아들인다. 고급 언어를 이용한 프로그래밍에서 다루는 것은 진리값, 숫자, 문자로 구분하여 데이터를 처리한다. 파이썬 또한 마찬가지다.

컴퓨터에서 다루는 데이터의 유형을 살펴보고 가감승제의 기본 연산을 통해 계산기의 역할을 하는 컴퓨터의 기능을 살펴보자.

데이터	컴퓨터	정보
논리 숫자 문자 이미지 사운드 영상 010001011		이름 날씨 여행지 가격 상품 인식 계산 결과

• **자료형과 연산의 기본형**

자료형: 진리값(T, F), 숫자(0~9), 문자(텍스트)
연산: +, −, *, /, //, %, **, ...

1 사칙연산 계산기

① 덧셈 연산식을 실행해 보자.

```
>>> 12+23
35
```

12+23에 대한 계산이 실행되어 그 결괏값인 35가 출력되는 것을 확인할 수 있다. 큰 값을 갖는 수의 덧셈식을 입력하고 그 결과를 하나씩 살펴보자.

② 곱셈과 나눗셈 연산식도 실행해 보자.

```
>>> 20*34
680
>>> 76383/234
326.4230769230769
```

곱셈은 * 기호를, 나눗셈은 / 기호를 사용해야 한다. 이는 키보드에 ×, ÷ 기호가 없기 때문이기도 하다.

이제 다음과 같이 나눗셈을 해보자.

```
>>> 9/3
3.0
>>> 7/5
1.4
```

나눗셈(/) 연산의 결과는 항상 실수형 자료가 출력된다. 따라서 9/3처럼 3으로 몫만 있는 경우에도 3.0으로 출력된다.

참고로 0으로 나눌 때는 division by zero 에러가 발생한다.

이러한 과정을 통해서 파이썬이 인터프리터 언어라는 것을 확인할 수 있다. 즉, 명령어가 하나씩 실행되면서 그때마다 그 결과들이 실행된다. 흔히들 인터프리터 언어, 특히 파이썬을 대화형 장난감이라고 하는 이유가 여기에 있다.

TIPS

파이썬에서 사용하는 연산기호는 수학 시간에 배운 것들과는 조금 다르다. 컴퓨터의 제한된 키보드에서 수학의 모든 연산자를 나타낼 수 없기 때문에 다음과 같이 연산자를 정의해서 파이썬에서 사용한다.

연산자	의미	예	결과
+	더하기	3+9	12
−	빼기	5−8	−3
*	곱하기	4*2	8
/	나누기	9/3	3.0
//	몫	16//3	5
%	나머지	16%3	1
**	제곱	3**3	27

③ 몫과 나머지를 구하는 연산식을 실행해 보자.

```
>>> 13//4
3
>>> 13%4
1
```

④ 제곱 연산식을 실행해 보자.

```
>>> 4**3
64
>>> 3**3**3    # 3의 27승? or 27의 3승? 어떤 것일까?
7625597484987
>>> (3**3)**3
19683
>>> 3**(3**3)
7625597484987
```

위 실행 결과를 통해 3**3**3은 3**(3**3)임을 알 수 있다. 이제 위의 거듭제곱 연산에서 지수에 큰 수를 입력하면 어떻게 되는지 연산해 보자.

```
>>> 15**3500    # Squeezed text(52라인의 큰 값을 출력).
2086443 ...............................................
.......................................................
.......................................................890625
>>> 356**3547456467456334553564575675867567456
```

두 번째 거듭제곱 연산식은 연산 결과가 너무 커서 실행 결과를 확인하는 것이 불가능하다. 화면이 멈춘 상태로 지속되는데 파이썬 프로그램을 강제로 종료해야 한다.

⑤ 다음 결과는 어떤지 비교해 보자.

```
>>>9+2-4*6/3
```

```
>>>(9+2)-4*6/3
>>>((9+2)-4)*6/3
```

( )에 의해 연산의 순서가 바뀌어 결과가 다르게 나타나는데, 이러한 측면에서 괄호( )도 일종의 우선순위 연산자라고 할 수 있다.

⑥ 다음 연산식에서 어떤 문제가 발생하는지 원인을 생각해 보고 에러를 수정해 보자.

```
>>>(9+2-4*)6/3
```

연산자는 언제나 좌우에 수가 있어야 한다. (9+2−4*)에서는 4* 뒤에 숫자가 없기 때문에 에러가 발생한다.

TIPS

연산자의 우선순위

- 아마 여러분은 수학 시간에 연산자의 타입에 따라 뒤에 있는 수식의 계산을 먼저 하거나 앞의 수식 계산을 나중에 하는 경우가 있음을 알고 있을 것이다.
- 파이썬도 수학에서 배운 것처럼 연산자의 우선순위가 있으며 다음 연산자들은 위에서 아래의 우선순위를 가지고 있다.

순서	연산자 기호	연산자 의미
1	**	지수(거듭제곱)
2	+x, −x, ~x	단항 덧셈(양의 부호), 단항 뺄셈(음의 부호), 비트 NOT
3	*, @, /, //, %	곱셈, 행렬 곱셈, 나눗셈, 버림 나눗셈(몫), 나머지
4	+, −	덧셈, 뺄셈
5	〈〈, 〉〉	비트 시프트
6	&	비트 AND
7	^	비트 XOR
8	|	비트 OR
9	in, not in, is, is not, 〈, 〈=, 〉, 〉=, !=, ==	포함 연산자, 객체 비교 연산자, 비교 연산자
10	not x	논리 NOT
11	and	논리 AND
12	or	논리 OR

- 위에서 제시한 연산자 중 생소한 연산자(@, &, |, not 등)가 보일 것이다. 이러한 연산자의 사용 방법은 이후 관련 있는 명령문에서 설명할 예정이니 처음부터 고민하지 않아도 된다.

2 문자열의 연산

① 문자를 입력해 보자.

```
>>>'Python'
'Python'
>>>"대한민국"
'대한민국'
>>>'32'
'32'
```

문자는 ' '와 " "안에 포함시킨다. 문자형 자료는 작은따옴표 또는 큰따옴표로 표현한다. 두 가지 따옴표 모두 사용이 가능하나 코드의 일관성을 위해 본인이 좋아하는 따옴표를 한 가지 골라 일관되게 사용하는 것이 좋다. 이 책에서는 주로 작은따옴표를 사용한다.

파이썬의 문자열 입력 결과는 항상 ' '로 출력된다. 따라서 '32'는 숫자 32가 아니라 따옴표가 포함된 문자 '32'로 출력된다.

TIPS

따옴표가 없는 문자

>>>Python 을 입력하면 `NameError: name 'Python' is not defined` 에러가 발생한다.

- 따옴표가 없는 문자는 변수를 나타낸다.
- 변수와 문자열은 다르다.

② 두 개의 문자를 + 연산으로 실행해 보자.

```
>>>'Python'+'대한민국'
```

문자와 문자를 더한다는 개념은 두 문자를 연결하는 것으로 이해할 수 있다. 따라서 + 기호는 덧셈 연산자라기보다 문자의 연결 연산자로 사용된 것이다.

자료의 타입에 따라 연산자가 다른 용도로 사용되기도 한다.

③ 한 개의 문자와 숫자를 * 연산으로 실행해 보자.

```
>>>'apple'*3
appleappleapple
```

문자와 숫자를 * 연산자로 실행하면 숫자만큼 문자가 반복되어 출력된다.

```
>>>3*'apple'                # 숫자에 문자를 곱하면 어떻게 될까?
>>>'Python'*'대한민국'       # 문자와 문자의 곱하기가 가능한가?
>>>3*'Python'+'대한민국'     # 숫자를 곱한 문자에 문자를 더하면?
>>>'apple'+3                # 문자에 숫자를 더하면?
>>>'apple'+'3'              # 문자에 문자 '3'를 더하면?
>>>6*'co'+4*'ding'
>>>5*('co'+'ding')
>>>3*'7'+5*'6/2'
>>>3*'7'+5*6/2
```

위를 명령을 실행하고 에러가 발생하는 것은 어느 것인지 확인해 보자. 문자와 문자는 곱셈할 수 없다는 것을 확인할 수 있다.

④ 문자를 - 또는 / 연산해 보자.

문자와 문자 또는 문자와 숫자의 −, / 연산은 오류가 발생한다. 논리적으로 생각해 보면 문자와 숫자의 뺄셈(−)과 나눗셈(/) 연산은 자연스럽지 못하다. 즉, 서로 다른 종류의 자료는 연산할 수 없다. 문자열은 문자열끼리, 숫자는 숫자끼리 연산이 가능하다.

억지로라도 'abcde'−2의 실행 결과를 'cde' 또는 'abc'라고 생각해도 되겠지만 어색하게 느꼈는지 파이썬 개발자들이 사용하지 않았다.

TIPS

문자와 숫자 자료

- 문자 자료는 ' '과 " "안에 표기한다.
- 문자 자료는 일반적인 알파벳 외에 숫자, 특수문자, 한글 등을 나타낼 수 있다.
- '56', "23−12"와 같이 따옴표에 들어간 숫자와 연산식은 문자 자료이다.

3 논리값의 연산

① 논리값은 참과 거짓을 나타내는 값이다. 논리값을 입력해 보자.

```
>>>True        # true 입력하면 오류발생
True
>>>False       # false 입력하면 오류발생
False
```

논리값 True와 False는 반드시 대문자로 시작해야 한다. 소문자로 시작하는 경우 변수로 인식하여 에러가 발생한다. 문자열을 입력할 때와 달리 ' '가 없어도 에러가 발생하지 않고 True와 False가 그대로 출력된다.

② True + True는 2를 출력한다.

```
>>>True+True
2
```

그렇다면 True는 숫자로 어떤 값을 가질까?

```
>>>4+True
5
>>>True*3
3
>>>True-5/2
-1.5
```

위 결과를 통해 True의 값이 1이라는 것을 분명히 알 수 있을 것이다.

③ True와 False는 1과 0을 나타낸다.

```
>>>False*32
 0
>>>12/False
 ZeroDivisionError: division by zero 0으로 나눌 수 없습니다.
```

진리값은 앞으로 배울 조건문과 반복문의 조건식에서 사용 방법을 구체적으로 살펴본다.

예제

논리값의 연산

True와 False의 값을 알았다면 이제 연산을 해보자.
대표적인 논리 연산자에는 and, or, not이 있다.

- and: A and B의 상황에서 조건 A와 조건 B가 모두 참이면 True를, 둘 중 하나라도 거짓이면 False를 반환하는 연산자
- or: A or B의 상황에서 조건 A, B 중 하나라도 True라면 True를 반환하는 연산자
- not: 조건을 반대로 해석하는 연산자

논리 연산자에 True와 False를 넣어 그 결과가 어떻게 나오는지 확인해 보자.

```
>>>True and True
   True
>>>True or False
   True
>>>False or False
   False
>>>True and False
   False
>>>not True
   False
```

TIPS

파이썬에서 다루는 데이터 타입 정리

- 데이터 타입을 확인하고 싶을 때는 type() 함수를 활용할 수 있다.
- 파이썬에서 다루는 자료는 크게 논리와 숫자, 문자로 나눈다.
- 논리 자료는 True와 False이며 1과 0을 나타낸다.
- 숫자 자료는 정수형과 실수형으로 나눈다.

데이터 타입	값	예	표현
논리, 진리	참, 거짓	On, Off True, False	True, False 1, 0
숫자	정수 실수	양수, 음수 소수, 실수	2,5,10, -4, -29 0.2 2334.2
문자	아스키코드 유니코드	abc 가나다	'abc', '3-4'

- 앞으로 배우겠지만 파이썬의 모든 자료는 객체이다.
- 논리, 수, 문자, 리스트, 튜플, 딕셔너리, 집합, 이미지, 소리 모든 것이 객체 타입이다.

4 기초 내공 쌓기

1. 가감승제

다음 연산의 결과를 예측해 보자.

```
>>> 12+32/4
>>> (23*(35)+76)
>>> 15//0
>>> 15%0
>>> 0%2
>>> 0**2
>>> 0**2**2
>>> 5*(*2**2)
>>> 5**-2
```

2. 문자열 연산

다음 연산의 결과를 예측해 보자.

```
>>> 5 + "5"
>>> "5" + "5"
>>> "5" + '5'
>>> '"5"' + "'5'"
>>> "5" * 5
>>> "5" * "5"
>>> "'5"'+ "5'
>>>  '5" * "5'
```

3. 논리값과 비교 연산

다음 연산의 결과를 예측해 보자.

```
>>> true + true
>>> True ** True
>>> True//False
>>> False**True
>>> True and False
>>> True or False
>>> not True
>>> 5 < 3
>>> 10 > 5
>>> 10 >= 10
>>> 5 != 3
>>> 5 == 5
```

4. 비트와 멤버십 연산

다음 연산의 결과를 예측해 보자.

```
>>> 5 | 3
>>> 5 & 3
>>> 5 ^ 3
>>> ~5
>>> 5 << 1
>>> 3 in [1, 2, 3]
>>> 4 not in [1, 2, 3]
```

5 기초튼튼 컴퓨터과학

컴퓨터는 전기 신호를 끄고 켜는 방식으로 데이터를 표현한다. 전기 신호의 끔(OFF)과 켬(ON)을 각각 0과 1로 나타내며, 이를 통해 정보를 처리한다. 이렇게 0과 1로 이루어진 이진수(Bit)를 사용하여 데이터를 저장하고 연산을 수행할 수 있다.

컴퓨터는 모든 데이터를 이진수로 표현하며, 정수는 이진수의 조합으로 나타낸다. 사람이 이해하는 십진수는 컴퓨터 내부에서는 이진수로 저장되며, 필요할 때 변환하여 표시한다. 실수는 단순히 소수점을 포함하는 것이 아니라, IEEE 754 표준에 따라 부동소수점 형식으로 표현되어 보다 정확하게 처리할 수 있다.

또한, 문자 데이터는 ASCII 코드나 유니코드와 같은 표준화된 숫자 코드 체계를 통해 표현된다. 예를 들어, 각 문자는 고유한 숫자 값에 매핑되며, 이를 이진수로 변환하여 컴퓨터가 처리할 수 있게 된다. 결국, 우리가 사용하는 문자도 컴퓨터 내부에서는 0과 1의 이진수 형태로 표현된다.

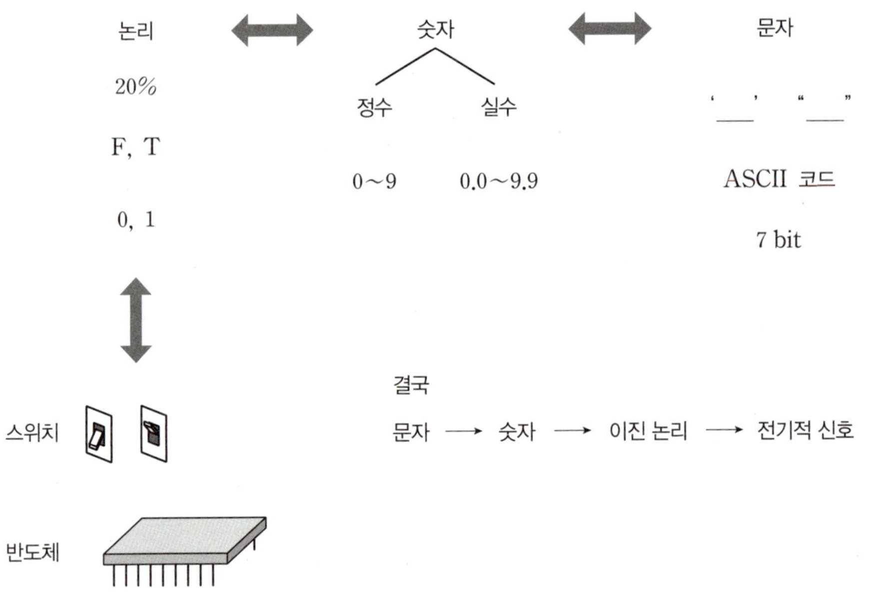

스위치 On / Off → 논리 T, F / 0, 1 → 숫자 십진수 / 16진수 → 문자 아스키코드

결국, 위와 같은 관계식을 확대하면 논리=숫자=문자=이미지=소리=애니메이션=동영상 등이 될 수 있다. 사용되는 0과 1의 개수가 차이가 날 뿐 결국 0과 1로 모두 표현되고 컴퓨터에서 변환된다. 0과 1로 변환하면 이산적 자료를 사용하게 되므로 디지털 처리가 가능한 것이다. 따라서 **세상의 모든 멀티미디어는 컴퓨터로 처리가 가능**하다고 볼 수 있다.

중앙처리장치(CPU)는 명령어의 해석과 자료의 더하기, 비교 등의 연산과 처리 과정을 제어하는 컴퓨터 시스템의 중앙장치이다. 다양한 입력 장치로부터 데이터를 입력받아 연산 처리한 후, 그 결과를 출력장치로 보내는 일련의 과정을 제어하고 조정한다.

CPU는 사람의 두뇌와 같이 컴퓨터의 모든 시스템을 제어, 처리하는 가장 핵심적인 장치라고 할 수 있다. CPU는 크게 레지스터를 기반으로 연산장치와 제어장치가 버스로 연결된 구조이다.

- **연산장치(ALU, Arithmetic and Logical Unit)**

명령어를 실행하기 위한 마이크로 연산을 수행하는 장치로 연산에 필요한 자료를 입력받아 산술, 논리, 관계, 이동(Shift) 등 다양한 연산을 수행하는 장치

- **제어장치(CU, Control Unit)**

컴퓨터 시스템의 작동을 통제하고 지시하는 장치로, 기억 장치로부터 프로그램 명령을 순차적으로 꺼내 해독하고, 해석에 따라서 명령어 실행에 필요한 제어 신호를 기억장치, 연산장치, 입출력장치 등으로 보내는 장치

- **레지스터(Register)**

CPU 내에 있는 소규모의 고속 기억장치로, 명령어 주소, 코드, 연산에 필요한 데이터, 연산 결과 등을 임시로 저장

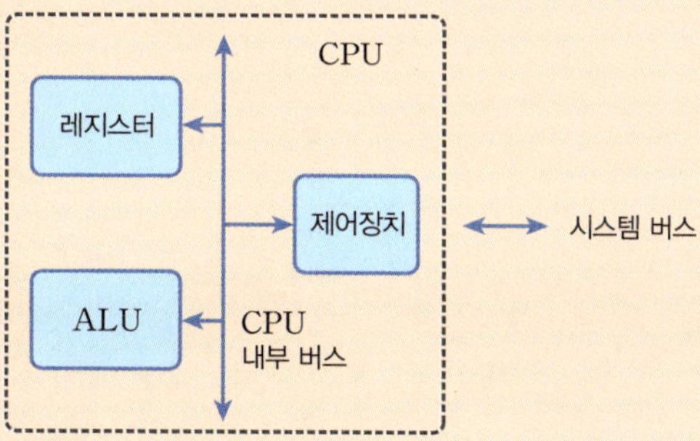

Chapter 3

변수와 메모리

우리가 일상생활에서 전화를 하거나 버스를 타기 위해서는 전화번호 또는 버스 번호를 뇌에 기억해 두어야 한다. 기억 능력 없이는 간단한 암산을 하거나 사람 이름을 부르기도 어렵다. 컴퓨터 프로그램도 마찬가지이다. 프로그램은 자료가 입력되면 이런 자료들을 메모리에 저장한 뒤 사용한다. 이때 메모리에 자료들을 저장할 수 있는 공간인 변수를 선언해 주어야 한다.

변수를 선언한다는 것은 변수의 이름을 붙이는 것과 같다. 즉, 이름, 나이, 키, 몸무게와 같이 자료의 항목 이름을 적어주는 것과 같다. 변수에 자료가 저장되고 나면 이후에는 변수의 이름만 적어주면 그 자료를 불러와서 사용할 수 있다.

- **변수 기본형**

```
num=17
height=178.2
name="한국인"
```

1 변수 선언하기

변수를 선언하고 수를 입력해 보자.

```
>>> age = 17
>>> age
17
```

TIPS

- **위 코드에서 age는 변수의 이름이다. age라고 변수에 이름을 붙여 줌으로써 컴퓨터의 메모리에 필요한 자료를 저장할 수 있다.**
- **변수의 의미**

  □+3=5에서 □는 2이다.

  □+3=7에서 □는 4이다.

  이처럼 ㅁ는 값이 변하는 수가 들어가는 공간(그릇, 상자)이라고 볼 수 있다.

  프로그래밍에서는 ㅁ대신 우리가 알아보기 쉬운 문자(age 등)로 정의한다.
- **변수의 정의에서 기호 '='은 '같다'라는 의미가 아니다. 변수에 그 값을 '입력하라'라는 의미다.**

  즉, age라는 변수(메모리)에 17이라는 값을 대입하라는 뜻이다.

  분명하게 표현하면 변수는 자료를 담는 그릇(메모리)의 위치(주소)를 나타낸다.
- **17은 age 변수에 입력할 자료(data)이다.**

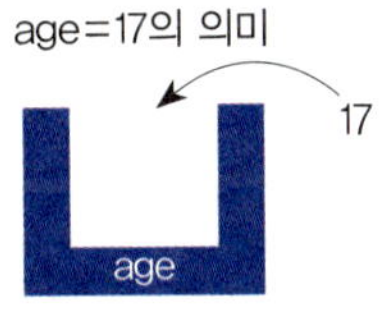

– 참고로 'age가 17과 같다'라는 표현은 age==7이라고 표기한다.

```
>>> age = 20
>>> age
20
```

위 코드를 보면 age 변수의 값이 17 → 20으로 변하였다. 여기서 age 값을 50으로 바꾸려면 age=50을 입력하면 된다. 이렇게 입력하는 값에 따라 age의 값이 고정되지 않고 마지막에 넣은 값으로 변하기 때문에 변수라고 한다.

이제 변수명 gender만 입력해 보자. 다음과 같이 에러가 발생한다.

```
>>> gender
NameError: name 'gender' is not defined
```

맨 처음 gender만 입력할 경우 입력된 데이터가 없기 때문에 오류가 발생한다. 데이터가 없는 단어는 파이썬에서는 명령어로 오해하기 때문에 변수로 사용하기 위해서는 데이터를 반드시 대입시켜서 선언해 주어야 한다.

만약 gender='Male'과 같이 값을 대입한 뒤에 gender를 입력하면 'Male'이 출력되는 것을 확인할 수 있다.

다음과 같이 weight, height라는 변수를 만들고 자료(data)를 입력해 보자.

```
>>> age = 17
>>> weight = 72.7
>>> height = 175.3
```

변수를 선언하고 문자를 입력해 보자.

```
>>> name = 홍길동
NameError: name '홍길동' is not defined
```

위와 같이 에러가 발생한다. 변수에 문자 자료를 대입하기 위해서는 따옴표(' ') 안에 문자를 입력해 주어야 한다.

```
>>> name = '홍길동'
>>> name
'홍길동'
```

TIPS

- **변수에 문자를 입력할 때는 따옴표(" ")나 작은따옴표(' ') 안에 문자를 입력해야 한다.**
- **명령어 'name=홍길동'의 의미는 name 변수에 홍길동 변수의 값을 대입하라는 의미이다.**
  즉, 따옴표가 없는 name과 홍길동은 둘 다 변수명이 된다.

간단한 뇌 실험을 해보자.

바구니에 사과가 5개 있다. 그리고 배는 3개 있다. 사과와 배를 합하면 과일은 총 몇 개인가? 그리고 사과를 3개 먹었다면 총 몇 개의 과일이 남았는가? 이것을 간단히 표현하면 다음과 같다.

- 사과 = 5
- 배 = 3
- 과일 = 사과 + 배
- 과일 = 사과 − 3 + 배

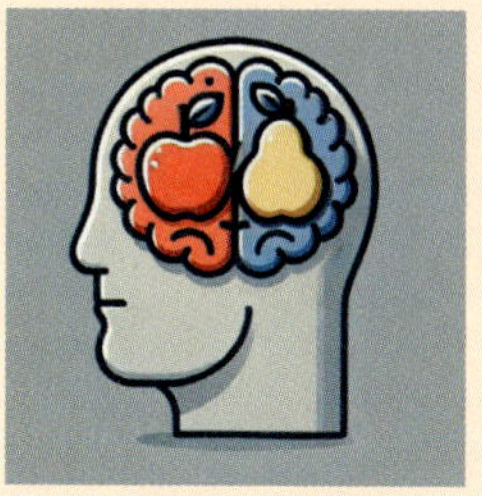

단순히 숫자 5를 기억하는 대신, 인간의 뇌는 사과나 배 같은 사물과 관련된 다양한 속성(예: 모양, 색, 향기, 맛 등)을 함께 기억하여 복합적인 정보를 처리한다. 이처럼 컴퓨터에서 데이터를 변수에 저장하는 것은 특정 값을 이름으로 참조하기 위해, 즉 기억하고 접근하기 위한 수단이다. 변수는 특정 데이터 값을 저장하고 필요할 때마다 이를 호출할 수 있는 메모리상의 이름표 역할을 한다.

파이썬에서 변수를 정의하고 데이터를 할당할 때, 단순한 숫자나 문자는 물론 논리값, 함수, 이미지, 소리, 영상 등 다양한 객체도 변수에 저장할 수 있다. 이는 파이썬의 변수 시스템이 다양한 데이터 유형을 포함할 수 있도록 추상화되어 있기 때문이다. 변수는 데이터를 구조화하고 자동화를 가능하게 하며, 추상화된 개념을 실체로 다룰 수 있게 한다.

앞에서 정의한 변수에 저장된 자료들을 출력해 보자.

```
>>> age
17
>>> height
175.3
>>> weight
72.7
>>> name
'홍길동'
```

2 다양한 변수의 선언

변수 이름을 숫자, 특수문자, 한글로 선언해 보자.

```
>>> 1234=10
>>> 3ab=20
>>> ab12=30
>>> ab12cd=40
>>> !ab=50
>>> a-b=70
>>> _abc=0
>>> ab_c=60
>>> _______=110
>>> my age=80
>>> 한국인=90
>>> 한국_12=100
```

각각의 실행 결과는 어떻게 나타나는가? 변수의 이름이 숫자로 시작되거나 언더바(_)를 제외한 특수문자(!, @ 등)와 공백이 포함되면 에러가 발생하는 것을 확인할 수 있다.

이제 다음과 같이 변수 이름을 대문자로 선언해 보자.

```
>>> T=10
>>> t=5
>>> Apple='red'
>>> apple='blue'
```

실행 결과 T와 t는 각각 다른 변수로 취급된다. Apple와 apple도 대소문자로 구분되기 때문에 다른 변수로 취급되는 것을 확인할 수 있다.

다음으로 아래와 같이 변수를 선언해 보자.

```
>>> and='그리고'
>>> if='만약'
```

```
>>> is='같다'
>>> for='반복'
```

에러가 발생하는데, 이는 파이썬에서 사용되는 명령어(예약어)는 당연히 변수로 사용할 수 없기 때문이다.

TIPS

파이썬에서 변수명을 선언하는 데 몇 가지 규칙이 있다.

- **영문자(대, 소문자 구분), 숫자, 언더바(_)를 사용할 수 있다.**
- **숫자를 사용할 수 있지만 변수명의 첫 글자에 숫자를 사용할 수는 없다.**
- **연산자(+, –, = 등)의 기호와 공백 문자( )는 사용할 수 없다.**
- **띄어쓰기가 있으면 안 되지만, 변수의 의미를 쉽게 이해할 수 있도록 띄어쓰기 대신 언더바를 사용할 수 있다. (예**: my age=32 → my_age=32)
- **파이썬에서 명령어로 사용하는 다음의 키워드는 변수명으로 사용할 수 없다.**

and, assert, break, class, continue, def, del, elif, else, except, exec, finally, for, from, global, if, import, in, is, lambda, not, or, pass, print, raise, return, try, while, with, yield

파이썬에서 변수는 대문자와 소문자를 서로 다르게 구분한다.

- **일반적으로 파이썬에서 변수는 소문자로 쓴다.**
- **대문자는 주로 상수(Pi=3.14 등)를 정의할 때 사용한다.**

다음과 같이 변수를 선언해 보자.

```
>>> age, name=10, '홍길동'
>>> age
10
>>> name
'홍길동'
```

두 개의 변수에 콤마를 이용하면 두 개의 자료를 동시에 입력할 수 있다. 하지만 한 라인에 age=10, name='홍길동'으로 변수를 선언하면 오류가 발생한다.

만약 한 라인에 여러 개의 변수를 선언하거나 여러 명령어를 사용하려면, 다음과 같이 세미콜론(;)을 사용하면 된다.

```
>>> age=10; name='홍길동'
```

3 변수 활용하기

변수를 연산에 활용해 보자.

```
>>> age + weight
89.7
>>> age * height
1235.9
>>> weight / height
0.414717626925271
>>> age + name
TypeError: unsupported operand type(s) for +: 'int' and 'str' 타입에러: 'int'형과 'str'형은 +연산이 지원되지 않습니다.
```

실행 결과, 명령어 'age + name'은 문자와 숫자를 더했기 때문에 오류가 발생한다.

이제 다음을 실행해 보자. 어떤 값이 출력되는가?

```
>>> 'age'+name
'age홍길동'
>>>'age'+'name'
'agename'
>>>'age'*age
'ageageageageageageageageageageageageageageageage'
```

age는 변수를 나타내고 'age'는 문자형 자료를 나타낸다. 이 부분을 혼동하지 않도록 한다. 따라서 'age'+name은 '17홍길동'으로 출력되지 않고, 'age홍길동'으로 출력된다.

다음과 같이 세 변수를 선언하여 다양한 연산식을 실행해 보자.

```
>>> num=3
>>> fruit='사과'
>>> color='빨간'
>>> color+fruit              # 문자와 문자의 덧셈은 단어를 결합한다.
'빨간사과'
>>> num*fruit                # 문자와 숫자의 곱셈은 문자를 곱한 수만큼 반복한다.
'사과사과사과'
>>> color*fruit
   에러, 문자와 문자의 곱셈은 불가능하다.
>>> num+fruit
   에러, 숫자와 문자는 더할 수 없다.
```

4 기초 내공 쌓기

1. 은행 잔고 확인

은행 계좌에 5,000원이 있다. 친구에게 3,000원을 송금하고, 이후 2,000원을 입금했다. 최종 잔고가 4,000원 이상인지 확인하라.

```
balance = 5000
balance -= 3000              # balance = balance - 3000
balance [    ] 2000          # balance = balance + 2000
result = balance >= 4000
```

2. 과자 나누기

친구 5명과 과자 23개를 공평하게 나누고, 남은 과자 개수를 확인하라.

```
total_snacks = 23
friends = 5
remaining_snacks = total_snacks [      ] friends
```

3. 연료 효율 계산

자동차가 1L의 연료로 12km를 주행한다. 50L의 연료로 600km 이상 주행할 수 있는지 확인하라.

```
fuel_efficiency = 12        # km per liter
total_fuel = 50
can_reach = (fuel_efficiency * total_fuel) >= [    ]
```

4. 게임 점수 확인

게임에서 두 플레이어의 점수를 비교하여 승자를 판별하라. 플레이어 1은 120점, 플레이어 2는 150점이다.

```
player1_score = 120
player2_score = 150
player1_wins = player1_score [    ] player2_score
```

5. 공장의 작업 시간 관리

공장에서 하루 8시간씩 5일 동안 작업하였다. 작업 시간의 총합이 40시간인지 확인하라.

```
daily_hours = 8
working_days = 5
total_hours = daily_hours * working_days
is_40_hours = [            ] == 40
```

6. 상품 할인 계산

원래 가격이 100,000원인 상품이 20% 할인된 가격에 판매된다. 최종 가격이 80,000원인지 확인하라.

```
original_price = 100000
discount_rate = 0.2
discount_price = original_price * [                    ]
is_correct_price = discount_price == 80000
```

7. 온도 변환

섭씨온도 25도를 화씨온도로 변환하라. (화씨=섭씨×9/5+32)

```
celsius = 25
fahrenheit = celsius [     ] + 32
```

8. 박스 포장 문제

50개의 상품을 한 박스에 8개씩 포장하려고 한다. 박스가 총 몇 개 필요하고, 남는 상품이 몇 개인지 구하라.

```
total_items = 50
box_capacity = 8
full_boxes = total_items [    ] box_capacity
remaining_items = total_items % box_capacity
```

9. 원둘레 계산

반지름이 7인 원의 둘레를 구하라. (원둘레=2×π×반지름)

```
radius = 7
pi = 3.14159
circumference = [                    ]
```

10. 기차 시간 차이 계산

두 기차가 출발 시간을 기준으로 각각 15분과 42분 지연되었다. 총 지연 시간 차이를 구하라.

```
train1 = 15
train2 = 42
time = abs(                    ) # abs()는 절댓값을 구하는 함수
```

11. 할인과 세금 적용 가격 계산

가격이 200,000원인 상품에 10% 할인을 적용하고, 이후 5%의 세금을 더한 최종 가격을 계산하라.

```
price = 200000
discount_price = 
final_price = discount_price * 1.05
```

12. 피자 조각 계산

피자 한 판에 8조각이다. 20명이 각 3조각씩 먹으려면 몇 판이 필요한지 구하라.

```
slice = 8
people = 20
slices_needed = 
pizzas_needed = (slices_needed+slice-1)//slices_per_pizza  # 올림 처리
```

13. 최소 비용 선택

A, B, C 세 개의 상품 가격이 각각 45,000원, 50,000원, 40,000원일 때, 가장 저렴한 상품의 가격을 선택하라.

```
price_a = 45000
price_b = 50000
```

```
price_c = 40000
min_price = min([          ])  # min()은 최솟값을 찾는 함수
```

14. 나무 심기

1km 도로에 5m 간격으로 나무를 심으려고 한다. 총 몇 그루의 나무가 필요한지 구하라.

```
road_length = 1000  # 총 길이(m)
spacing = 5
total_trees = road_length [    ] spacing + 1      # 시작과 끝 포함
```

15. 비트 연산으로 권한 확인

파일의 권한은 비트 0b101(읽기, 쓰기)로 설정되어 있다. 쓰기 권한이 있는지 확인하라.

```
file_permission = 0b101
write_permission = 0b010
has_write_permission = (file_permission & write_permission) [    ] 0
```

모범 답안

1. += 2. % 3. 600 4. > 5. total_hours 6. (1-discount_rate) 7. *9/5 8. // 9. 2*pi*radius 10. train1-train2 11. price*0.9 12. people*3 13. price_a, price_b, price_c 14. // 15. !=

5 기초튼튼 컴퓨터과학

컴퓨터의 주기억장치는 램(RAM, Random Access Memory)과 롬(ROM, Read Only Memory)이 있다. 하드디스크나 CD, USB 등의 보조기억장치는 이후의 파일 처리에서 다루도록 한다.

RAM

ROM

램(RAM)은 사용자가 접근 가능한 메모리로, 자료를 기억 공간의 임의 부분에 임시로 랜덤하게 저장하며 사용한다. 이때 선언된 변수의 데이터들은 컴퓨터의 전원이 켜있을 때만 기억하고, 전원이 꺼지면 기억한 데이터와 선언한 변수명 모두 사라지게 되는 휘발성 메모리이다.

반면, 롬(ROM)은 단지 읽을 수만 있는 메모리로, 컴퓨터가 부팅될 때 실행될 명령을 담고 있고 데이터를 추가하거나 수정 및 삭제하는 작업이 불가능하다. 보통 제품이 생산될 때 실행할 명령을 롬에 입력하여 고정시킨다.

우리가 파이썬에서 사용하는 데이터는 램에 저장되며 변수를 선언하는 것은 램의 기억장치 일부를 사용하겠다고 정의하는 것이다. 실제 램의 구조를 간단하게 추상적으로 표현하면 다음과 같이 나타낼 수 있다.

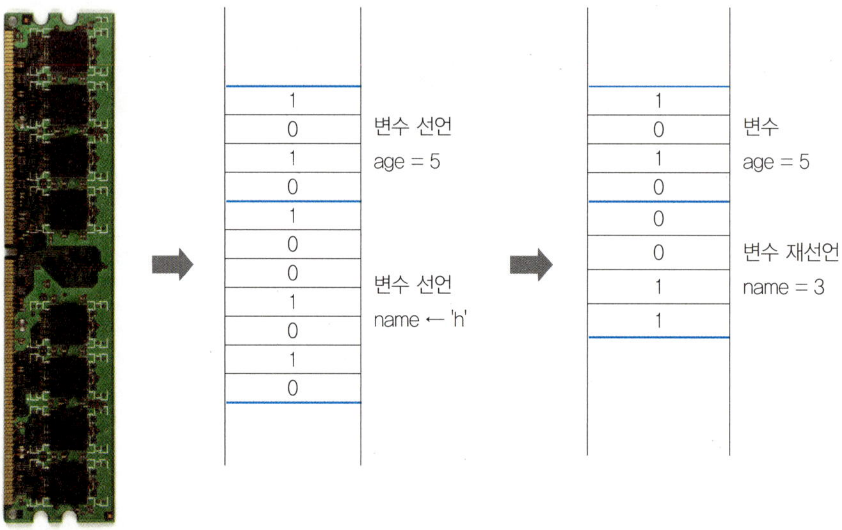

변수에 논리(true, false 등)와 숫자와 문자를 대입했을 때 가장 많은 공간을 차지하는 것은 무엇일까? 당연히 문자이다. 문자가 논리나 숫자보다 데이터를 표현하거나 저장할 때 많은 자릿수가 필요하다. 즉, 정보량이 많다는 것을 알 수 있다.

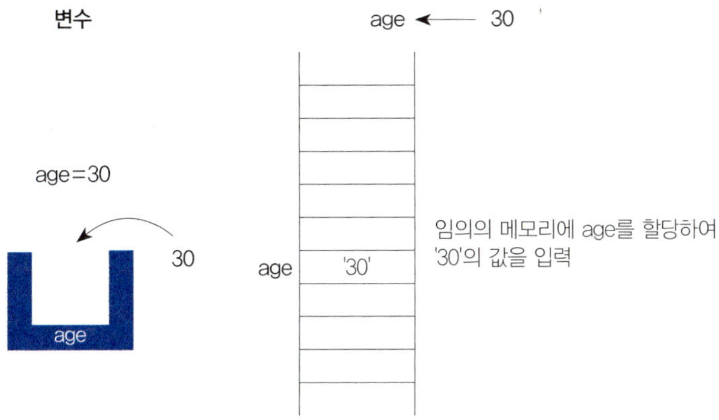

변수를 선언하여 값을 할당하는 것은 임의의 메모리(RAM, Random Access Memory)에 액세스하여 저장하는 행위를 의미한다.

참고로 주기억장치는 램 외에 읽기만 가능한 롬과 레지스터(Register), 캐시메모리(Cache Memory) 등이 있다. 파이썬에서 주로 사용하는 것은 램이고 나머지 메모리는 운영체제(Operation System)가 관리하고 제어한다. 따라서 파이썬도 운영체제와 소통하며 프로그램을 실행시키게 된다. 다음은 주기억장치의 관계도이다.

메모리 계층 구조

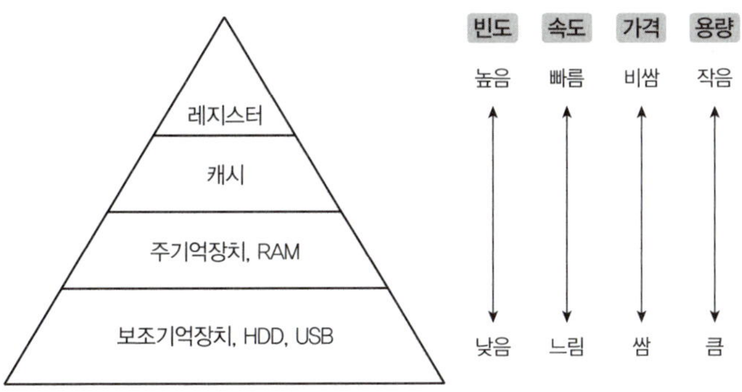

Chapter 4

출력과 print( )

우리가 생각한 결과를 외부나 다른 사람들에게 표현하기 위한 방법은 말하기, 움직임 표현하기, 글로 쓰기, 표정으로 표현하기, 그려서 나타내기 등을 사용한다. 컴퓨터는 처리한 결과를 모니터, 스피커, 프린터 등 다양한 외부 기기를 통해 출력한다. 출력의 내용은 텍스트와 그래픽, 사운드, 애니메이션, 동영상 등의 다양한 형태로 표현한다.

파이썬에서 계산 결과를 출력하는 기본 장치는 모니터를 통해 출력한다.

- **출력 기본형**

```
print('출력 문장')
print(변수)
```

1 문자 출력하기

문자를 작은따옴표(' ') 없이 출력하는 방법을 알아보자.

```
>>> '문자열'
'문자열'
>>> print('문자열')
문자열
>>> print('====Title====')
====Title====
>>> print('3')              # 문자 3을 출력한다.
3
>>> print(3)                # 숫자 3을 출력한다.
3
>>> print('3-6')            # 문자 3-6을 출력한다.
3-6
>>> print(3-6)              # 3-6의 연산 결과인 -3을 출력한다.
-3
```

```
>>> '홍길동'
'홍길동'
>>> name='홍길동'
>>> name
'홍길동'
>>> print('홍길동')
홍길동
>>> print(name)             # name 변수의 문자값인 홍길동을 출력한다.
홍길동
>>> print('name')           # name 문자를 출력한다.
name
```

위 코드와 같이 문자열을 따옴표 없이 출력하기 위해서는 print() 함수를 사용해야 한다.

print는 단일 명령어가 아니라 파이썬에서 사용하는 함수이기 때문에 명령어 뒤에 ()가 붙는다. print() 함수는 다음 그림과 같이 나타낼 수 있다. 함수에 대해서는 이후에 나오는 챕터에서 다루기로 한다.

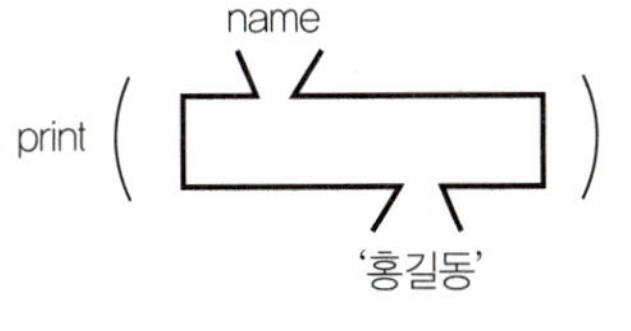

이제 print() 명령을 이용하여 다양한 결과를 출력해 보자.

```
>>>print('파이썬' '프로그래밍')
파이썬프로그래밍
>>>print('덧셈의 결과는', 3+9)
덧셈의 결과는 12
>>>print('5 + 12 =', 5+12)
5 + 12 = 17
```

```
>>> print('날씨가' '맑다')
날씨가맑다
>>> print('날씨가'+'맑다')
날씨가맑다
>>> print('날씨가','맑다')
날씨가 맑다
>>> print('날씨가' ' 맑다')
날씨가 맑다
```

print() 함수 안에 따옴표로 두 문장을 출력할 때 쉼표를 넣으면 한 칸 띄어 쓴다. 예제의 print('날씨가' '맑다') 명령어를 자세히 살펴보면 '맑다'로 따옴표 안에 빈칸이 있는 것을 주의해야 한다.

다음 코드의 출력 결과를 예상해 보고, 결과가 다른 이유를 살펴보자.

```
>>> print('I did not come back.')
I did not come back.
>>> print('I didn't come back.')
SyntaxError: invalid syntax
>>> print('I didn₩'t come back.')
I didn't come back.
>>> print(' 'I didn't come back.' ')
SyntaxError: unexpected indent
>>> print('₩'I did not come back.₩' ')
'I did not come back.'
```

출력문에서 작은따옴표가 필요한 경우에는 역슬래시(\ 또는 ₩)를 넣어주어야 에러 없이 출력된다.

TIPS

₩(\, 역슬래시)의 용도

- print 명령에 사용되는 \ 기호는 (역슬래시)로 print 명령으로 문자열을 표기할 때 작은따옴표, 큰따옴표 등의 이스케이프 문자(Escape character)를 화면에 표기하기 위해 사용된다.
- 이것은 print 명령에서 사용되는 문자열을 파이썬이 인식하기 위해 나타나는 '와 "를 모니터에 출력하는 '와 "를 구분하기 위해 어쩔 수 없이 ₩를 큰따옴표와 작은따옴표 앞에 사용한다.

print문 이스케이프 문자

- 이스케이프 문자는 print문 안에서 줄을 바꾸거나 따옴표 등을 사용할 때 입력하는 특수 코드이다.

코드	설명
₩n	개행(줄 바꿈)
₩t	수평 탭
₩₩	문자 "₩"
₩'	단일 인용부호(')
₩"	이중 인용부호(")
₩r	캐리지 리턴
₩f	폼 피드
₩a	벨 소리
₩b	백스페이스
₩000	null 문자

- 위 표에서 ₩n, ₩t, ₩₩, ₩', ₩"은 많이 사용되는 이스케이프 문자이다.
- 나머지는 가볍게 기억하도록 하자.

2 변수를 활용하여 출력하기

print( ) 함수를 이용하여 문자와 변수의 값을 같이 출력해 보자.

```
>>> name='홍길동'
>>> print(name, '씨 안녕하세요?')
홍길동 씨 안녕하세요?
```

이제 name 변수에 '이순신'이라는 값을 넣어 print() 함수를 실행해 보자.

age 변수를 추가하여 출력해 보자.

```
>>> name='이순신'
>>> print(name, '씨 안녕하세요?')
이순신 씨 안녕하세요?
>>> age=30
>>> print(name, '씨는', age, '세 입니다')
이순신 씨는 30 세 입니다
```

이제 print() 함수의 의미를 이해했을 것이다. 변수와 문자를 이용하여 우리들이 이해할 수 있는 결과를 출력하는 기능을 가진다.

뒤에서 설명하겠지만 print() 함수가 어떻게 입력된 자료를 처리하여 모니터에 출력하는지에 대한 구체적인 기능은 알기는 어렵다. 자동차 엔진이 어떻게 구동되어 앞으로 가고 서는지에 대한 구체적인 기능은 몰라도 핸들과 브레이크의 기능을 이용해서 자동차를 제어하는 것을 생각하면서 함수를 이해하면 좋을 것이다.

파이썬의 예약어인 print를 변수로 사용한 경우의 실행 결과를 확인해 보자.

```
>>> print=4
>>> print
4
>>> print('a')              # print를 변수로 사용하였기 때문에 오류 발생
Type error : int object I not callable
>>> del print               # del 명령어로 메모리 비우기
```

다음과 같이 예약어인 print를 변수로 사용하였기 때문에 a라는 문자를 출력하기 위해 print('a')를 실행하면 오류가 발생한다.

따라서 출력을 위해 print()문을 사용하기 위해서는 del 명령을 이용하여 변수가 선언된 메모리를 삭제해야 한다.

다음 코드의 출력을 예상해 보고, 예상과 다르다면 왜 그런지 확인해 보자.

```
>>> result=15
>>> print(result)
15
>>> print('result=', result)
result= 15
>>> print(result/3+5)
10
```

```
>>>text='대한민국'
>>>print(text)
대한민국
>>>print(text*3)
대한민국대한민국대한민국
```

```
>>> print(13*21)
>>> print('13*21')
13*21
```

변수를 선언하여 다음과 같이 print() 함수로 출력해 보자.

```
>>> result=15
>>> print(result)
15
>>> print('결과는 무엇인가?', result)
결과는 무엇인가? 15
>>> print('결과는 result이다')
결과는 result이다
>>> print('결과는', result, '이다')
결과는 15 이다
```

3 문자 포매팅으로 출력하기

문자 포매팅은 print문 안에 변수의 값을 포함시켜 출력할 때 사용한다. 다음 코드에서 %d와 %s가 포매팅 코드이다.

```
>>> num=5
>>> type='adventure'
>>> print('I have %d books.' % num)
I have 5 books.
>>> print('I have %d books on %s.' % (num, type))
I have 5 books on adventure.
```

TIPS

문자 포매팅

복잡한 문자열을 출력하기 위해서 파이썬은 문자열을 형식적으로 제시하는 문자 포매팅(string formatting) 기능을 제공하고 있다. 문자열을 포매팅하는 방법에는 % 기호를 사용하여 제시하는 방식과 format의 메서드를 사용한 방식, 그리고 f 문자열을 사용하는 방식이 있다. 다음은 %를 이용하여 문자열을 포매팅하는 코드이다.

코드	설명
%s	문자열(String)
%c	문자 1개(character)
%d	정수(Integer)
%f	부동소수(floating-point)
%o	8진수
%x	16진수
%%	Literal %(문자 % 자체)

포매팅은 문자열 안에 특정한 값을 변경해 줄 때 사용한다.

```
>>> pr='Python'
>>> txt='I really love %s' %pr
```

```
>>> print(txt)
I really love Python
>>> text='나는 %s이고, %d 살이며 %fcm이다' %('남자', 24, 177.8)
>>> print(text)
나는 남자이고, 24 살이며 177.800000cm이다
```

TIPS

문자열을 포매팅하는 3가지 방법

- **% 기호를 사용하여 제시하는 방식**

앞서 이야기하였으며 % 기호를 사용하여 문자열 안에 변수값을 삽입하는 방식이다.

```
name = "Alice"
age = 25
print("My name is %s and I am %d years old." % (name, age))
```

- **format의 메서드를 사용한 방식**

문자열의 format() 메서드를 사용하여 변수를 삽입하며, 이 방식이 % 기호 사용보다 더 유연하고, 가독성이 좋다.

```
name = "Bob"
age = 30
print("My name is {} and I am {} years old.".format(name, age))
```

- **문자열 f를 사용하는 방식**

문자열 앞에 f를 붙여서 변수값을 직접 삽입하며, 가장 간결하고 현대적인 방식으로 추천된다.

```
name = "Dave"
age = 40
print(f"Myname is {name} and I am {age} years old.")
```

4 기초 내공 쌓기

1. 문자열 곱하기 활용

"환영합니다"라는 문구를 3번 반복하여 출력하라.

```
welcome_message = "환영합니다"
print(welcome_message [    ] 3)
```

2. 환율 변환

현재 1달러는 1350.75원이다. 환율을 소수 둘째 자리까지 출력하라.

```
exchange_rate = 1350.75
print("현재 1달러는 {: [    ] }원입니다.".format(exchange_rate))
```

3. 식당 총비용 계산

식당에서 3명이 각각 12,000원, 15,000원, 9,000원짜리 메뉴를 주문했다. 10%의 부가세가 추가된다. 총비용을 계산하여 출력하라.

```
menu1 = 12000
menu2 = 15000
menu3 = 9000
total = menu1 + menu2 + menu3
```

```
tax = total * 0.1
final_cost = [        ]
print(f"총비용은 {final_cost}원입니다.")
```

4. 시간 계산

하루는 24시간이다. 일주일(7일) 동안 몇 시간이 되는지 계산하여 출력하라.

```
hours_per_day = 24
days_per_week = 7
total_hours = hours_per_day * days_per_week
print(      "일주일은 총 {total_hours}시간입니다.")
```

5. 할인 상품 가격 계산

80,000원짜리 상품이 25% 할인된 가격으로 판매된다. 할인된 가격을 계산하여 출력하라.

```
original_price = 80000
discount = 0.25
discounted_price = original_price * 
print(f"할인된 가격은 {discounted_price}원입니다.")
```

6. 반복적인 문자열 연결

"Hello"와 "World"를 띄어쓰기로 구분하여 3번 연결한 문장을 출력하라.

```
greeting = "Hello"
target = "World"
message = (                    ) * 3
print(message.strip())  # 마지막 공백 제거
```

7. 주간 급여 계산

시급이 10,000원이고, 하루에 8시간씩 5일 동안 일했다. 주간 급여를 계산하여 출력하라.

```
hourly_wage = 10000
daily_hours = 8
working_days = 5
weekly_salary = hourly_wage * daily_hours * working_days
print(f"주간 급여는            원입니다.")
```

8. 문자열 포매팅으로 인사말 출력

사용자 이름과 나이가 주어질 때, "안녕하세요, 20살, 민수님!"을 출력하라.

```
name = "민수"
age = 20
print("안녕하세요, " + ______ + "살, " + name + "님!")
```

9. 학점 결과 출력

학생의 이름, 나이, 평균 점수, 합격 여부를 변수로 저장하고, 이를 한 줄로 출력하라.

```
name = "지수"
age = 21
average_score = 87.5
is_passed = True
print("학생:", name, "| 나이:", age, "| 평균 점수:", average_score, "| 합격 여
부:", ______)
```

10. 줄바꿈을 포함한 메시지 출력

이름과 나이의 값을 줄바꿈하여 출력하라.

```
name = "지수"
age = 22
print("안녕하세요! ______ 이름:", name, "______ 나이:", age, "살")
```

11. 문자열 반복과 구분선 출력

상품명과 가격을 줄바꿔서 출력하되 위와 아래에 '='으로 표기된 구분선을 보기 좋게 출력하라.

```
item = "노트북"
```

```
price = 1500000
print("=" * 10)
print(f"상품명: [          ]가격: {price:,}원")
print("=" * 10)
```

12. 복리 계산

초기 자본금이 10,000원이고, 연이율 5%로 3년간 복리로 이자를 받는다. 최종 금액을 출력하라.

```
initial_investment = 10000
annual_rate = 0.05
years = 3
final_amount = initial_investment * (1 + annual_rate) ** years
print(f"3년 후 최종 금액: [          ]원")
```

13. 이진수 변환 결과 출력

십진수의 값을 이진수로 변환하여 출력하라.

```
num = 25
binary = bin(num)     # bin()은 이진수로 변환하는 함수
print(f"숫자 [      ]의 이진수 표현: {binary}")
```

14. 비트 시프트 연산과 이진수 변환

숫자 13을 왼쪽으로 2비트 시프트한 결과와 오른쪽으로 1비트 시프트한 결과를 이진수로 출력하라.

```
number = 13
left_shift = number << 2
right_shift = number >> 1
print(f"왼쪽 시프트 결과: {[          ]}, 오른쪽 시프트 결과: 
{bin(right_shift)}")
```

15. 파일 크기 단위 변환 및 출력

파일 크기를 바이트, 킬로바이트, 메가바이트로 변환하고 f-string을 통해 소수점 두 자리까지 포매팅하여 출력하라.

```
file_size_bytes = 1048576  # 1 MB
file_size_kb = file_size_bytes / 1024
file_size_mb = file_size_kb / 1024
print(f"파일 크기: {file_size_bytes} Bytes (__________ KB / 
{file_size_mb:.2f} MB)")
```

모범 답안

1. * 2. .2f 3. total+tax 4. f 5. (1-discount) 6. greeting+" "+target+" " 7. {weekly_salary} 8. str(age) 9. is_passed 10. \n, \n 11. {item}\n 12. {final_amount:.2f} 13. {num} 14. bin(left_shift) 15. {file_size_kb:.2f}

5 도전 내공 쌓기

HealthChecker.py라는 건강체커 프로그램을 만들어 보자.

1) 건강체커를 만들기 위해서는 어떤 변수들이 필요할까? 임의의 값을 대입해 보자.

변수	값	자료유형
name	'한국인'	문자
gender	'남'	문자
age	21	정수
height	176.5	실수
weight	65.2	실수

2) 건강체커에 필요한 자료(data)를 입력해 보자.

```
name = '한국인'
gender= '남'
age = 21
height = 176.5
weight = 65.2
```

3) 건강체커에 입력된 자료를 출력해 보자.

```
print('이름:', name)
print('성별:', gender)
print('나이:', age, '세')
print('신장:', height, 'cm')
print('체중:', weight, 'kg')
```

TIPS

건강 몸무게 구하기처럼 여러 라인으로 구성된 코드는 파이썬 셸(Python Shell)보다 편집창을 활용하는 것이 좋다. 파이썬 셸 메뉴에서 [File]–[New File]을 클릭하면 편집 화면이 나타난다.
모든 코드를 입력한 뒤 실행 결과를 보고 싶으면 메뉴창의 [Run]–[Run Module] 또는 [F5]키를 누르고 파일을 저장하면 프로그램을 바로 실행할 수 있다.

4) 편집창을 이용하여 건강체커 코드를 작성해 보자.

```
name = '한국인'
gender= '남'
age = 21
height = 176.5
weight = 65.2
print('이름:', name)
print('성별:', gender)
print('나이:', age, '세')
print('신장:', height, 'cm)
print('체중:', weight, 'kg')
```

5) 키에 따른 건강 몸무게를 자동으로 계산해 주는 건강 몸무게 계산기 코드를 만들려고 한다. 변수를 어떻게 정의해야 할까? 적절한 연산식을 변수에 대입해 보자.

```
health=(height- 100)*0.9
```

6) 다음과 같이 결과를 출력하려고 한다. 어떻게 코드를 작성해야 할까?

```
한국인 님의 건강 몸무게는 68.4 kg입니다.
건강을 위해 몸무게를 3.6kg을 감량하세요.
```

```
print(name, '님의 건강 몸무게는', health, 'kg입니다.')
print('건강을 위해 몸무게를', weight-health, 'kg을 감량하세요.')
```

TIPS

어떤 코드가 더 효율적인가?

- **print문 안에 직접 식으로 입력하는 방식**

```
print(name,'씨의 이상적인 몸무게는',(height-100)*0.9,'kg 입니다.')
```

- **변수를 선언하여 식의 값을 저장한 뒤 변수를 사용하는 방식**

```
h=(height-100)*0.9
print(name,'씨의 이상적인 몸무게는', h,'kg 입니다.')
```

공식이 한 번만 사용될 때는 직접 입력하는 방식이 효율적이지만, 공식이 코드의 여러 라인에 사용될 경우나 공식을 수정하는 경우가 있을 때는 변수로 선언하여 사용하는 것이 더 효과적이다.

6 기초튼튼 컴퓨터과학

컴퓨터의 출력 장치로는 대표적으로 모니터가 있다. 따라서 파이썬에서 출력을 나타내는 명령 print()는 모니터에 숫자 또는 문자를 출력한다. 모니터에 출력한다는 것은 모니터의 기계적 특성과 숫자와 문자를 나타내는 표준 코드를 사용하여 나타낸다.

모니터에 간단하게 'Hello Python'이라는 문장을 나타내거나 3+5의 결과를 나타내는 것도 우리에게는 매우 단순하게 여겨지지만, 프로그래머의 입장에서는 모니터의 전기적 신호와 픽셀, 해상도, 좌표, RGB, 아스키코드 등의 다양한 개념을 이해해서 구현해야 한다.

간단한 문장을 출력하기 위해 모니터의 특성을 이해하여 파이썬 코드로 복잡하게 구현하라고 한다면, 프로그래머 대부분이 손들고 포기할 것이다. 하지만 파이썬 개발자들이 미리 구현한 print()라는 함수를 이용한다면, 괄호 안에 변수나 문자, 숫자 등을 입력하여 모니터로 쉽게 출력할 수 있다.

만약, 파이썬으로 모니터에 그림을 나타내거나 스피커로 소리를 출력하기 위해서는 또 다른 개념과 기능을 수행하는 함수들이 필요하게 된다. 이러한 것은 뒤에서 다루기로 하고, 먼저 출력 장치의 종류와 장치에서 다루는 출력 자료의 유형을 잘 파악해 두자.

대표적인 출력 장치인 모니터 외에 스피커나 헤드폰은 소리, 프린터는 활자화된 그림이나 문자, 빔프로젝터는 화상, 로봇은 모터의 움직임, LED는 불빛의 켜고 끄는 동작 등을 통해 자료를 출력한다.

여러 가지 출력 장치들

Chapter 5

입력과 input( )

컴퓨터는 자료를 입력하고 적당한 프로그램을 실행하면 바로 계산을 수행한다. 하지만 이런 계산을 할 수 있는 것도 사람이 미리 명령해 두었기 때문이다. 컴퓨터에게 계산을 시키기 위해서는 크게 세 가지 과정이 필요하다.

1) **자료 입력 과정:** 자료의 입력은 영어로 input이라고 한다. 이 과정이 있어야 컴퓨터가 계산하는 데 필요한 자료를 제공할 수 있다.
2) **자료 처리 과정:** 컴퓨터에 입력한 자료는 변수에 저장된다. 파이썬에서는 입력한 값의 종류에 따라서 그것이 문자인지, 숫자인지 구분해 주어야 한다. 그리고 연산 명령을 내려 자료를 처리한다.
3) **자료 출력 과정:** 컴퓨터가 자료를 제대로 처리하더라도 그 값을 우리가 볼 수 없다면 아무런 의미가 없다. 기본적으로 print문을 이용하여 우리가 볼 수 있는 형태로 출력한다.

이렇게 자료의 처리와 출력 과정을 간단하게 살펴보았다. 이제는 사용자들이 자료를 직접 입력해서 처리할 수 있는 명령을 살펴보도록 하자.

지금까지는 자료(data)를 코드 안에 직접 입력하거나 변수로 선언하여 사용하였다. 즉, 프로그래머가 직접 임의의 자료 또는 필요하다고 생각되는 고정된 자료를 제공하여 프로그램을 만들었다. 하지만 프로그램을 실행한 뒤에 사용자로부터 자료를 키보드로 직접 입력받아서 사용하기 위해서는 어떻게 해야 할까? 바로 input() 명령어를 사용하면 된다. 이때 파이썬에서 사용되는 입력 장치는 키보드이다.

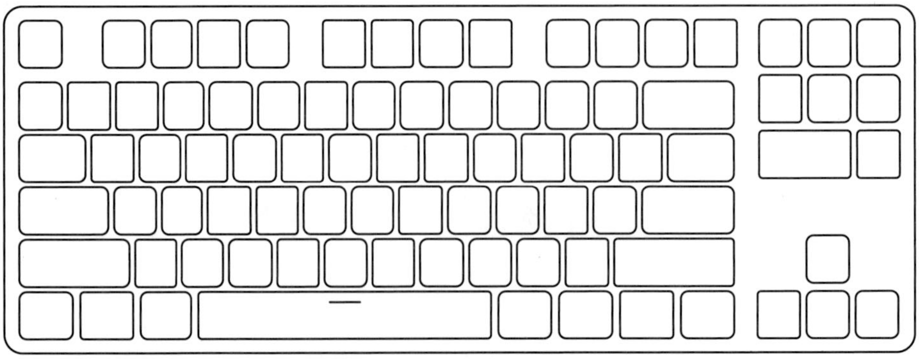

• 입력 기본형

```
answer=input('값을 입력하세요: ')
print(answer)
```

1 자료 입력하기

input() 명령어를 실행해 보자.

```
>>> input()
|                    # 커서만 깜빡인다.
```

위 코드를 실행하면 커서가 깜빡이는 것을 볼 수 있다. 이것은 파이썬에서 사용자가 어떤 값을 입력할 때까지 기다린다는 의미이다. 처음 이 상황을 접한 사용자들은 무엇을 해야 할지 혼란스럽고 불친절하게 느껴질 것이다.

이제 깜빡이는 커서에 숫자나 문자를 입력해 보자.

```
>>> input()
5
'5'
>>> input()
홍길동
'홍길동'
>>> input()
3+4
'3+4'
```

입력한 값이 그대로 출력되는 것을 확인할 수 있다. input() 함수의 중요한 특징은 숫자나 이름, 계산식 등을 입력하면, 그 결과가 모두 따옴표와 함께 출력된다는 것이다. 즉, input() 함수로 입력받은 자료는 모두 문자형으로 처리된다는 것을 의미한다.

input() 함수는 다음 그림과 같이 나타낼 수 있다.

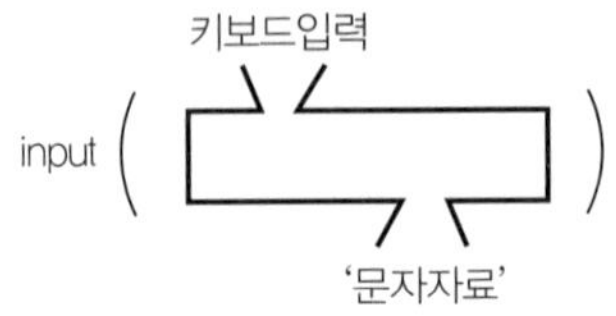

앞서 수행한 실습의 input() 함수는 커서만 깜빡일 뿐 무엇을 하라고 하는지 추측하기 어려울 수 있다. 이제 친절하게 입력할 내용을 안내해서 사용자로부터 자료를 입력받아 보자.

```
>>> input('0~9 사이의 수를 입력하세요.')
0~9 사이의 수를 입력하세요.4
'4'
>>> input('이름을 입력하세요.')
이름을 입력하세요. 홍길동
'홍길동'
```

코드를 실행하면 사용자가 입력해야 할 자료를 알려주기 때문에 조금은 친절해졌을 것이다.

다음 코드를 실행해 보자.

```
>>> input('0~9 사이의 수를 입력하세요.')
0~9 사이의 수를 입력하세요.13
'13'
>>> input('이름을 입력하세요.')
이름을 입력하세요.9
'9'
>>> input('0~9 사이의 수를 입력하세요.')
0~9 사이의 수를 입력하세요.사과
'사과'
```

위와 같이 입력문을 사용하여 자료를 입력받을 때 안내하는 문장의 조건에 맞지 않는 13을 입력하거나 숫자 대신 사과 또는 문자 대신 9를 입력해도 오류가 발생하지 않는다는 것을 확인할 수 있다.

입력문은 단지 사용자로부터 키보드를 통해 입력받은 자료를 보여줄 뿐이다. 입력된 자료에 대한 판단은 프로그램을 작성하는 프로그래머의 몫이다. 이후의 챕터에서 조건문과 오류 처리에 대해 자세히 알아보도록 하자.

TIPS

- input 명령어는 묻고 기다리는 값이다.
- 질문을 한 후에는 반드시 답을 받아야 한다.
- 하지만 위와 같이 프로그램을 작성하면 받은 값은 바로 출력하고 메모리에 저장되지 않고 사라진다.

2 입력받은 자료를 변수에 저장하기

이전의 input() 명령은 사용자로부터 자료를 입력받기만 했을 뿐이다. 자료를 입력받아 사용하기 위해서는 컴퓨터가 값을 기억하고 있어야 한다. 앞에서 값을 기억하기 위해 사용되는 것을 '변수'라고 하였다. 이제 사용자로부터 input() 함수로 직접 입력받은 값을 변수에 저장해 보자.

input() 함수의 입력값을 변수에 넣기 위해서는 변수=input()의 형태로 표현하면 된다. 다음과 같이 프로그램을 작성해 보자.

```
>>> num=input('0~9 사이의 수를 입력하세요.')
0~9 사이의 수를 입력하세요.5
>>> name=input('이름을 입력하세요.')
이름을 입력하세요.한석봉
>>>
```

변수에 저장된 input() 입력값은 이제 출력되지 않고 바로 메모리에 저장된다. 입력받은 값이 변수에 저장되므로 이제 연산과 출력에도 사용할 수 있다.

```
>>> num
'5'
>>> name
'한석봉'
>>> print(name, '씨의 입장 순서는', num, '번째입니다.')
한석봉 씨의 입장 순서는 5 번째입니다.
```

num 변수와 name 변수는 input() 함수로 입력받았기 때문에 모두 문자형 변수이다. num 변수에 5를 입력하였다고 해서 숫자형 변수가 아님을 기억하자.

TIPS

input의 변수형

- input( ) 함수에서는 무조건 문자형으로만 자료를 저장한다.
- 문자형은 모든 연산을 제대로 수행할 수 없다.
- 따라서 문자형에서는 +와 * 연산자만 활용이 가능하다는 점을 기억하자.
- input() 함수로 숫자를 입력받았을 때도 문자로 처리되므로 다시 숫자로 바꿔주는 과정이 필요하다.

3 정수형과 실수형 자료 입력받기

여러 개의 input() 문과 print() 문을 이용하여 다음과 같이 실행되는 코드를 작성해 보자. 이때 코드의 라인이 많으므로 파이썬 쉘 대신 편집창을 열어 소스를 입력한 뒤 저장하고 실행해 보자.

```
alpha=input('좋아하는 알파벳은 :')
beta=input('좋아하는 정수는 :')
```

```
print('내가 좋아하는 알파벳은', alpha*10)
print(beta,'를 2로 나누면', beta/2)
```

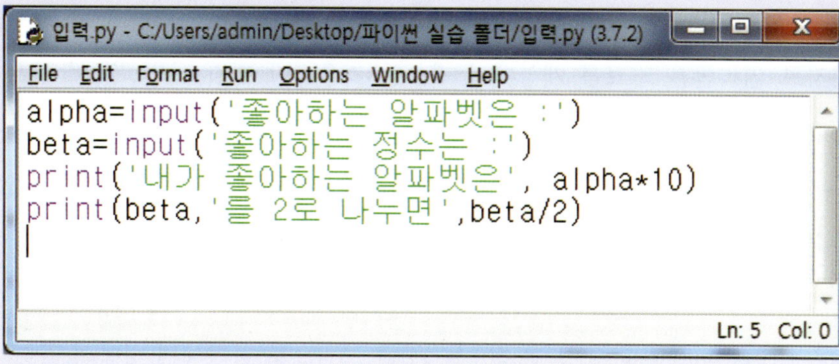

실행 결과

```
==== RESTART: C:/Users/admin/Desktop/파이썬 실습 폴더/입력.py ====
좋아하는 알파벳은 :a
좋아하는 정수는 :3
내가 좋아하는 알파벳은 aaaaaaaaaa
Traceback (most recent call last):
  File "C:/Users/admin/Desktop/파이썬 실습 폴더/입력.py", line 4, in <module>
    print(beta,'를 2로 나누면',beta/2)
TypeError: unsupported operand type(s) for /: 'str' and 'int'
```

IDLE 쉘에서 에러가 발생하는 것을 확인할 수 있다. 왜 그럴까?

input() 문은 항상 문자형 자료로 입력받아 저장하기 때문에 beta/2와 같이 문자를 나눌 수가 없다. 이제 문제를 해결하기 위해 다음과 같이 코드를 수정해 보자.

코드 1	코드 2
alpha=input('좋아하는 알파벳은 :') beta=int(input('좋아하는 정수는 :')) print('내가 좋아하는 알파벳은', alpha*10) print(beta,'를 2로 나누면', beta/2)	alpha=input('좋아하는 알파벳은 :') beta=input('좋아하는 정수는 :') print('내가 좋아하는 알파벳은', alpha*10) print(beta,'를 2로 나누면', int(beta)/2)

input()으로 자료를 받을 때 int() 함수를 사용하면 문자로 받은 자료를 숫자로 변환할 수 있다.

〈코드 1〉은 자료를 입력받을 때 문자를 숫자로 변환해서 입력받고, 〈코드 2〉는 문자로 입력받은 자료를 계산에서 필요한 경우에만 숫자로 변환하여 사용한다. 〈코드 2〉에서 int(beta)/2와 int(beta/2)의 결과는 다르다. int(beta)/2는 beta를 정수로 바꾼 뒤 2로 나눈다는 뜻이고, int(beta/2)는 beta값을 2로 나눈 뒤 그 결과를 정수로 바꾼다는 뜻이다. 따라서 int(beta/2)는 문자를 2로 나누는 행위이기 때문에 오류가 발생한다.

명령어 beta=int(input('좋아하는 정수는 :'))를 그림으로 나타내면 다음과 같다.

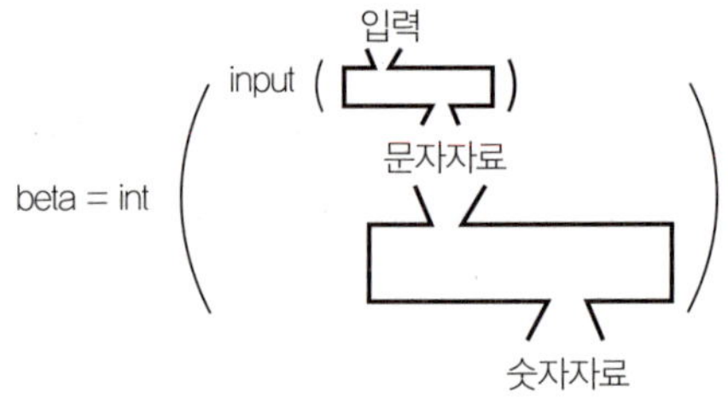

TIPS

int() 함수

- int() 함수는 문자형 자료를 정수형 자료로 바꾸는 함수이다.
- 정수 7을 int(7)로 하거나 문자 '7'을 int('7')를 실행하면 모두 정수 7이 된다.
- 만약 문자 'abc'를 int('abc')로 실행하면 다음과 같은 오류가 발생한다.

  ValueError: invalid literal for int() with base 10: 'abc'
- 따라서 int() 함수를 사용할 때는 문자로 된 숫자를 변환하는 경우만 가능하다.
- int('7.3')의 경우 7.3이 정수형 자료가 아니기 때문에 에러가 발생한다.
- int('7.3')을 실수형 7.3으로 변환시키기 위해서는 float('7.3') 함수를 사용해야 한다.
- int()는 변수가 아니고 함수이기 때문에 input() 함수의 값을 할당할 수 없다.

  int(beta)=input('숫자 입력 0~9 :')　　# 오류 발생

TIPS

어떤 코드가 더 효율적인가?

- inpt() 문에서 int()로 정수 만들고 사용하기

```
a=int(input('숫자 입력하시오.'))
c=a+3
d=a-6
e=a*7
```

- input() 문에서 문자로 입력받은 뒤 나중에 int()로 변수값을 정수로 바꾸어 사용하기

```
a=input('숫자 입력하시오.')
c=int(a)+3
d=float(a)-6
e=a*7
```

만약, 입력받은 값이 이후에 사용될 연산에서 숫자 변수로 많이 사용될 경우에는 전자가 효율적이고, 입력받은 값을 문자로 사용하면서 다른 데이터 타입 변수로 바꿔야 할 경우는 후자가 효율적이다.

데이터를 정수형(int)과 실수형(float)으로 입력 받아보자.

```
>>> a=int(input('좋아하는 정수는?'))
좋아하는 정수는?7
>>> b=float(input('좋아하는 실수는?'))
좋아하는 실수는?2.3
>>> a+b                              # 변수를 서로 더하기
9.3
>>> c=int(input('좋아하는 정수는?'))  # 정수 입력 자료에 실수형 자료 입력하기
좋아하는 정수는?5.03
Traceback (most recent call last):
  File "<pyshell#97>", line 1, in <module>
    int('5.03')
ValueError: invalid literal for int() with base 10: '5.03'
```

입력받은 두 개의 자료를 정수형과 실수형으로 변환한 뒤 사칙연산을 하게 되면 오류 없이 잘 실행된다. 하지만 정수형 자료에 실수형 자료를 입력하게 되면 마지막처럼 오류가 발생한다.

다음의 코드에서 입력받는 부분, 기억하는 부분, 처리하는 부분, 출력하는 부분을 구분하여 주석을 달아보자.

```
a=int(input("좋아하는 정수는?"))          # 입력, 저장
b=float(input("좋아하는 실수는?"))        # 입력, 저장
a=a+b                                    # 처리, 저장
print(a)                                 # 출력
```

간단한 예시지만 사용자로부터 input() 함수를 통해 자료를 입력받고 변수에 저장한 뒤, 컴퓨터의 중앙처리장치를 통해 계산하고, print() 함수로 모니터에 출력하는 정보처리의 과정을 나타내고 있다. 이러한 정보처리 과정을 통해 컴퓨터의 구성요소를 이해할 수 있다.

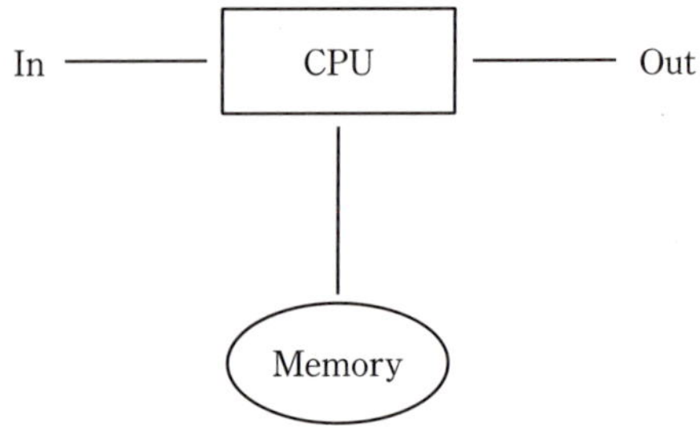

TIPS

주석문

- #은 주석문(Remark)으로 파이썬 프로그램에서는 # 이후의 내용이 실행되지 않는다. 주석문은 일반적으로 프로그래머나 사용자를 위해 그 명령이 어떤 의미와 의도가 포함되었는지를 나타내는 도움 문장으로 사용된다.
- 간결하지만 명확하게 표현된 주석문이 소스 코드의 필요한 곳에 포함된 것이 좋은 코드이다. 개발된 코드를 다른 프로그래머가 보거나 개발자 본인이 다시 볼 때 기억과 분석의 한계가 있으므로 코드 내용의 의미를 제대로 파악하기 위해 적절한 주석문은 반드시 필요하다.
- 따라서 코드 개발 시 적절한 부분에 주석문을 추가하는 좋은 습관을 갖도록 하자.

예제 1

사용자에게 수를 2개 입력받아 두 수를 곱한 값을 출력하는 프로그램을 만들어 보자.
(단, 변수는 3개 사용한다)

• 사용하는 명령어들을 먼저 간략하게 적어보자.

```
a=int(                    )
b=int(                    )
[     ]
print(a,'*',b,'=',c)
```

예제 2

위와 같은 결과를 보여주는 프로그램을 변수 2개만 사용해서 만들어 보자.

• 변수의 개수를 어떻게 줄일 수 있는가?

```
a=int(                    )
b=int(                    )
print(          )
```

예제 3

1인치는 2.54센티미터이다. 인치를 입력하면 그 값을 센티미터로 변환하여 출력하는 프로그램을 만들어 보자. 또 반대로 센티미터 값을 입력하면 인치 값으로 변환하도록 수정해 보자.

```
num1=int(input('인치 값을 입력하시오.'))
num2=(          )
print(                              )
```

```
num1=int(input('센티미터 값을 입력하시오.'))
num2=(                )
print(                                  )
```

4 여러 개의 입력값 받기

여러 개의 입력값을 한 번에 받고 싶을 때 Input과 Split을 사용하면 한 번에 여러 개의 값을 입력받을 수 있다.

변수 a와 b에 각각 문자열을 한 번에 입력받아 보자.

```
>>> a, b = input('문자열을 입력해 주세요 : ').split()
문자열을 입력해 주세요 : apple banana
>>> print(a , b)
apple banana
>>> print(a)
apple
>>> print(sb)
banana
```

split()은 사용자가 입력한 값을 (공백)을 기준으로 구분하여 st1, st2에 저장한다. 입력받은 'apple banana' 문자열을 split()(공백)으로 구분하여 각각 st1, st2에 저장한다.

다음으로 여러 개의 숫자를 입력받아 보자.

```
>>> num1, num2 = int(input('두 숫자를 입력해 주세요 : ').split())
Traceback (most recent call last):
  File "/Users/ossian/Desktop/Git/Python3/Python_Study.py", line 6, in <module>
    num1, num2 = int(input('두 숫자를 입력해 주세요 : ').split())
TypeError: int() argument must be a string, a bytes-like object or a number, not
'list'
```

프로그램을 실행한 뒤 숫자를 입력하면 오류가 발생한다. 왜냐하면 input()이 문자를 받기 때문이다. 여기서 숫자를 입력받는 문제는 map 함수로 해결할 수 있으며 map 함수는 일종의 반복처리를 해주는 함수이다.

```
>>> num1, num2 = map(int, input('두 숫자를 입력해 주세요 : ').split())
두 숫자를 입력해 주세요 :3 6
>>> print('입력하신 숫자는 ', num1, '과', num2, '입니다.')
입력하신 숫자는 3 과 6 입니다.
>>> print('두 숫자의 합은', num1+num2, '입니다.')
두 숫자의 합은 9 입니다.
>>> print(type(num1), type(num2))
<class 'int'> <class 'int'>
```

num1과 num2 변수에 입력받은 사용자 값을 split하고 int로 변환하여 저장한다.

TIPS

```
a,b = map(int,input().split())
print(a*b)

변수1, 변수2 = input().split()
변수1, 변수2 = input().split(기준문자)
변수1, 변수2 = input(문자열).split()
변수1, 변수2 = input(문자열).split(기준문자)
변수1, 변수2 = map(int, input().split())
변수1, 변수2 = map(int, input().split(기준문자))
변수1, 변수2 = map(int, input(문자열).split())
변수1, 변수2 = map(int, input(문자열).split(기준문자))
```

5 기초 내공 쌓기

1. 사용자 환영 메시지

"환영합니다"라는 문구를 3번 반복하여 출력하라.

```
[      ] = input("이름을 입력하세요: ")
print("안녕하세요 " + name + "님, 환영합니다!")
```

2. 나이 계산기

사용자에게 태어난 연도를 입력받아 현재 나이를 계산하여 출력하라.

```
birth_year = input("태어난 연도를 입력하세요: ")
current_year = input("현재 연도를 입력하세요: ")
age = int(current_year) - int(birth_year)
print("당신의 나이는 " + [            ] + "살입니다.")
```

3. 직사각형 넓이 계산

직사각형의 가로와 세로 길이를 입력받아 넓이를 계산하여 출력하라.

```
width = input("직사각형의 가로 길이를 입력하세요: ")
height = input("직사각형의 세로 길이를 입력하세요: ")
print("직사각형의 넓이는 " + str([                        ]) + "입니다.")
```

4. 평균 점수 계산

두 과목의 점수를 입력받아 평균 점수를 계산하여 출력하라.

```
score1 = input("첫 번째 과목 점수를 입력하세요: ")
score2 = input("두 번째 과목 점수를 입력하세요: ")
average = (float(score1) + float(score2)) / 2
print("평균 점수는 " + [                ] + "점입니다.")
```

5. 총금액 및 부가세 계산

제품의 가격과 수량을 입력받아 총금액과 부가세(10%)를 계산하여 출력하라.

```
price = input("제품의 가격을 입력하세요: ")
quantity = input("구매 수량을 입력하세요: ")
total = float(price) * int(quantity)
tax = total * 0.10
print("총금액은 " + str(total) + "원이고, 부가세는 " + ________ + "원입니다.")
```

6. 여행 경로 계산

출발 도시, 도착 도시, 이동 거리를 입력받아 여행 경로를 출력하라.

```
________ = input("출발 도시와 도착 도시를 입력하세요. ").split()
print("여행 경로: " + start_city + " -> " + end_city)
```

7. 숫자 두 개를 입력받아 합과 곱 출력

숫자 두 개를 입력받아 합과 곱을 각각 출력하라.

```
num1, num2 = map(int, input("숫자 두 개를 입력하세요: ").split())
print(f"두 숫자의 합: ________")
print(f"두 숫자의 곱: {num1 * num2}")
```

8. 문장 입력받아 단어 수 세기

한 문장을 입력받아 단어의 개수를 출력하라.

```
sentence = input("문장을 입력하세요: ")
word_count = len(________) # len()은 문자 길이 확인 함수
print(f"입력된 문장에는 {word_count}개의 단어가 있습니다.")
```

9. 시간 변환

분 단위로 시간을 입력받아 시간과 분으로 변환하여 출력하라.

```
minutes = int(input("시간을 분 단위로 입력하세요: "))
hours = [          ]
remaining_minutes = minutes % 60
print(f"{hours}시간 {remaining_minutes}분")
```

10. 2진수 변환

2진수를 입력받아 10진수로 변환하여 출력하라.

```
binary = input("2진수를 입력하세요: ")
decimal = int(binary, 2)
print(f"10진수: {[          ]}")
```

모범 답안

1. name 2. str(age) 3. float(width)*float(height) 4. str(average) 5. str(tax) 6. start_city, end_city 7. {num1+num2} 8. sentence.split() 9. minutes//60 10. decimal

6 도전 내공 쌓기

1) 우리나라의 경우 섭씨온도(℃)를 사용하고 미국은 화씨온도(℉)를 사용한다.

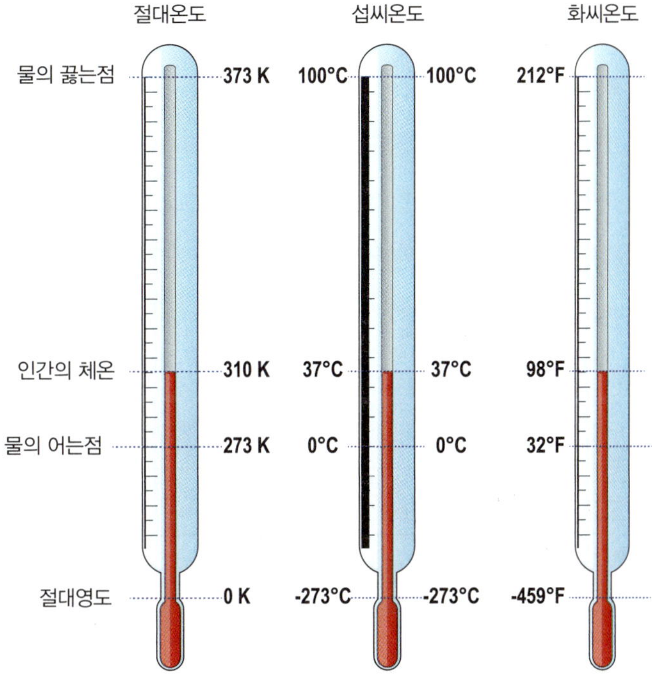

화씨온도 - 32 ÷ 1.8 = 섭씨온도
섭씨온도 * 1.8 + 32 = 화씨온도

2) 무게와 부피 등 다르게 사용되는 단위도 알아보고 단위 변환기를 만들어 보자.

- 무게의 단위 1lb(파운드) = 453.59g(그램)
- 부피의 단위 1gal(갤런) = 3.785l(리터)
- 달러 환전의 단위 1$(달러) = 약 1,200(원)
- 거리의 단위 1mile(마일) = 1.61km(킬로미터) / 5280ft(피트)

7 기초튼튼 컴퓨터과학

컴퓨터의 대표적인 입력 장치는 키보드이다. 윈도우와 같은 GUI 화면 대신 오래된 영화에서 검은 화면에 명령어만 입력했던 장면을 모르더라도 키보드가 컴퓨터의 등장 이후로 오랫동안 함께 사용된 것은 쉽게 알 수 있을 것이다.

우리가 사용하는 키보드는 미국에서 많이 사용하는 캐릭터, 즉 알파벳과 숫자 그리고 특수기호와 기능키를 포함하여 ANSI(American National Standards Institute, 미국 국립 표준 협회)에서 표준화한 것이다. 각 키는 7bit의 부호체계를 가진 아스키코드(ASCII)를 사용하여 표준화한 영문 키보드값을 가지고 있다. 이후 한글이나 중국어와 같이 많은 코드를 표현하기 위해 2byte로 구성된 유니코드(Unicode)를 국제표준 코드로 사용하였다.

					0	1	2	3	4	5	6	7
b_7 →					0	0	0	0	1	1	1	1
b_6 →					0	0	1	1	0	0	1	1
b_5 →					0	1	0	1	0	1	0	1
Bits b_4 ↓	b_3 ↓	b_2 ↓	b_1 ↓	Column → / Row ↓	0	1	2	3	4	5	6	7
0	0	0	0	0	NUL	DLE	SP	0	@	P	`	p
0	0	0	1	1	SOH	DC1	!	1	A	Q	a	q
0	0	1	0	2	STX	DC2	"	2	B	R	b	r
0	0	1	1	3	ETX	DC3	#	3	C	S	c	s
0	1	0	0	4	EOT	DC4	$	4	D	T	d	t
0	1	0	1	5	ENQ	NAK	%	5	E	U	e	u
0	1	1	0	6	ACK	SYN	&	6	F	V	f	v
0	1	1	1	7	BEL	ETB	'	7	G	W	g	w
1	0	0	0	8	BS	CAN	(	8	H	X	h	x
1	0	0	1	9	HT	EM	)	9	I	Y	i	y
1	0	1	0	10	LF	SUB	*	:	J	Z	j	z
1	0	1	1	11	VT	ESC	+	;	K	[	k	{
1	1	0	0	12	FF	FC	,	<	L	\	l	|
1	1	0	1	13	CR	GS	-	=	M	]	m	}
1	1	1	0	14	SO	RS	.	>	N	^	n	~
1	1	1	1	15	SI	US	/	?	O	_	o	DEL

자료: www.asciitable.com

파이썬에서 input()을 이용하여 매우 쉽게 자료를 입력받아 사용할 수 있지만, 그 기저에는 키보드의 입력 신호, 코드표준체계의 기본 개념을 이해하고 사용해야 한다. 파이썬 개발자들은 기본적으로 키보드의 입력값을 input() 함수로 쉽게 입력받도록 하였다.

마우스를 이용하여 좌표값을 입력하거나 마이크로 소리를 입력하고 스캐너로 그림을 입력하며, 웹캠으로 영상을 입력하기 위해는 각 기기들의 특성과 자료의 특성을 이해하여 처리해야 한다. 입력의 기본은 아날로그 신호를 디지털신호로 변환하는 것임을 이해해야 한다.

기본적으로 컴퓨터에서 사용되는 키보드, 마우스, 스캐너 등을 떠나서 디지털 기기에서 다루는 다양한 센서, 예를 들면 소리, 움직임, 거리센서 등도 입력 장치이며, 가정에서 사용되는 각종 가전기기의 리모컨, 음성 인식기 등도 입력 장치임을 알아두자.

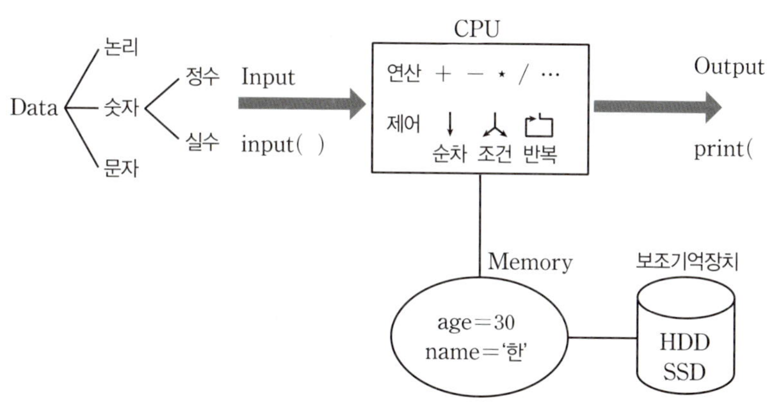

읽을거리

HCI

인간(Human)과 컴퓨터(Computer)와의 상호작용(Interaction)에 관한 컴퓨터과학 학문 분야를 HCI라고 한다. 사용자와 컴퓨터와의 상호작용을 효과적으로 표현하기 위한 입출력 방법은 키보드 외에 소리, 동작, 심지어는 뇌파를 이용해서 처리하는 방법도 등장하고 있다.

Chapter 6

조건과 선택

지금까지 다양한 데이터를 다루고 입력과 출력 명령을 이용하여 프로그램을 만들었다. 다음의 코드를 살펴보자.

```
a=2894
b=input('이름을 입력하시오')
c=a*b
print(c)
```

코드의 실행 순서는 당연히 처음부터 마지막까지 순서대로 진행한다. 변수 a에 숫자 2894를 저장하고, 변수 b의 값을 사용자로부터 입력받는다. 그리고 2894*이름을 입력하여 변수 c에 저장한 뒤 c의 값을 출력한다. 이렇게 데이터를 이용하여 인간이 처리하기 힘든 작업(여기서는 이름을 2,894번 써야 하므로 귀찮은 작업일 수 있다)을 자동화하였다.

위와 같이 순서대로 작성한 프로그램은 아무 문제 없이 돌아가지만 어떤 조건에 따라 명령의 일부분을 건너뛰거나 특정 명령만 실행하게 하려면 순차적인 명령으로는 처리하기 어렵다. 이때 우리는 컴퓨터에 여러 가지 상황을 설정하고 "만약 ~한다면, 무엇을 해라"라고 명령할 수 있다. 이것을 바로 조건문(if...else)이라고 한다. 즉, "만약 길이 막혀있다면, 우측으로 돌아가라"라고 결정권을 주는 것이다. 컴퓨터 프로그램은 사용자의 결정에 따라 많은 종류의 동작을 수행하도록 되어 있다. 이러한 점에서 흐름제어를 하는 조건문은 코딩하는 데 있어 매우 중요한 역할을 한다.

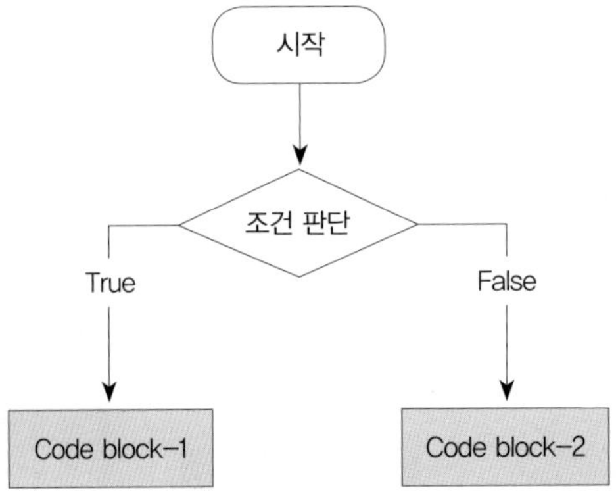

- **조건문(if...else)의 기본형**

```
if 조건식:
    실행문
```

```
if 조건식:
    실행문1
else:
    실행문2
```

```
if 조건식1:
    실행문1
elif 조건식2:
    실행문2
else:
    실행문3
```

1 if문 알기

파이썬의 편집창을 열어 if문을 이용하여 조건 명령을 실행해 보자.

```
height = 180
if height > 175:
    print('당신은 키가 큰 편이군요')
```

조건 명령은 if를 사용하며 반드시 조건식이 따라야 하며, 조건식의 마지막에는 반드시 콜론(:)을 입력해야 한다. 콜론의 의미는 조건 명령 블록을 시작한다는 의미로 보면 된다.

조건식은 참과 거짓을 판단하며, 참일 경우에만 조건 명령 부분이 실행된다. 거짓인 경우 조건 명령 부분은 건너뛴다.

위 코드에서는 height가 180으로 선언되었고 조건식에서 175보다 크기 때문에 조건문이 참이 되어 print('당신은 키가 큰 편이군요') 명령이 실행된다. 만약 height가 170으로 선언된다면 if문은 거짓이 되므로 실행되지 않는다.

- **단일 조건문의 구조**

```
if 조건식:
    명령문
    명령문
```

조건 명령의 이해를 돕기 위해 다른 코드를 살펴보자.

```
print('숫자를 입력하기')
answer = int(input('0~9 범위의 숫자를 하나 입력하시오'))  # =는 변수에 대입
if answer == 5:                                            # ==는 같다는 비교 연산자
      print('5는 행운의 숫자입니다')
      print('5는 홀수입니다')
print(answer, '는 정수입니다')
print('당신은', answer, '를 좋아하네요')
```

명령어 answer=input()에서 =은 변수에 대입하라는 의미이고 if answer==5에서 ==은 '같다'라는 비교 연산자의 의미이니 혼동하지 말자. 또한, !=는 '같지 않다'라는 비교 연산자이다.

if문의 조건식 다음에 콜론(:)을 넣게 되면 다음 라인부터 들여쓰기를 하며, 들여쓰기한 문장까지 조건문의 블록이 된다. 즉, 조건식이 참일 경우 실행되는 부분이 되는 것이다.

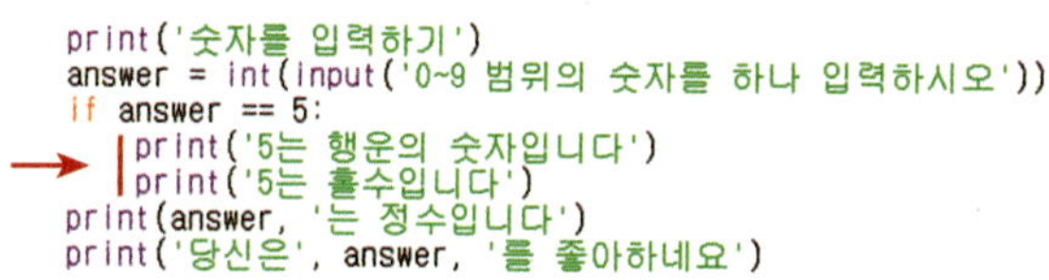

다음의 실행 결과를 살펴보면 조건문의 실행 순서와 구조를 이해할 수 있다.

코드 1: 5를 입력한 경우	
숫자를 입력하기 0~9 범위의 숫자를 하나 입력하시오5 5는 행운의 숫자입니다 5는 홀수입니다 5 는 정수입니다 당신은 5 를 좋아하네요	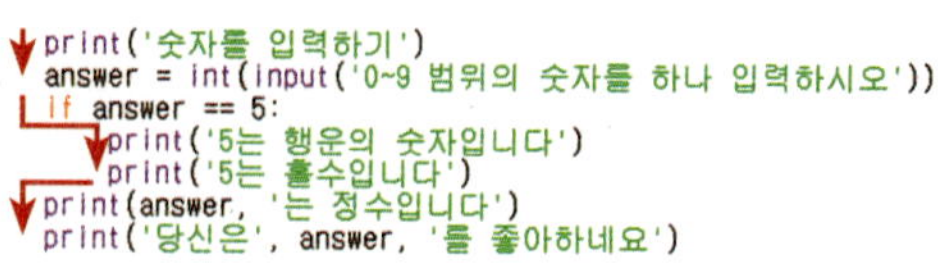

코드 2: 5가 아닌 수를 입력한 경우	

숫자를 입력하기
0~9 범위의 숫자를 하나 입력하시오4
4 는 정수입니다
당신은 4 를 좋아하네요
	print('숫자를 입력하기')
	answer = int(input('0~9 범위의 숫자를 하나 입력하시오'))
	if answer == 5:
	    print('5는 행운의 숫자입니다')
	    print('5는 홀수입니다')
	print(answer, '는 정수입니다')
	print('당신은', answer, '를 좋아하네요')

if문을 이용하여 다음의 조건 명령을 실행해 보자.

```
answer = input('y 키를 입력하시오.')

if answer == 'y':                           # ==는 같다는 비교 연산자
   print('y 키를 입력하였습니다.')
if answer != 'y':                           # !=는 다르다는 비교 연산자
   print('y 키를 입력하지 않았습니다.')
```

if 문은 그 조건에 따라 여러 번 사용할 수 있다.

2 else 사용하기

만약 앞서 살펴본 상황처럼 여러 개의 if문을 사용해야 한다면, else를 통해 보다 문법적으로 간결하고 쉽게 표현할 수 있다. else를 사용하면 보다 문법적으로 간결하고 쉽게 이해할 수 있다.

```
answer = input('아무 키를 입력하시오.')

if answer == 'y':
   print('y 키를 입력하였습니다.')
else:
   print('y 키를 입력하지 않았습니다.')     # 훨씬 간결하다. 즉, 파이썬스럽다!
```

if문을 두 번 사용하는 대신 간결하게 else:를 사용한다. if문과는 달리 else문에는 비교하는 조건식이 필요 없다. 당연히 if문은 참인 경우에 실행되고 거짓인 경우에는 else문의 명령이 실행된다.

- **이중 조건문의 구조**

```
if 조건식:
      명령문
      명령문
else:
      명령문
      명령문
```

앞서 강조하였지만 조건 명령에는 콜론(:)을 사용하며, 이후 조건에 포함되는 명령은 들여쓰기를 한다.

```
answer = input('y 키를 입력하시오.')

if answer == 'y':
□□□print('y 키를 입력하였습니다.')
□□□print('다음 단계로 통과합니다.')          # 같은 들여쓰기(□)
else:
□□□□print('y 키를 입력하지 않았습니다.')     # 들여쓰기(□)가 다르므로 오류 발생
□□□print('다시 입력하세요.')
```

조건문 안의 명령어들은 들여쓰기(위 코드에서는 확인할 수 있도록 □로 표현함)의 간격을 똑같이 맞춰야 오류가 발생하지 않는다. else 부분의 처음 print문의 띄어쓰기는 다른 줄의 들여쓰기와 다르기 때문에 오류가 발생한다.

TIPS

들여쓰기

- 파이썬에서 들여쓰기는 매우 중요하다. 들여쓰기는 파이썬을 더 쉽게 만들어 주는 강력한 기능 중 하나이다.
- 들여쓰기는 코드를 쉽게 읽을 수 있게 하려고 약속한 것이다. C 또는 자바 등의 다른 언어처럼 if(num>0){실행문}보다 훨씬 더 간편하고 보기 편하다.
- 조건문 안의 명령어들이 들여쓰기의 간격을 정확하게 맞추지 않는 경우 오류가 발생한다.

```
if num < 19:
    print("Teenage")
elif num == 19:
    print("BeAdult")          # if문의 print 명령문과 들여쓰기가 다르다.
```

- 조건문이나 이후 배울 반복문 등에 포함된 명령어들은 문장 끝에 콜론(:)을 붙여야 하며, if문과 elif, else문은 같은 간격으로 들여쓰기해야 정상적으로 실행된다.
- 들여쓰기는 tab을 이용하여 띄지 말고 가급적 스페이스 키를 이용하여 동일한 간격으로 띄어 쓰도록 한다.

3 elif 사용하기

사용자로부터 가지고 있는 돈을 입력받은 후, 값이 3000보다 크면 "카페라테"를, 3000보다 작으면 "에스프레소"를 출력는 프로그램을 만들어 보자.

```
money = int(input("가지고 있는 돈은 얼마입니까? "))
if money >= 3000:
    print("카페라테 주문 가능")
else:
    print("에스프레소 주문 가능")
```

위 코드에서 돈을 입력할 때 0을 입력하더라도 '에스프레소 주문 가능'이라는 문구가 출력된다. 만약 에스프레소 가격이 1,000원이라면 어떻게 바꾸어야 할까? 다음 그림처럼 3가지 영역으로 나눠 선택해야 하므로 if문이 하나 더 필요하다.

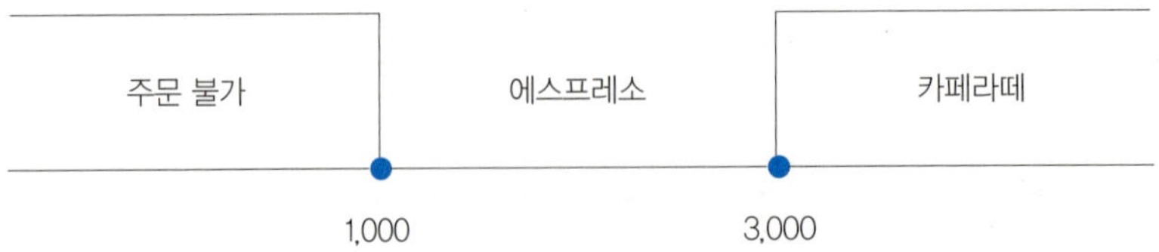


```
money = int(input("가지고 있는 돈은 얼마입니까? "))
if money >= 3000:
    print("카페라테 또는 에스프레소 주문 가능")
elif 1000 <= money < 3000:
    print("에스프레소만 주문 가능")
else:
    print("주문 불가능")
```

수정된 코드에서 elif는 else if의 줄임말로, 또 다른 경우를 의미한다. 이때 1000<=money<3000은 1000 <= money and 3000 > money로 작성해도 된다.

위의 조건문은 다음과 같은 분기를 가진다. 즉, 한 번에 3개를 동시에 비교하는 것이 아니라 2개씩 비교하여 순차적으로 진행하는 것이다.

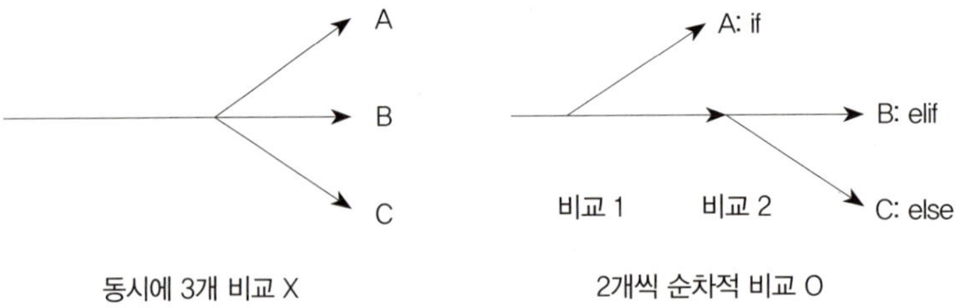

- **다중 조건문의 구조**

```
if 조건식:
    명령문
    명령문
elif 조건식:
    명령문
    명령문
else:
    명령문
    명령문
```

다음은 변수의 값을 임의로 설정하고, 조건에 따라 다른 내용을 출력해 보자.

```
num = 15
if num < 19:
    print('작은 수')
elif num == 19:
    print('맞는 수')
elif num > 19:
    print('큰 수')
```

변수값(숫자)	출력되는 내용
변수값이 19보다 작을 경우	작은 수
변수값이 19일 경우	맞는 수
변수값이 19보다 클 경우	큰 수

4 조건문에 사용되는 조건식과 논리식

컴퓨터의 키보드에는 ≧, ≦와 같은 기호가 없기 때문에 다음과 같은 기호를 사용한다.

a > b	a는 b보다 크다.	
a < b	a는 b보다 작다.	
a == b	a와 b는 같다.	(a=b는 등호가 아닌 할당의 의미)
a >= b	a는 b보다 크거나 같다.	(a=>b는 오류 발생)
a <= b	a는 b보다 작거나 같다.	(a=<b는 오류 발생)
a != b	a와 b는 같지 않다.	(a=!b는 오류 발생)

문자끼리도 비교를 할 수 있을까? 정답은 할 수 있다. 문자끼리의 비교는 ASCII 코드의 값을 이용하여 판별하며, 다중 조건식도 and, or, not을 이용하여

표현할 수 있다.

```
"a" < "b"  →  참(True)
"k" < "e"  →  거짓(False)
```

```
0 < a < 10
 → 0 < a and a < 10과 같은 의미이다.

b <= 5
 → b = 5 or b < 5와 같은 의미이다.

c != 7
 → not c == 7과 같은 의미이다.
```

5 연산자를 사용한 조건문

조건문을 사용하여 입력된 숫자가 짝수인지 홀수인지 확인하는 프로그램을 작성해 보자.

```
val = int(input('숫자를 입력하세요.'))

if val%2 == 0:
   print('입력된 숫자',val, '은 짝수입니다.')
else:
   print('입력된 숫자',val, '은 홀수입니다.')
```

조건식 if val%2 == 0: 에서 눈여겨봐야 할 것은 %보다는 비교 연산자 ==이다. 이는 val%2의 연산 결과와 0, 두 항의 값이 같은지(==)를 조건식으로 확인하는 것을 의미한다.

TIPS

나머지를 구하는 연산자, %

- 연산 10%3은 몫이 3이고 나머지가 1이므로 결과는 1이 된다.
- 입력된 숫자가 짝수인지 홀수인지를 확인하려면 나머지 연산자를 이용하면 된다.
  즉, 나머지가 0이면 짝수이고 나머지가 1이면 홀수이다.
- 연산자 %를 이용하여 3의 배수나 그 밖의 배수도 확인할 수 있다.

6 True, False를 사용한 조건문

내 옆에 있는 사람이 친구가 맞는 경우, “Good”이라고 출력해 보자.

```
a = 'Good'
b = 'OK'
friend = True            # True, False는 반드시 대문자로 시작한다.
if friend:
    print('My friend is')
    print(a)
```

위 코드에서 if friend:가 의미하는 바는 무엇인가? True를 true로 쓰면 변수로 인식하기 때문에 에러가 발생한다. 대문자 True는 논리값 1을 나타내는 데이터임을 기억하자.

조건 확인 변수 이름	friend
변수값	True / False
조건이 참일 경우 출력할 문장	My friend is Good

TIPS

if friend:의 의미

- '만약 값 friend가 True라면'이라는 뜻으로 'if friend == True'와 같다.
- 기본값을 True로 판별한다.
- 변수 friend에 False를 입력하면 참이 아니므로 아무것도 출력되지 않는다.

내 옆에 있는 사람이 친구인 경우, "Good"이라고 출력하고, 친구가 아닌 경우, "It's OK"라고 출력해 보자.

```
a = 'Good'
b = 'OK'
friend = True
if friend:          # if friend:의 의미는 if friend==True:이다. 즉, True가 생략
    print('My friend is')
    print(a)

friend = False
if friend:          # if friend: 의 의미는 if friend==True:이다.
    print('It is')
    print(b)
```

위 코드를 실행해 보면 친구인 경우(True)의 조건문 결과만 출력되고, 친구가 아닌 경우(False)의 조건문 결과는 'OK'로 출력되지 않는다. friend = False로 인해 거짓의 상황에서 if friend:는 참을 의미하기 때문에 조건에 맞지 않아 출력되지 않는 것이다.

따라서 친구가 아닌 경우(False)를 출력하기 위해서는 다음과 같이 작성해야 한다.

```
friend = False

if friend == False:
    print('It is')
    print(b)
```

값이 없는 변수를 하나 생성하고 다음과 같은 조건에 의해 문자열을 출력해 보자.

조건이 참(True)일 경우 출력할 문장	Something in here
조건이 거짓(False)일 경우 출력할 문장	Empty space

```
blank = ' '
if blank:           # if blank:은 if blank == True와 같은 의미이다.
    print('Something in here')
else:
    print('Empty Space')
```

위 코드를 실행하면 변수 blank에 아무 값이 없기 때문에 거짓으로 판단한다. blank='abc'처럼 값을 입력하면 참으로 판단하여 Something in here가 출력된다.

7 중첩 조건문

조건문이 단일 조건이 아니고 두 개 이상일 경우에는 다중 조건문을 사용하고, 조건 안에 또 다른 조건이 있는 경우에는 중첩 조건문을 사용한다.

다음은 〈코드 1〉은 같은 결과를 출력하는 다중 조건문이고, 〈코드 2〉는 조건문 안에 다른 조건문을 중첩하여 사용한 중첩 조건문의 예이다.

코드 1

```
a = 50
b=int(input('숫자를 입력하세요'))
if a > b:
    print('a가 b보다 큽니다')
elif a < b:
    print('a가 b보다 작습니다')
else:
    print('a와 b가 같습니다')
```

코드 2

```
a = 50
b=int(input('숫자를 입력하세요'))
if a > b:
    print('a가 b보다 큽니다')
else:
    if a < b:
        print('a가 b보다 작습니다')
    else:
        print('a와 b가 같습니다')
```

위 예제는 다중 조건을 사용하거나 중첩 조건 둘 다 사용해도 되지만, 중첩 조건을 사용하면 더 효과적으로 코드를 작성할 수 있다. 예를 들어, 커피를 주문할 때 얼음과 우유의 조합에 따라, 즉 두 변수의 선택에 따라 커피의 종류가 달라지는데 이때 중첩 조건문을 사용한다.

중첩 조건문을 사용할 때는 밖의 조건문과 안쪽 조건문의 들여쓰기에 신경을 쓰자.

```
ice = input('얼음을 넣을까요? y/n ')
milk = input('우유를 넣을까요? y/n ')
if ice == 'y':
   if milk == 'y':
      print('이 커피는 아이스 카페라테 입니다.')
   else:
      print('이 커피는 아이스 아메리카노 입니다.')
else:
   if milk == 'y':
      print('이 커피는 핫 카페라테 입니다.')
   else:
     print('이 커피는 핫 아메리카노 입니다.')
```

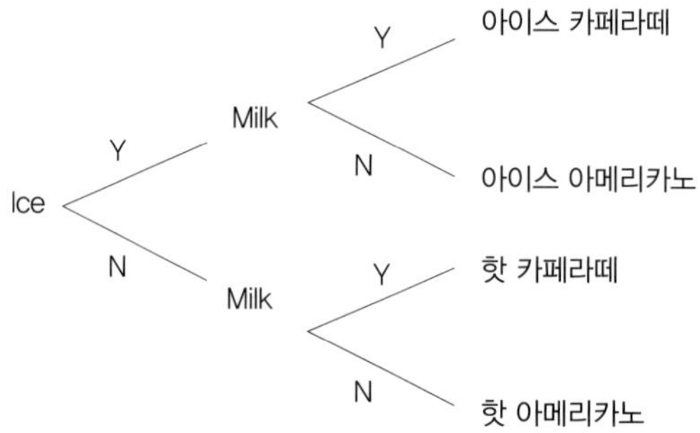

우선 ice의 유무에 따른 조건을 선택한 뒤 milk의 유무를 선택하여 커피의 종류가 선택되므로 중첩 조건문을 사용해야 한다. 만약 선택의 조건이 세 가지일 경우에는 if문을 한 번 더 중첩하여 사용한다.

예를 들어, 커피에 얼음, 우유, 설탕의 유무에 따라 고르려면 총 8개(2^3개)의 선택지가 마련되어야 하며 3개의 중첩 조건문을 사용해야 한다.

중첩 조건문은 조건식을 복합적으로 사용하여 구성해도 구현이 가능하다. 알고리즘은 한 가지 정답만이 있는 것이 아니라 다양한 해결 방법이 존재한다는 것을 기억해 두고 자신에게 적합한 방법을 사용하자.

```python
ice = input('얼음을 넣을까요? y/n ')
milk = input('우유를 넣을까요? y/n ')
if ice == 'y' and milk == 'y':
    print('이 커피는 아이스 카페라테 입니다.')
elif ice == 'y' and milk == 'n':
    print('이 커피는 아이스 아메리카노 입니다.')
elif ice == 'n' and milk == 'y':
    print('이 커피는 핫 카페라테 입니다.')
else:
    print('이 커피는 핫 아메리카노 입니다.')
```

```python
ice = input('얼음을 넣을까요? y/n ')
milk = input('우유를 넣을까요? y/n ')
if ice == 'y' and milk == 'y':
    print('이 커피는 아이스 카페라테 입니다.')
if ice == 'y' and milk == 'n':
    print('이 커피는 아이스 아메리카노 입니다.')
if ice == 'n' and milk == 'y':
    print('이 커피는 핫 카페라테 입니다.')
if ice == 'n' and milk == 'n':
    print('이 커피는 핫 아메리카노 입니다.')
```

- 중첩 조건문의 구조

```
if 조건식:
    if 조건식:
        명령문
        명령문
    else:
        명령문
        명령문
else:
    명령문
    명령문
명령문
```

```
if 조건식:
    if 조건식:
        명령문
        명령문
    else:
        명령문
        명령문
else:
    if 조건식:
        명령문
        명령문
    else:
        명령문
        명령문
명령문
```

- 한 줄 조건문 사용하기

```python
if True: print('참')
# if 한 줄의 들여쓰기에 실행 명령을 넣어 조건문 사용이 가능하다.

print('참') if True else print('거짓')
# if else 한 줄 조건문으로, 참인 경우 if 문의 왼쪽 명령이 실행되고 거짓일 경우
else 문의 오른쪽 명령이 실행된다.
```

```
num = -1
'양수' if num>0 else '음수'
# 변수를 사용한 if else 한 줄 조건문이다.

num = 0
'양수' if num>0 else '음수' if num<0 else '0'
# 다중 선택으로, 한 줄의 조건문으로 표현 가능하다.
```

예제 1

다음과 같이 두 개의 수를 입력받아 더하기와 빼기를 선택하여 출력하는 프로그램을 만들어 보자.

```
첫 번째 숫자는 무엇입니까? 3
두 번째 숫자는 무엇입니까? 2
더하기면 a, 빼기면 b를 입력하십시오. a
5
```

```
num1 = int(input("첫 번째 숫자는 무엇입니까? "))
num2 = int(input("두 번째 숫자는 무엇입니까? "))
cond = input("더하기는 1번, 빼기는 2번을 입력하십시오. ")
if cond == 1:
    print(num1+num2)
elif cond == 2:
    print(num1-num2)
```

예제 2

else문을 사용하여 정답이 아닌 모든 경우에 오답 메시지를 출력해 보자.

```
문제. 조선을 건국한 왕의 이름은?
   1. 세종 2. 태종 3. 태조 4. 세조
```

```
문제의 정답을 입력하시오. 1
 틀렸습니다.
 공부를 더 하세요.
```

```
print('문제. 조선을 건국한 왕의 이름은?')
print('1. 세종 2. 태종 3. 태조 4. 세조')
dap = input('문제의 정답을 입력하시오. ')
if dap == 3:
   print('맞았습니다.')
else:
   print('틀렸습니다.')
   print('공부를 더 하세요.')
```

예제 3

사용자에게 숫자를 입력받고, 변수의 값이 8보다 작을 때는 '어린이', 8보다 크거나 같고 19보다 작거나 같을 때는 '청소년', 19보다 클 때는 '성인'을 출력해 보자.

```
age = int(input("당신의 나이는? "))
if age < 8:
    print("어린이")
elif 8 <= age <= 19:
    print("학생")
elif age > 19:
    print("어른")
```

TIPS

파이썬에서는 하나의 변수를 여러 번 비교하는 것이 허용된다. 다른 언어에서 "x > 5 and x < 10" 처럼 사용하는 것과 달리 파이썬에서는 "5 < x < 10"으로 사용할 수 있다. 예를 들어, 다음과 같다.

```
>>> x = 7
>>> 5 < x < 10
True
```

예제 4

두 수를 입력받은 뒤 두 수의 곱을 입력하여 맞을 경우 '정답', 틀리면 '오답'을 출력해 보자.

```
a = int(input('첫 번째 수 : '))
b = int(input('두 번째 수 : '))
c = int(input('두 수의 곱 : '))   # 두 수의 곱 입력받기
if c == a * b:
    print('정답')
else:
    print('오답')
print('입력한 정답 : %d, 실제 결과 : %d' % (c, a * b))
```

다음으로 두 수의 곱을 표현하여 입력받는 부분을 문자 포매팅으로 출력해 보자.

예제 5

사용자에게 다섯 자리 미만의 수를 입력받고 다섯 자리 이상이 되면 "올바르지 않습니다." 라는 문장이 출력되도록 해보자.

- 네 개의 수가 저장되었을 때 저장 공간의 크기는 어떠한가?
- 숫자의 경우에는 5자리 미만임을 어떻게 알 수 있는가?

```
chr5 = input("다섯 자리 미만의 수를 입력하세요: ")
if len(chr5) >= 5:
    print("올바르지 않습니다.")
else:
    print("입력이 완료되었습니다.")
```

TIPS

수와 저장 공간

- 수의 경우에는 문자와 다르게 하나의 저장 공간 안에 저장된다.
- 예를 들어, 'a = input()'으로 입력받았을 때 a[3]을 입력하여 4번째 수(문자)를 출력할 수 있지만 'a = int(input())'으로 입력받은 경우에는 a[3]과 같이 이용하면 오류가 발생한다.

len() 함수

- len() 함수는 문자열의 길이를 바이트 단위로 구할 수 있다. 예를 들어, 다음과 같이 사용할 수 있다.

```
>>> abc="가나다"
>>> len(abc)
3
```

- len() 함수는 정수형의 경우에는 사용할 수 없다.

Hint 사실 간단한 수학 문제로, 입력받은 수가 10000 미만일 때 알 수 있다.

예제 6

첫 번째 숫자와 두 번째 숫자를 각각 입력받은 후 두 숫자의 곱이 100을 넘으면 'ㅇ와 ㅇ의 곱셈 결과는 100을 넘습니다.'라고 출력하고, 넘지 않으면 'ㅇ와 ㅇ의 곱셈 결과는 100을 넘지 않습니다.'라고 출력해 보자.

- print에서 변수의 값을 문장 중간에 넣는 방법은 무엇인가?

```
num1 = int(input("첫 번째 숫자를 입력하세요. "))
num2 = int(input("두 번째 숫자를 입력하세요. "))

if num1 * num2 > 100:
    print(num1, "과(와)", num2, "의 곱셈식의 결과는 100을 넘습니다.")
else:
    print(num1, "과(와)", num2, "의 곱셈식의 결과는 100을 넘지 않습니다.")
```

예제 7

사과의 색과 크기에 따라 가공 방법을 달리하여 상품으로 개발하려고 한다. 중첩 조건문을 사용하여 다음 조건을 만족하는 코드를 작성해 보자.

사과	빨간(r)	초록(g)
소(s)	사과잼	사료용
중(m)	시장 판매	사과주스
대(b)	제사 용품	수출 용품

```
color=input('사과의 색은? r/g ')
size=input('사과의 크기는? b/m/s ')
if color=='r':
    if size=='b':
       print('이 사과는 제수용입니다.')
    elif size=='m':
       print('이 사과는 시장 판매용입니다.')
    else:
       print('이 사과는 사과잼용입니다.')
else:
    if size=='b':
       print('이 사과는 수출용입니다.')
    elif size=='m':
       print('이 사과는 사과주스용입니다.')
    else:
      print('이 사과는 사료용입니다.')
```

8 기초 내공 쌓기

1. 짝수 판별

사용자가 입력한 숫자가 짝수인지 확인하여 맞으면 출력하시오.

```
num = int(input("숫자를 입력하세요: "))

if [          ] == 0:
    print(f"{num}은(는) 짝수입니다.")
```

2. 특정 조건 만족 여부

사용자가 입력한 숫자가 10보다 크면 "10보다 큽니다."를 출력하고, 5의 배수이면 "5의 배수입니다."를 출력하시오.

```
num = int(input("숫자를 입력하세요: "))

if num [          ] :
    print("10보다 큽니다.")
if num [          ] :
    print("5의 배수입니다.")
```

3. 이름 길이 검사

사용자에게 이름을 입력받아, 이름이 5글자 이상이면 "이름이 깁니다."를 출력하고, 이름이 2글자 이하이면 "이름이 짧습니다."를 출력하시오.

```
name = input("이름을 입력하세요: ")

if [          ] >= 5:
    print("이름이 깁니다.")
if [          ] <= 2:
    print("이름이 짧습니다.")
```

4. 특정 문자 포함 여부

사용자로부터 문자열을 입력받아 해당 문자열에 'a'가 포함되어 있으면 "문자열에 'a'가 포함되어 있습니다."를 출력하시오.

```
text = input("문자열을 입력하세요: ")

if [          ] :
    print("문자열에 'a'가 포함되어 있습니다.")
```

5. 양수와 음수 판별

사용자가 입력한 숫자가 0 이상이면 "양수입니다."를, 그렇지 않으면 "음수입니다."를 출력하시오.

```
num = int(input("숫자를 입력하세요: "))

if [          ] :
    print("양수입니다.")
else:
    print("음수입니다.")
```

6. 숫자 범위 판별

사용자가 입력한 숫자가 1 이상 100 이하의 범위에 속하는지 판별하여, 범위에 속하면 "범위 내의 숫자입니다."를, 그렇지 않으면 "범위를 벗어났습니다."를 출력하시오.

```
num = int(input("숫자를 입력하세요: "))

if [          ] :
    print("범위 내의 숫자입니다.")
else:
    print("범위를 벗어났습니다.")
```

7. 두 문자열의 동일성 판별

사용자로부터 두 개의 문자열을 입력받아, 두 문자열이 동일하면 "같은 문자열입니다."를, 그렇지 않으면 "다른 문자열입니다."를 출력하시오.

```
str1 = input("첫 번째 문자열을 입력하세요: ")
str2 = input("두 번째 문자열을 입력하세요: ")

if [            ] :
    print("같은 문자열입니다.")
else:
    print("다른 문자열입니다.")
```

8. 점수에 따른 학점 계산

학생의 시험 점수를 입력받아 해당 점수에 따라 학점을 출력하는 프로그램을 작성하시오.

```
90점 이상: A
80점 이상 90점 미만: B
70점 이상 80점 미만: C
60점 이상 70점 미만: D
60점 미만: F
```

```
score = int(input("점수를 입력하세요: "))

if score >= 90:
    print("학점: A")
elif score >= 80:
    print("학점: B")
elif score >= 70:
    print("학점: C")
elif score >= 60:
    print("학점: D")

[            ]
    print("학점: F")
```

9. 짝수 홀수 및 3의 배수 판별

사용자가 입력한 숫자가 짝수, 홀수인지 판별하고, 동시에 3의 배수인지도 확인하는 프로그램을 작성하시오.

```
num = int(input("숫자를 입력하세요: "))

if num % 2 == 0:
    print("짝수입니다.")
    if num % 3 == 0:
        print("3의 배수이기도 합니다.")
else:
    print("홀수입니다.")

[          ] :
        print("3의 배수이기도 합니다.")
```

10. 숫자 게임

사용자가 입력한 숫자가 프로그램이 설정한 정답보다 크거나 작은지, 정답인지 판별하는 프로그램을 작성하시오.

```
조건:
프로그램은 1~100 사이의 숫자를 정답으로 설정
사용자가 입력한 숫자가 정답보다 크면 "너무 큽니다." 출력
작으면 "너무 작습니다." 출력
정답이면 "정답입니다!" 출력
```

```
correct_number = 42  # 정답 숫자

user_guess = int(input("숫자를 맞춰보세요 (1~100): "))

if user_guess > correct_number:
    print("너무 큽니다.")

[          ] user_guess < correct_number:
    print("너무 작습니다.")
[          ] :
    print("정답입니다!")
```

11. 로그인 시스템

사용자가 입력한 아이디와 비밀번호를 확인하여 로그인 성공 여부를 출력하라.

```
username = input("아이디를 입력하세요: ")
password = input("비밀번호를 입력하세요: ")

if username == "admin":
    if password == "1234":
        print("로그인 성공!")

    [          ]:
        print("비밀번호가 틀렸습니다.")
[          ]:
    print("아이디가 틀렸습니다.")
```

12. 시험 성적 평가

시험 점수를 기준으로 합격 여부와 학점을 출력하라. 조건은 60점 이상이 합격이고, 그 안에서 점수에 따라 학점을 부여한다.

```
score = int(input("시험 점수를 입력하세요: "))

if score >= 60:
    print("합격입니다.")
    if score >= 90:
        print("학점: A")

    [        ] score >= 80:
        print("학점: B")
    [        ] score >= 70:
        print("학점: C")
    [        ]
        print("학점: D")
[        ]:
    print("불합격입니다.")
```

13. 물건 가격 계산

사용자가 구매한 물건의 가격과 VIP 여부를 입력받아, 할인 여부를 결정합니다. VIP 고객은 10% 할인을 받고, 일반 고객은 100,000원 이상 구매 시에만 5% 할인을 받습니다.

```
price = int(input("물건의 가격을 입력하세요: "))
vip = input("VIP 회원인가요? (yes/no): ")

if [          ] :
    print(f"할인된 가격: {price * 0.9}원")
else:
    if [          ] :
        print(f"할인된 가격: {price * 0.95}원")
    else:
        print(f"할인이 적용되지 않았습니다. 총 가격: {price}원")
```

14. 성적, 출석률, 과제 제출 여부에 따른 최종 평가

학생의 시험 점수, 출석률, 과제 제출 여부를 기준으로 최종 평가 결과를 출력하라.

```
조건

시험 점수 90점 이상, 출석률 80% 이상, 과제 제출 완료 시: "A"
시험 점수 80점 이상, 출석률 70% 이상이면: "B" (과제 제출 여부 무관)
그 외: "F"
```

```
score = int(input("시험 점수를 입력하세요: "))
attendance = int(input("출석률을 입력하세요 (%): "))
assignment = input("과제를 제출했습니까? (yes/no): ")

if score >= 80:
    if score >= 90:
        if attendance >= 80 and assignment == "yes":
            print("최종 평가: A")
        else:
```

```
        print("최종 평가: B"):
    [          ]
        print("최종 평가: B")
    else:
        print("최종 평가: F")
else:
    print("최종 평가: F")
```

15. 영화 티켓 요금 계산

영화 티켓을 나이와 시간대에 따라 요금을 출력하라.

```
조건

기본요금은 10,000원.
18세 이하이거나 60세 이상은 20% 할인.
평일 오전 10시 이전이나 오후 8시 이후면 추가 10% 할인.
그 외 시간대에는 기본요금 적용.
```

```
age = int(input("나이를 입력하세요: "))
time = int(input("영화 관람 시간을 입력하세요 (24시간 형식): "))
price = 10000

if [          ] :
    price *= 0.8
    if time < 10 or time >= 20:
        price *= 0.9
else:
    if time < 10 or time >= 20:
        price *= 0.9

print(f"최종 티켓 요금: {int(price)}원")
```

모범 답안

1. num%2 2. >10, %5==0 3. len(name), len(name) 4. 'a' in text 5. num>=0 6. 1<=num<=100 7. str1==str2 8. else: 9. if num%3==0 10. elif, else 11. else, else 12. elif, elif, else, else 13. vip=="yes", price>=100000 14. elif attendance>=70 15. age<=18 or age>=60

9 도전 내공 쌓기

우리나라에는 주민등록법에 의해 거주하는 모든 국민에게 발급하는 국민식별번호가 존재하는데, 이런 주민등록번호는 일정한 규칙이 숨겨져 있다.

8 3 0 4 2 2	-	1	1 8	5 6	0	0
생년월일		성별	지역번호	주민센터번호	접수순서	오류검증번호

처음의 여섯 자리는 생년월일이고, 뒤의 일곱 자리는 순서대로 성별, 지역번호, 주민센터번호, 접수번호, 오류검증번호이다. 실생활에서는 본인확인을 위해 주로 주민등록번호를 사용하고 중복가입을 방지하기 위한 용도로도 사용한다.

정상적인 주민등록번호 판별법

주민등록번호의 맨 마지막 숫자는 맨 앞에서부터 각 자리의 숫자에 순서대로 2, 3, 4, 5, 6, 7, 8, 9, 2, 3, 4, 5를 곱한 뒤 모두 더한다. 더한 수를 11로 나눈 나머지를 다시 11에서 뺀 수가 마지막 자리로 결정된다.

위의 주민등록번호 정상 판별법을 보고 주민등록번호를 입력받아 13자리가 맞는지 확인한 후 판별하는 프로그램을 만들어 보자.

```
>>>
주민등록번호를 숫자만 입력하세요. 8304221185600
정상적인 주민등록번호입니다.
(또는 '정상적이지 않은 주민등록번호입니다.' 출력)
```

```
# int()로 입력받으면 수를 하나하나 인덱싱할 수 없으므로 문자열로 입력받는다.
rn = input("주민등록번호를 숫자만 입력하세요. ")

# 첫 번째 과정: 2, 3, 4, 5, 6, 7, 8, 9, 2, 3, 4, 5를 순서대로 곱하고 전부 더함
# 각각 인덱싱한 문자열을 계산하기 위해 int()를 통해 정수형으로 변환하여 계산
```

```
rn1 = int(rn[0]) * 2 + int(rn[1]) * 3 + int(rn[2]) * 4 + int(rn[3]) * 5 + int(rn[4]) *
6 + int(rn[5]) * 7 + int(rn[6]) * 8 + int(rn[7] * 9) + int(rn[8]) * 2 + int(rn[9]) *
3 + int(rn[10]) * 4 + int(rn[11]) * 5

# 두 번째 과정: 첫 번째 계산식 후 11로 나눈 나머지를 구함
rn2 = rn1 % 11

# 세 번째 과정: 두 번째 과정에서 구한 수를 11에서 빼줌
# 만약 10일 경우에는 0이기 때문에 나머지를 한 번 더 이용
rn3 = (11 - rn2) % 10

# 위의 방법으로 구한 수를 마지막 자릿수와 비교
if rn3 == int(rn[12]):
    print("정상적인 주민등록번호입니다.")
else:
    print("정상적이지 않은 주민등록번호입니다.")
```

다음으로 주민등록번호의 생일 부분을 확인하여 정상적인 생일이 아닌 경우에도 판별할 수 있도록 해보고, 주민등록번호의 생성 원리를 이용하여 다음과 같이 주민등록번호의 세부적인 내용을 분석하는 프로그램을 만들어 보자.

```
>>>
주민등록번호를 숫자만 입력하세요. 8304221185600

당신의 생일은 83년 04월 22일입니다.
당신은 남자입니다.
당신은 경기도 태생입니다.
당신은 0번째로 출생신고를 하였습니다.
정상적인 주민등록번호입니다.
```

10 기초튼튼 컴퓨터과학

컴퓨터의 중앙처리장치는 연산장치와 제어장치 그리고 두 개의 레지스터로 구성된다. 레지스터는 아주 빠른 기억장치인데, 단지 두 개만으로 복잡한 수학 연산이 가능할까?

3+5*4−6이라는 연산을 수행할 때, 한꺼번에 덧셈과 뺄셈 그리고 곱셈을 하지 않는다. 사칙연산의 우선순위에 따라 곱하기 연산을 먼저 한다. 즉, 5*4를 먼저 수행하고 그 결과인 20에 3을 더한 뒤 연산 결과 23에 6을 뺀다. 이보다 더 복잡한 계산식도 두 개 항의 연산을 순서대로 실행한다. 따라서 두 개의 레지스터를 이용하면 수학 연산이 가능한 것이다.

그런데 컴퓨터의 연산장치는 덧셈과 비교만 가능하다. 비교는 두 개의 레지스터 값을 비교하면 크고, 작고, 같은지(<, >, =)를 판단할 수 있지만 우리가 알고 있는 기본 연산을 보면 가감승제가 있는데 이것이 덧셈만으로 가능할까?

뺄셈은 보수법을 사용하여 덧셈을 이용하여 뺄셈을 수행한다. 수식 5−3은 5+(−3)과 같이 나타낼 수 있다. 즉, 양수 5와 음수 3의 덧셈이 결국 5−3인 것이다. 이런 십진수 간의 뺄셈을 컴퓨터에서 수행하기 위해서는 이진수로 바꾸어 줘야 한다.

이제 보수법이 무엇인지 자세히 알아보자. 보수법은 1의 보수와 2의 보수가 있다. 2의 보수는 어떤 수를 2의 제곱수에서 빼서 얻은 이진수이다. 2의 보수는 연산에서 원래 숫자의 음수가 된다. 주어진 이진수의 모든 자리의 숫자를 0을 1로, 1을 0으로 반전시킨 뒤 여기에 1을 더하면 2의 보수를 얻을 수 있다. 그리고 그냥 반전시킨 것이 1의 보수이다.

뺄셈은 2의 보수가 편하므로 2의 보수를 이용하여 4−3을 수행해 보자. 우선 3을 −3으로 바꿔 준다.

```
    00000011   (+3, 8bit)
    11111100   (3의 1의 보수)
+)  00000001   (1을 더해 2의 보수로 만들기)
   ─────────
    11111101   (−3)
```

```
     00000100   (+4)
+)   11111101   (−3을 더하기)
   ─────────────
1    00000001   (1)
```

이렇게 덧셈만으로도 뺄셈이 가능하다. 이러한 덧셈을 반복하면 곱셈이 가능하고, 뺄셈을 반복하면 나눗셈이 가능해 진다. 결국 연산장치는 덧셈과 비교만으로 우리가 알고 있는 수학 연산을 모두 처리할 수 있는 것이다.

조건문에서 조건식을 두 개 이상 사용하려면 논리식을 사용한다. 논리식은 기본적으로 논리합(OR), 논리곱(AND), 부정(NOT)이 있다. 논리합과 논리곱, 부정을 조합하면 다양한 스위치 구조, 즉 논리회로를 만들 수 있고 이것을 이용해서 다양한 조건식을 표현하거나 하드웨어를 만들 수 있다. 우리가 알고 있는 기억장치와 연산제어 장치가 이 논리회로로 구성된 것이다.

논리합(OR)은 두 개의 값 중 하나만 참이어도 참이고, 논리곱(AND)은 두 개 모두 참이어야 참이다. 부정은 참일 때 거짓, 거짓일 때 참인 논리식이다. 전기 스위치로 보면 직렬연결과 병렬연결 회로와 같다.

이것을 T, F 또는 0과 1로 나타내면 굳이 전기 회로와 같은 실체를 구성하지 않아도 전기를 통하게 할지 말지를 논리적으로 알 수 있다.

- **논리합**(OR)

A	B	A or B
T	T	T
T	F	T
F	T	T
F	F	F

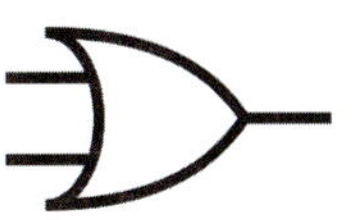

- **논리곱**(AND)

A	B	A and B
T	T	T
T	F	F
F	T	F
F	F	F

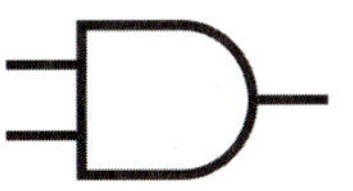

• **부정**(NOT)

A	not A
T	F
F	T

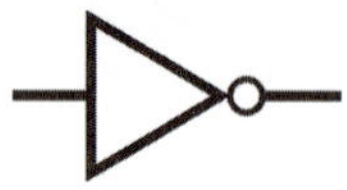

또한, 두 가지 이상의 회로를 연결하면 다음과 같은 회로를 더 만들 수 있다.

• NAND **회로**(NOT+AND)

A	B	A nand B
T	T	T
T	F	F
F	T	F
F	F	F

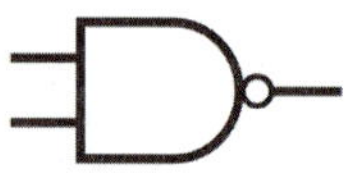

• NOR **회로**(NOT+OR)

A	B	A nor B
T	T	F
T	F	T
F	T	T
F	F	T

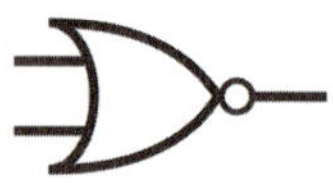

• XOR **회로**(AND+OR)

A	B	A xor B
T	T	F
T	F	T
F	F	F
F	F	F

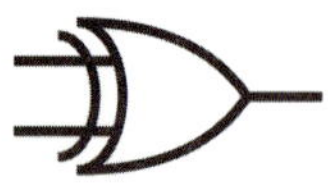

이제 세 가지 이상의 회로를 연결하면 메모리 등의 다양한 기능을 하는 회로를 만들 수 있다.

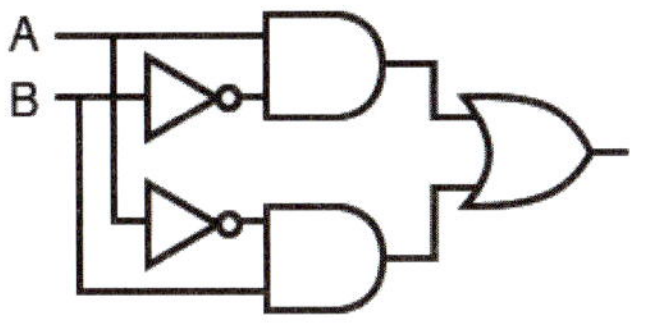

XOR 회로

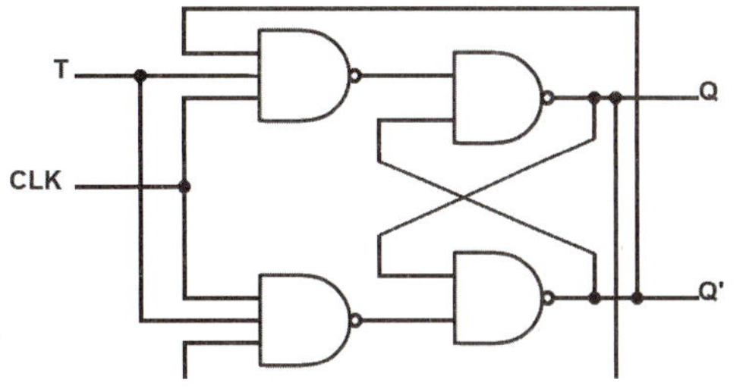

T 플립플롭 회로

읽을거리

클로드 섀넌

섀넌은 디지털 회로, 디지털 통신, 데이터 압축의 기반 이론을 만들어 낸 천재 수학자이자 컴퓨터과학자, 디지털 회로 이론과 정보이론의 창시자이다. 정보 엔트로피 개념과 비트라는 단어도 섀넌에 의해 처음 사용되었다. 디지털 회로 이론, 정보이론 등 이전에 없던 중요한 학문 분야들을 창시했고, 신호처리, 이동통신, 유선통신, 데이터 압축, 암호학에 지대한 영향을 끼쳤으며 인공지능의 초기 멤버로 참여하여 디지털 사회의 기반을 만든 인물이다.

섀넌은 미분해석기의 논리회로를 연구하면서 부울(Boolean) 논리가 논리회로의 설계와 분석에 유용하다는 것을 깨달았다. 이런 통찰을 바탕으로, 1937년 《계전기와 스위치로 이루어진 회로의 기호학적 분석》이라는 논문으로 석사 학위를 받았다. 섀넌은 이 논문에서 전화 교환기에 사용되는 계전기와 스위치만으로 부울 논리와 이진수의 사칙연산을 수행할 수 있음을 증명했다. 이 연구 결과는 이후 모든 전자식 디지털 컴퓨터의 이론적 기반이 되었다.

Claude Elwood Shannon
(1916~2001)
자료: Wikimedia

Chapter 7

반복과 순회

우리 삶은 일상적인 일들의 반복으로 이루어진다. 반복은 다람쥐 쳇바퀴 돌 듯 지루하고 의미 없는 것처럼 느껴지지만 사실 생존을 위해 꼭 필요한 기능이다. 자연스럽게 기상하고, 밥을 먹고 차를 타고 회사에 출근하여 반복적인 업무를 하며 효율적으로 생활한다.

이것은 일종의 패턴을 찾아 그 패턴 내에서 처리 부분과 조건이 되는 부분을 찾아 반복하게 되므로 반복문을 사용하는 것은 패턴을 형성하는 데 중요하다. 이러한 문제를 해결하기 위해서 컴퓨터는 조건을 사용한 판단 기능을 이용하여 일정한 작업을 반복적으로 처리한다.

이번 챕터에서는 파이썬에서 사용되는 반복과 순회에 관련된 명령어들을 알아보고 이를 활용하여 효율적인 프로그램을 만들어 보자.

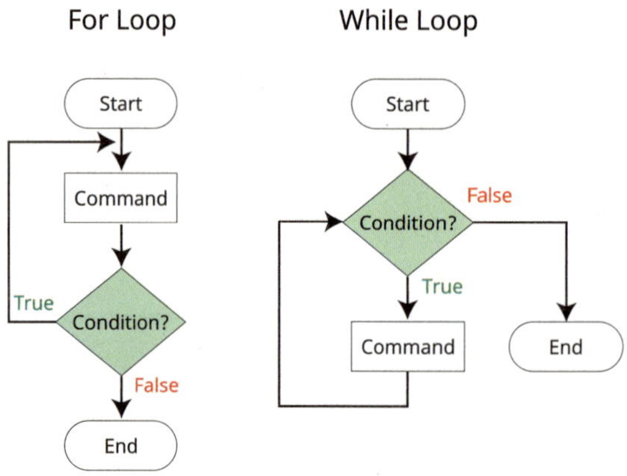

- **반복 기본형**

```
for i range(10):
    print(i)
```

```
a=1
while a < 11:
    print(a)
    a=a+1
```

– for문: 정해진 횟수만큼 반복

– whlie문: 특정한 조건이 만족되는 한 계속 반복

– 반복되는 문장은 반드시 들여쓰기

1 while 반복문 알기

print 함수를 이용하여 0에서 9까지 정수를 출력해 보자.

```
print(0)
print(1)
print(2)
:
print(8)
print(9)
```

```
print(0, 1, 2, 3, 4, 5, 6, 7, 8, 9)
```

0부터 9까지 수를 출력하기 위해 10개의 print() 함수를 사용하거나, 하나의 print() 함수에 모든 숫자를 입력하였다. 그런데 이와 같은 방법으로 0부터 99까지의 수를 입력해야 한다면, 일일이 입력하는 데 많은 수고가 필요할 것이다. 조금 더 나아가 십만 개 이상의 대량의 데이터를 입력하거나 출력해야 한다면, 손으로 작업하는 것이 매우 어려워질 것이다.

이렇게 일정한 규칙을 가진 프로그램 코드를 반복적으로 처리할 때 사용하는 명령어가 while문과 for문이다. 위 코드를 관찰하여 입력한 명령어에서 반복되는 부분을 찾아보자. 이때 규칙을 가지고 변하는 수는 변수로 설정한다.

이제 while 문을 사용해서 0~9까지의 수를 출력해 보자.

```
while x < 10:          # while문 뒤에는 콜론(:)을 입력한다.
      print(x)         # 들여쓰기한다.
```

코드를 실행하면 x라는 변수를 정의하지 않았기 때문에 에러가 발생한다. x의 값에 시작하는 값 0을 대입하여 정의한다.

```
x = 0                          # 변수 x에 0을 대입
while x < 10:
    print(x)
```

다시 코드를 실행하면 0의 값이 끊임없이 출력된다. 이것을 무한루프에 빠졌다고 하는데 왜 그럴까? 우선 무한루프를 멈추기 위해 실행 화면에서 [Ctrl]+[c]를 입력하여 강제로 프로그램이 종료한다.

while문 뒤의 조건식 x < 10은 x값이 열 번 반복하라는 의미가 아니다. x의 값이 10 미만의 값을 가질 때(참일 때)까지만 실행하라는 의미이다. 따라서 끊임없이 0이 출력되지 않도록 x 변수의 값이 1씩 증가하도록 하는 연산식을 넣어주어야 한다.

```
x = 0
while x < 10:
    print(x)
    x = x + 1              # 변수 x에 1을 더한 뒤 다시 변수 x에 대입하기
```

이제 변수 x는 0부터 시작하여 x값에 1씩 더해가므로 0부터 1, 2, … , 9까지 실행되고 그다음 x의 값이 10이 되면 x < 10의 조건이 거짓이 되므로 반복문을 멈추게 된다.

다음 코드를 실행해 보자.

```
x = 0
while x < 10:
    print(x)
    x = x + 2
```

실행 결과, 0, 2, 4, 8이 순서대로 출력되며 반복 횟수는 네 번 반복된다. 이렇게 x값의 증가량에 따라 반복 횟수가 달라진다는 점을 알 수 있다.

다음 코드를 실행해 보자.

```
num = int(input('숫자를 입력하세요. '))
x = 0
while x < num:
      print(x)
      x = x + 2
```

사용자의 입력을 받아 num 변수를 받게 되면 while문의 조건식에서 마지막이 될 숫자가 어떤 것이 될지 모르기 때문에 반복의 횟수가 매번 바뀌게 된다.

> **TIPS**
>
> while 뒤에 붙는 조건이 참일 때 while문의 명령문을 반복해서 수행한다. 무한 반복 상태에 빠지지 않기 위해서는 while문 뒤의 조건식이 언젠가는 False 상태에 도달할 수 있는 식이어야 한다.
> 만약, 무한 반복 상태가 지속될 때는 [Ctrl]+[c]를 눌러서 반복을 종료시킬 수 있다.

2 for 반복문 알기

for문을 이용하여 0~9까지의 수를 출력해 보면, 0부터 9까지의 수가 출력되는 것을 확인할 수 있다.

```
for i in range(10):
      print(i)
```

> **TIPS**
>
> • 조건문(if)과 함께 반복문(for, while)은 들여쓰기가 매우 중요하다.
> • 위 코드에서 i는 변수이며, range 함수는 0부터 입력한 수 직전까지의 수를 반환한다.

다음의 코드를 실행해 보자.

```
for i in range(1, 11):
        print(i)
```

1~10까지 정수를 출력하기 위해서는 range 함수를 사용해야 한다. 이제 위 코드를 이용하여 1~100까지 출력해 보자.

TIPS

range() 함수

- range() 함수는 while문을 이용한 반복문과 같은 처리 과정을 갖는다.
- range() 함수는 다음과 같이 사용할 수 있다.
  - range(종료값): 코드 입력 시 0부터 종료값 직전까지의 수를 출력
    예) range(11) → 0, 1, 2, 3, 4, 5, 6, 7, 8, 9, 10
  - range(시작값, 종료값): 코드 입력 시 시작값부터 종료값 직전까지의 수를 출력
    예) range(1,11) → 1, 2, 3, 4, 5, 6, 7, 8, 9, 10
  - range(시작값, 종료값, 증가량)
    예) range(1,11,2) → 1, 3, 5, 7, 9

반복문을 이용하여 배수를 출력해 보자.

```
for i in range(0, 10, 2):
        print(i)
```

1~10까지 정수 중 2의 배수, 즉 짝수만 출력하기 위해서는 range 함수의 증가량을 설정해야 한다. 이제 위 코드를 이용하여 0~99까지 값 중 3의 배수만 출력하도록 해보자.

```
x = 0
while x < 10:
        print(x)
        x = x + 2
```

위 코드는 while문을 사용한 2의 배수를 출력하는 방법이다. 결국 for 문과 while 문은 다음과 같은 관계를 가진다.

```
for i in range(0, 10, 2):
        print(i)

x = 0
while x < 10:
        print(x)
        x = x + 2
```

같은 관계

반복문에서 들여쓰기의 차이를 확인해 보자. 먼저 1~10까지 누적 합을 구하는 프로그램을 작성해 보자.

코드	sum=0
	for i in range(1,11):
	        sum = sum + i
	print(sum)
	print('계산 끝')
		sum=0
		for i in range(1,11):
		        sum = sum + i
		        print(sum)
		print('계산 끝')

실행 결과	55 계산 끝	1 3 6 10 15 21 28 36 45 55 계산 끝

왼쪽의 코드는 반복 계산을 모두 완료한 후 sum을 출력하지만, 오른쪽 코드는 반복할 때마다 매번 sum의 값을 출력한다. 이처럼 들여쓰기를 이용하여 반복 명령 블록의 범위를 잘 확인해야 원하는 값을 제대로 출력할 수 있다.

3 for문에서의 변수 활용

다음 코드에서 변수 i를 다른 문자나 숫자로 바꾸어 보자.

```
for i in range(10):
    print( i )
```

- i를 대문자로 바꾸어 보자.
- i를 숫자로 바꾸어 보자.
- i를 문자와 숫자를 조합하여 보자.

TIPS

for문에 사용되는 변수는 일반 변수의 선언 방법과 같다.

- 알파벳으로 시작하며 언더바(_)를 사용할 수 있다.
- for문에서 변수는 일반적으로 i, j, k …를 사용한다.
- 숫자로 시작하면 오류가 발생한다.
- 대문자도 가능하지만 상수가 아니므로 소문자를 사용한다.

range() 함수의 매개변수를 다양하게 바꿔 출력해 보자.

```
for i in range(10, 1):
    print( i )
```

```
for i in range( 10, 1, -1):
    print( i )
```

- 시작값보다 종료값을 더 작게 설정하면 어떻게 될까?
- 증가량에 음수(-)를 넣으면 어떻게 될까?
- 음수를 출력하려면 어떻게 해야 할까?

TIPS

range(10,1)과 같이 시작값보다 종료값을 더 작게 설정하면 반환(return)되는 값이 없다.
range(10,1,−1)과 같이 증가량을 음수로 바꾸어 주면 큰 수에서 작은 수로 출력할 수 있다.
range(0,−5,−1)과 같이 매개변수를 설정하면 음수도 출력할 수 있다.

4 while문에서의 비교연산자 활용

while문에서 비교연산자를 사용해 보자.

```
x = 1
while x < 11:
    print(x)
    x = x + 1
```

- <를 ==로 바꾸었을 때 코드가 실행되게 할 수 있는 방법을 찾아보자.
- <를 <=로 바꾸었을 때 어떤 값이 출력되는지 확인해 보자.
- <를 !=로 바꾸었을 때 어떤 값이 출력되는지 확인해 보자.

예제 1

팩토리얼 구하기

팩토리얼은 어떤 수부터 1까지 정수를 차례로 곱한 결과를 말하며, 차례곱이라고도 한다. 팩토리얼과 같은 연산은 큰 수를 다루어야 하므로 사람이 계산하는 것도 어렵지만, 곱하는 수를 모두 입력해야 한다면 컴퓨터로 계산하는 것도 쉬운 일이 아닐 것이다. 이제 반복과 순회의 기능을 활용하여 팩토리얼 계산기를 만들어 보자.

```
n! = n * (n-1) * (n-2) * … * 3 * 2 * 1
```

```
0! = 1
1! = 1
2! = 2 * 1 = 2
3! = 3 * 2 * 1 = 6
4! = 4 * 3 * 2 * 1 = 24    # 팩토리얼과 같은 연산은 큰 수를 다루어야 함
```

이제 곱셈 연산을 이용해서 10!(팩토리얼)을 구해보자.

```
fact = 1*2*3*4*5*6*7*8*9*10
print("10!은 ", fact, "이다.")
```

만약, 30!을 구하려고 한다면 위 코드와 같이 1부터 30까지 입력해야 할까?

먼저 input 함수를 이용하여 구하고자 하는 팩토리얼을 입력할 수 있게 만들어 보자.

```
n = int(input("몇 팩토리얼을 구할까요? "))
```

TIPS

input() 함수 앞에 int는 정수를 의미하며, 만약 정수 이외의 값이 입력되면 오류메시지를 출력한다.

for문을 이용하여 활용한 팩토리얼 계산기를 만들어 보자.

```
fact=1
n=int(input("몇 팩토리얼을 구할까요?"))
for i in range(1, n+1):
    fact=fact*i
print(n, "!은", fact, "이다.")
```

print문은 반복하지 않으므로 들여쓰기하지 않는다. fact 변수의 값은 1로 선언하고, range() 함수는 range(n, 1, –1) 또는 range(1, n+1)로 매개변수를 설정한다.

이제 while문으로도 팩토리얼 계산기를 만들어 완성된 프로그램을 실행해 보자.

```
fact=1
n=int(input("몇 팩토리얼을 구할까요?"))
while n > 0:
    fact=fact*n
    n=n-1
print(n, "!은", fact, "이다.")
```

예제 2

등차수열 계산기를 만들기

input을 사용하여 구하고자 하는 값을 사용자가 직접 입력할 수 있게 만들어 보자.

```
num = int(input("1부터 몇까지 더할까요? "))
```

변수를 하나 더 추가하여 for문을 사용해서 연속 합을 구하는 코드를 만들어 보자.

```
num=int(input("1부터 몇까지 더할까요?"))
sum=0
for x in range(num):
      sum=sum+x+1
print(sum)
```

변수를 하나 더 추가하여 while 문을 사용해서 연속 합을 구하는 코드를 만들어 보자.

```
num=int(input("1부터 몇까지 더할까요?"))
sum=0
count=1

while count < num+1:
    sum=sum+count
    count=count+1
print(sum)
```

마지막으로 0부터 100까지의 수 중 2의 배수 합을 구해보고, 0부터 1000까지의 수 중 5의 배수 합을 구해보자.

예제 3

다중반복문을 활용한 구구단 만들기

먼저 구구단의 기본 형식을 분해해 보자.

3*2=6

2단만 분해하여 구현해 보자.

```
print(2*1)
print(2*2)
print(2*3)
print(2*4)
print(2*5)
print(2*6)
print(2*7)
print(2*8)
print(2*9)
```

위 코드에서 공통되는 부분과 규칙적으로 변하는 패턴을 찾아보자.

```
print(2*1)
print(2*2)
print(2*3)
print(2*4)
print(2*5)
print(2*6)
print(2*7)
print(2*8)
print(2*9)  ← 변수로 정할 부분
```

패턴을 반복문으로 표현해 보자.

```
for i in range(1,10):
    print(2*i)
```

위 코드를 이용하여 3단, 4단, …을 분해하여 패턴을 찾아보자.

```
for i in range(1,10):
    print(2*i)
for i in range(1,10):
    print(3*i)
for i in range(1,10):
    print(4*i)   ← 추가 변수로 정할 부분
```

찾은 패턴을 반복문으로 표현해 보자.

```
for i in range(1,10):
    for j in range(1,10):
        print(i*j)
```

이제 결과를 알아보기 쉽게 표현해 보자.

```
for i in range(1,10):
    for j in range(1,10):
        print(i, '*', j, '=', i*j)
```

다음과 같은 결과가 나오도록 while문과 for문을 사용하여 구현해 보자.

결과	while문	for문

*
**
***
****
*****
	i = 0
	while i==5:
	    i += 1
	    print('*' * i)
		for i in range(1, 6):
		    for j in range(i):
		        print("*", end="")
		    print()

*****
****
***
**
*
	i = 5
	while i>0:
	    print('*' * i)
	    i -= 1
		for i in range(5, 0, -1):
		    for j in range(i):
		        print("*", end="")
		    print()

*****
 ****
  ***
   **
    *
	i = 0
	while i ==5:
	    i += 1
	    print((' ' * (i - 1)) + ('*' * (6 - i)))
		for i in range(1, 6):
		    print((' ' * (i - 1)) + ('*' * (6-i)))

*
   ***
  *****
 ****
****
	i=0
	while i<5:
	    i+=1
	    print((' ' * (6 - i)) + ('*' * (i * 2 - 1)))
		for i in range(1, 6):
		    print((' ' * (6 - i)) + ('*' * (i * 2 - 1)))

반복문(특히 다중반복문)은 코드의 양에 비해 실행하는 결과도 많이 나타나며 코드의 해석도 복잡하다. 반복문의 실행 과정을 머릿속으로 따라가며 하나하나 계산적(computational)으로 생각(thinking)해 보면서 코드의 실행 결과와 오류를 수정하며 자동화의 의미를 파악한다.

이렇게 프로그래밍에 반복문이 있으면 복잡도라는 개념이 생성된다. 반복문이 다중으로 겹칠수록 복잡도가 올라간다.

3*2는 1차원, 2단 반복문이 1개이면 2차원, 2~9단 반복문이 2개이면 3차원이 된다. 4, 5, 6차원도 구현할 수 있다.

복잡도는 !만큼 증가하며 해결하기 어려운 상황으로 전개되며, 공간복잡도와 시간복잡도의 문제가 발생한다.

TIPS

for문과 pass

pass는 아무것도 수행하지 않는 명령이다. 임시로 코드를 작성할 때 주로 사용한다. 예를 들어, 다음과 같이 나타낼 수 있다.

```
for i<10:
    pass
```

5 기초 내공 쌓기

1. 특정 범위의 짝수

사용자로부터 두 숫자 start와 end를 입력받아 해당 범위의 짝수만 출력하라.

```
start = int(input("시작 숫자를 입력하라: "))
end = int(input("끝 숫자를 입력하라: "))

for i in range(          ,          ):
    if i % 2 == 0:
        print(f"짝수: {i}")
```

2. 비밀번호 확인 시스템

사용자가 올바른 비밀번호를 입력할 때까지 반복해서 비밀번호를 입력받도록 작성하라.

```
correct_password = "mypassword"

while input("비밀번호를 입력하시오: ")          :
    print("비밀번호가 틀렸습니다.")
print("올바른 비밀번호가 입력되었습니다.")
```

3. 숫자 합산기

입력된 숫자의 합이 100 이상이 될 때까지 숫자를 계속 입력받도록 작성하라.

```
total = 0

while          :
    number = int(input("숫자를 입력하시오: "))
    total += number
    print("현재 합계는" + total + "이다.")
print("합계가 100 이상이 되어 종료한다.")
```

4. 매 3번째 손님에게 할인

총 20명의 손님이 있을 때, 매 3번째 손님에게 "할인 적용" 메시지를 출력하라.

```
for [                    ]:
    if customer % 3 == 0:
        print(f"{customer}번째 손님: 할인 적용")
    else:
        print(f"{customer}번째 손님: 정상 요금")
```

5. 역순의 숫자

사용자로부터 숫자 n을 입력받아, n부터 1까지의 숫자를 출력하라.

```
n = int(input("숫자 n을 입력하라: "))

for i in [                    ]:
   print(f"숫자: {i}")
```

6. 로그인 시도 제한

사용자가 올바른 ID와 비밀번호를 3회 내에 입력하지 않으면 로그인 시도를 중단하도록 작성하라.

```
correct_id = "user123"
correct_password = "pass123"
attempts = 0

while attempts < 3:
    user_id = input("ID를 입력하시오: ")
    password = input("비밀번호를 입력하시오: ")

    if [                                                              ]:
        print("로그인에 성공했다.")
        break
    else:
        print("ID 또는 비밀번호가 틀렸다.")
```

```
        attempts += 1
else:
    print("로그인 시도 횟수를 초과했다.")
```

7. 숫자 범위 확인

사용자가 1에서 10 사이의 숫자를 입력할 때까지 계속 입력받도록 하시오.

```
number = 0

while [          ] (1 <= number <= 10):
    number = int(input("1에서 10 사이의 숫자를 입력하시오: "))
    if not (1 <= number <= 10):
        print("유효하지 않은 숫자다. 다시 입력하라.")

print(f"올바른 숫자 {number}가 입력되었다.")
```

8. 특정 문자의 개수 세기

사용자로부터 문자열과 특정 문자를 입력받아 해당 문자가 문자열에 몇 번 등장하는지 세시오.

```
text = input("문자열을 입력하세요: ")
char = input("찾을 문자를 입력하세요: ")
count = 0

for [               ]:
    if c == char:
        count += 1

print(f"'{char}' 문자는 {count}번 등장합니다.")
```

9. 최대공약수(GCD) 계산

두 숫자를 입력받아 최대공약수를 구하시오.

```
a = int(input("첫 번째 숫자를 입력하세요: "))
b = int(input("두 번째 숫자를 입력하세요: "))
gcd = 1

for [          ] (1, min(a, b) + 1):  #min()은 최소값 찾는 함수
    if a % i == 0 and b % i == 0:
        gcd = i

print(f"{a}와 {b}의 최대공약수는 {gcd}입니다.")
```

10. 특정 조건을 만족하는 경우만 출력

1부터 20까지의 숫자 중 3의 배수는 무시하고, 나머지 숫자들을 출력하시오.

```
for num in range(1, 21):
    if num % 3 == 0:
        [          ]    # 3의 배수는 무시
    else:
        print("숫자:" + num)
```

모범 답안

1. start, end+1 2. !=correct_password 3. total<100 4. customer in range(1, 21) 5. range(n, 0, -1) 6. user_id==correct_id and password==correct_password 7. not 8. c in text 9. i in range 10. pass

6 기초튼튼 컴퓨팅

빅뱅으로 우주가 탄생하여 시간과 공간이라는 개념을 만들었다. 빅뱅을 기점으로 시간은 무한히 한 방향으로 흘러가고 우주공간은 확장되어 갔다. 빅뱅은 시간과 공간의 탄생 기원이며 우리가 과학을 탐구하고 공부하는 것도 시간과 공간이라 할 수 있다.

인간의 지능도 우주의 일부로서 결국 생각의 탄생은 시공간의 개념과 영역 안에서 절차적으로 흐르고 확장되어 간다. 태양의 에너지는 모든 생명체의 전기 에너지를 제공하는 원천으로 식물의 광학성, 동물의 운동, 인간의 뇌의 전기적 흐름 또한 태양 에너지로부터 받는다. 인간 생각의 근원이 전기라면 결국 컴퓨터의 전기적 흐름도 이와 같다고 볼 수 있다. 즉, 뇌의 전기적 흐름이 사고의 흐름이고, 컴퓨터의 전기적 흐름과 같다.

인간의 사고는 순차적으로 흐르면서 생각과 지능이 발생한다. 지능의 발달로 인간은 사고의 선택과 결정에 따라 분기하고 뇌의 반복적 흐름의 회로(파페츠 회로)에 의해 생각이 갇히면서 정보와 지식이 기억되고 지혜를 형성하게 된다.

빅뱅과 시공간의 탄생

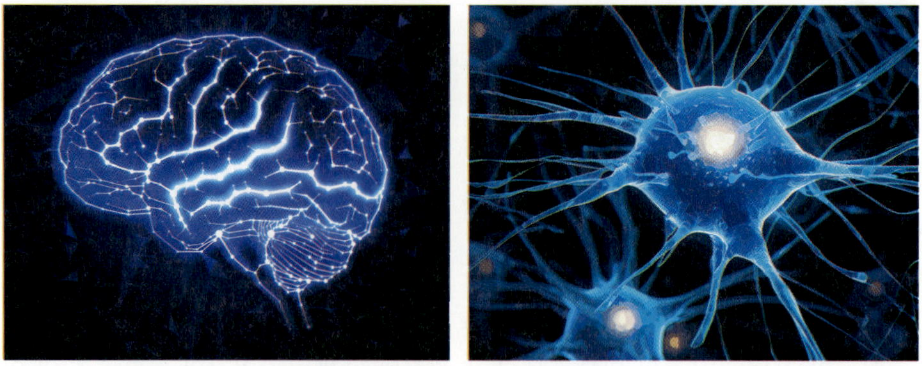

인간의 뇌와 전기적 신호(지능, 생각 등)
뇌의 흐름 패턴 : 순차, 조건, 반복

컴퓨터의 구조와 회로의 전기적 신호(전류와 전자의 흐름)
회로의 전기적 흐름 : 연산, 제어

모든 프로그램은 시작되면 명령어가 나열된 순서대로 하나씩 실행된다. 조건문을 이용하여 선택적으로 일부 명령을 실행하거나 건너뛰게 만들 수 있다. 반복문은 특수 조건문의 하나로 일부 명령 부분을 조건에 맞게 반복적으로 실행시킨다.

이처럼 프로그램의 실행 제어 방법은 일련의 순서대로 실행하는 순차구조, 조건에 따라 일부만 실행하는 선택구조, 일부 명령을 반복적으로 실행하는 반복구조로 나뉜다.

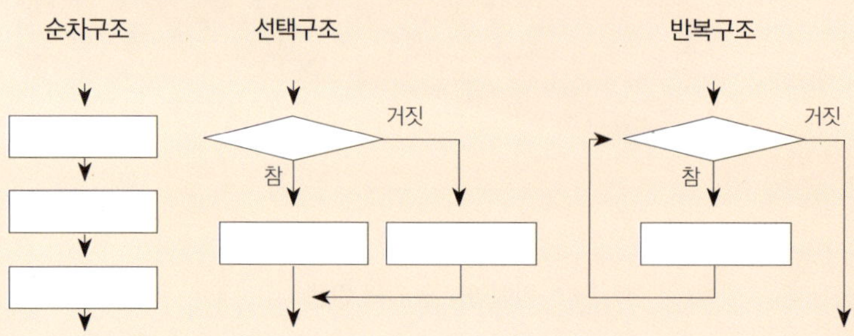

Chapter 8

반복과 탈출

컴퓨터에서 반복은 매우 중요하다. 자동화의 원천이기 때문이다. 컴퓨터가 유용한 이유는 인간이 실행하기 어려운 반복 작업을 컴퓨터가 대신 해주기 때문이라고 이야기할 수 있다. 그러나 컴퓨터가 아무런 판단 없이 반복만 하게 된다면 단순한 기계적인 움직임 이상으로 사용하기 어려울 것이다.

컨베이어 벨트 위에 상품을 포장하는 로봇 팔이 있다고 생각해 보자. 만약 내용물이 없을 때도 이 로봇이 계속 동작한다면 내용물이 빈 포장된 상품을 계속 생산할 것이다. 이러한 문제를 해결하기 위해서 이번 챕터에서는 반복을 좀 더 정교하게 다뤄본다. 내용물이 없다면 반복을 뛰어넘기도 하고(continue), 포장지가 다 떨어졌다면 반복을 중단하기(break)도 할 것이다. 또한 감독자가 중간에 상품을 점검할 때, 중단(break)이 발생하지 않았음을 알려주는 방법(else)도 알아보도록 하자.

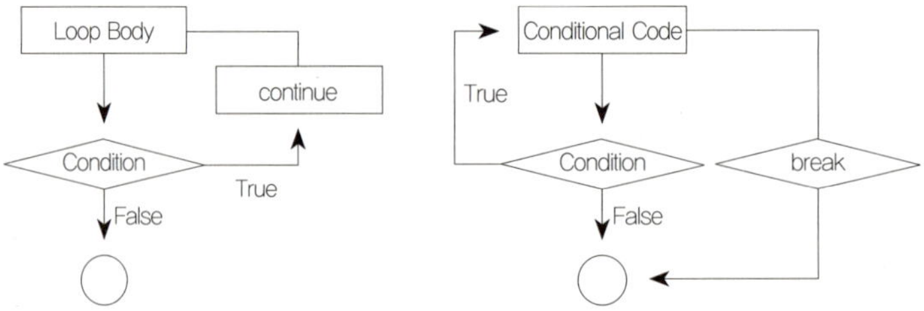

이와 함께 반복문에서 정해진 수만큼의 반복이 아니라 움직임을 통해 자료구조를 순서대로 선회하는 이터레이터(iterator) 개념을 함께 익혀보도록 하자.

• 기본형

```
(반복문): (조건문): continue
        (조건문): break
else:
```

1 무한루프와 break

while을 이용하여 간단한 무한루프를 만들어 보자.

```
number = 1        # while 1: 도 같은 표현이다.
while True:
    print(number)
    number += 1
```

무한루프는 일정한 조건을 가진 모듈(기능)을 지속해서 실행시키고자 할 때 유용하게 사용된다. 특정 조건이나 이벤트가 발생하면 무한루프를 멈추거나 반복문 안에서 빠져나온다.

예를 들어, 암호가 맞을 때까지 계속 암호문을 입력받거나 키보드의 ESC키가 클릭될 때까지 실행한다거나 할 때 무한루프를 사용한다.

TIPS

- while문에서 무한루프를 만들기 위해서는 while True: 또는 while 1:을 이용한다.
- while은 조건이 참일 경우에만 실행되기 때문에 True 또는 이에 해당하는 1을 넣어주면 무한루프가 된다.
- 쉘에서 무한루프를 빠져나오기 위해서는 [Ctrl]+[C]를 이용한다. 이를 이용하면 Keyboard Interrupt로 빠져나올 수 있다.

위의 반복문 안에 다음과 같은 내용을 입력해 보고, 어떤 의미인지 생각해 보자. 이때 break의 역할은 무엇일까?

```
number = 1
while True:
    print(number)
    number += 1
    if number == 15:
        print("Number is 15")
        break
```

TIPS

- while문과 for문 안에서 break 명령은 반복을 강제로 종료할 때 사용한다.
- 어떤 일이 일어날 때까지 반복하고 싶지만 언제 이벤트가 발생할지 알 수 없을 때, break를 이용하여 무한루프를 종료한다.

이제 다음의 예제를 실행하여 어떤 내용이 출력되는지 살펴보고, continue의 역할이 무엇인지 생각해 보자.

```
number = 1
while True:
    number += 1
    if number%2 == 0:
        continue
    print(number)
```

TIPS

- while문과 for문 안에서 continue 명령은 다음 루프로 건너뛰도록 한다.
- continue는 반복문을 중단하고 싶지 않지만, 다음 루프를 건너뛰고 싶을 때 이용한다.
- 위 예제는 number를 2로 나눴을 때 나머지가 0인 숫자, 즉 짝수인 경우 continue 이후의 문장인 print(number)를 건너뛰도록 한다.

2 while문 강제로 빠져나가기

다음의 코드를 입력해 보자. 어떤 내용이 출력되는지 살펴보고, 반복 조건의 5를 15로 바꿔 실행하여 else의 역할이 무엇인지 생각해 보자.

```
number = 1
while number < 5:
    number += 1
```

```
    if number == 10:
        break
    print(number)
else:
    print("No number 10")
```

TIPS

- else의 역할은 반복문에서 break가 반복 종료 조건을 찾지 못했을 경우, else의 하위 내용을 실행시킨다.

다음 코드를 입력해 보자. input() 함수로 키를 입력받아 y키는 Yes, n키는 No, 다른키를 입력하면 잘못된 키라고 출력하고, 만약 q키를 입력받으면 프로그램을 끝내도록 하되 다른 키를 입력하면 계속 입력받는다.

```
while True:
    key = input('아무 키나 입력해보자.')
    if key == 'y':
        print('Yes 키 입력')
    elif key == 'n':
        print('No 키 입력')
    elif key == 'q':
        print('Quit 키 입력')
        break
    else:
        print("잘못된 키 입력")
```

TIPS

while과 for문의 차이점

위 코드의 while문에서 확인한 것과 같이 반복의 횟수는 처음에 결정되지 않고 무한 반복되거나 사용자의 입력에 따라 반복의 횟수가 가변적으로 결정된다. 반면, for문은 range() 함수에 입력한 끝수에 따라 반복 횟수가 미리 결정된다.

3 for문 강제로 빠져나가기

for 반복문을 이용하여 아래 예제를 실행해 보고, for 반복문 안에서 continue와 break가 어떻게 동작하는지 알아보자.

```
number = 1
for number in range(20):
    print(number)
    number += 1
    if number == 10:
        break
```

```
# for 반복문에서 continue와 break 사용 예제
for number in range(1, 21):
    if number % 2 != 0:          # 홀수라면
        continue                 # 다음 반복으로 넘어감
    print(number)                # 짝수 출력
    if number >= 15:             # 15 이상이라면
        break                    # 반복 종료
```

순회하는 for 반복문에서 else를 사용해 보자.

```
classname = ["one", "two", "three", "four"]
for i in classname:
    print(i)
    if i == "two":
        break
```

이제 while문과 같이 for문에서 else가 동작하는지 알아보자.

```
classname = ["one", "two", "three", "four"]
for i in classname:
    print(i)
  if i == "five":
        break
else:
    print("classname에는 5(five)가 없습니다")
```

TIPS

for 반복문은 단순한 수의 반복뿐 아니라 이터레이터(반복 가능 객체)로 이용하는 경우가 많다. 만약, a=["one", "two", "three"]라고 했을 때 for b in a에서 b는 순서대로 "one", "two", "three"라는 값을 가지게 된다. 따라서 다음 두 예제 모두 같은 값을 출력한다.

>>> a = ["one", "two", "three"]
>>> for b in range(3):
        print(a[b])
one
two
three
	>>> a = ["one", "two", "three"]
	>>> for b in a:
	        print(b)
	one
	two
	three

예제 1

다음과 같이 출력되는 프로그램을 만들어 보자.

```
비밀의 알파벳을 입력하면 끝이 납니다. a
비밀의 알파벳을 입력하면 끝이 납니다. b
...
비밀의 알파벳을 입력하면 끝이 납니다. q
>>>
```

```
while True:
   alphabet = input("비밀의 알파벳을 입력하면 끝이 납니다.")
   if alphabet =="q":
         break
```

TIPS

◎ 반복문이나 조건문의 콜론(:) 뒤에 바로 명령어나 문장을 붙여 사용할 수 있습니다.

```
>>> if a == "q": break
```

예제 2

반복문의 else 구문을 이용하여 간단한 Up&Down 게임을 만들어 보고, 이 게임에서 break를 사용하는 것과 그렇지 않은 것 중 어느 방법이 더 편리한가?

기회는 7번입니다. 1~100의 숫자 중 알맞은 숫자는? 32 Up 1~100의 숫자 중 알맞은 숫자는? 43 정답입니다.	기회는 7번입니다. 1~100의 숫자 중 알맞은 숫자는? 2 Up : : 기회가 끝났습니다.

```
number = 43
print("기회는 7번입니다.")
for i in range(7):
    guess = int(input("1~100의 숫자 중 알맞은 숫자는?"))
    if guess > number: print("Down")
    elif guess < number: print("Up")
    elif guess == number: print("정답입니다.")
        break
else: print("기회가 끝났습니다.")
```

TIPS

기회가 끝났다는 메시지를 출력하기 위해서는 반복문의 'i'가 몇 번째인지 확인해 주는 조건문이 추가로 필요하지만 이 게임에서는 break를 굳이 사용할 필요는 없다. break는 주로 어떤 일이 언제 일어날지 모르는 경우에 사용한다.

TIPS

업다운 게임의 컴퓨터과학

- 업다운 게임은 원하는 값을 검색할 때 앞에서부터 하나하나 순차적으로 검색하는 것이 아니라 정렬된 수의 중앙의 값을 기준으로 위와 아래의 수로 절반씩 줄어가면서 검색의 횟수(범위)를 획기적으로 줄이는 것이 더 효율적이다.
- 이러한 검색 방법을 이진검색이라고 하며, 주어진 자료가 크기순으로 정렬되었을 때만 사용할 수 있다.

다음의 숫자 중 찾는 숫자가 7일 경우

1 3 4 6 7 8 10 13 14 18 19 21 24 37 40 45 71

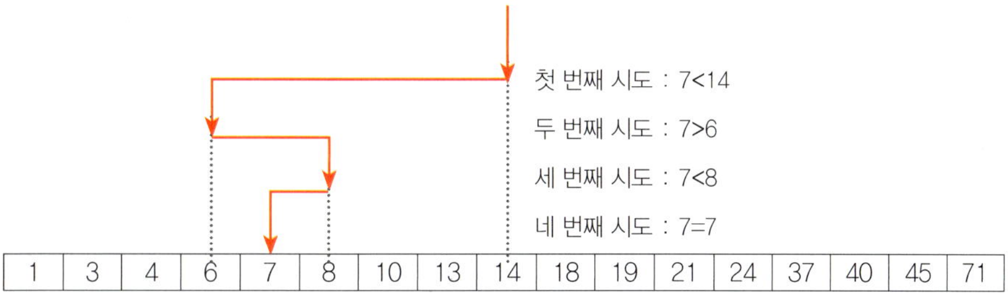

예제 3

for 반복문을 이용하여 무한루프를 만들어 보자.

```
잠이 안 오네.
들판의 양을 세어보자.
---------------------
양 1마리
양 2마리
    .
    .
    .
```

```
b = [0]
number = 1
print("잠이 안오네.\n들판의 양을 세어보자.\n------------")
for i in b:
    print("양 %s마리" %number)
    b.append(number)
    number += 1
```

for문에서 자료구조를 순회할 때 자료가 끝나지 않게 하는 방법은 무엇인가?

TIPS

- for문은 자료구조의 크기에 상관없이 순회한다.
- for문(iterator)의 특징은 바로 생성되는 데이터도 순회할 수 있다는 것이다.
- 처음 시도하면 for문에서 숫자 형태의 변수를 설정하고 변수의 값(b=10 / b+=1)을 늘려가려고 할 수 있으나 range() 함수를 사용하면(for a in range(b)) 목표 반복 수(10)를 정해두고 움직인다.
- 이터레이터(iterator) 형태(for a in b)로 사용할 경우 자료구조 자체로 움직이기 때문에 1번[10]만 반복한다. 따라서 b.append(number)를 이용하여 리스트의 자료의 개수를 계속 늘리는 방법으로 이용한다.

예제 4

문자를 대문자로 바꾸기

알파벳을 입력받아 짝수 번째 문자를 대문자로 바꾸는 프로그램을 만들어 보자(이때 프로그램은 5글자 이상을 입력받아야 하고, 문자 q를 입력하면 루프를 종료한다).

```
이 프로그램은 q를 입력하면 끝납니다.
알파벳 5글자 이상을 입력하세요: abcdefg
aBcDeFg
알파벳 5글자 이상을 입력하세요: hi
5글자가 안 됩니다.
알파벳 5글자 이상을 입력하세요: q
>>>
```

```
print("이 프로그램은 q를 입력하면 끝납니다.")
while 1:
    word = input("알파벳 5글자 이상을 입력하세요: ")
    if word == "q": break
    elif len(word) < 5:
        print("5글자가 안됩니다.")
        continue
    for i in range(len(word)):
        if i%2 == 1:
            word = word[:(i)] + word[i].upper() + word[(i+1):]
```

```
    print(word)
```

TIPS

◎ 문자열의 요소값을 바꾸기 위해서는 슬라이싱 기법을 이용할 수 있다.

```
>>> word = "abcd"
>>> word = word[:2] + "C" + word[3:]
>>> word
 'abCd'
```

예제 5

소수 발생기

소수(prime number)는 약수가 1과 자기 자신뿐인 1보다 큰 자연수이다. 소수를 리스트에 담아 출력하고, 소수 중 997이 있으면 소수 발생을 중단하도록 만들어 보자.

```
2
3
5
7
11
 :
997
```

```
prime = []      # 소수 리스트
num = 2         # 현재 확인 중인 숫자

while True:
    is_prime = True
    for x in prime:
        if num % x == 0:            # 소수가 아니면
            is_prime = False
            break
    if is_prime:                    # 소수라면
```

```
        prime.append(num)
        print(num)                  # 소수 출력
    if num == 997:                  # 997까지 확인 후 종료
        break
    num += 1                        # 다음 숫자로 이동
```

TIPS

소수(prime number)는 약수가 1과 자기 자신뿐인 1보다 큰 자연수이다. 2017년 상반기에 알려진 한 소수는 2,233만 8,618자리로 2를 7,420만 7,281회 곱한 수에 1을 뺀 수이다. 이 소수는 클라우드 방식의 Great Internet Mersenne Prime Search를 이용하여 전 세계 6만 명 이상의 연구자가 프로젝트에 참여하여 찾아냈다.

이렇게 발견된 수는 메르센 소수라 하는데, n이 소수일 때 2^n-1의 형태를 가지는 특별히 드문 소수다. 소수를 구하는 방식은 여러 가지가 있지만 그중 가장 간단한 방법은 '에라토스테네스의 체'이다. N번째의 수를 자연수 2부터 N-1번째까지 모두 나눠서 더 나눠지지 않는 수를 소수로 판별하여 저장한다.

1. 찾고자 하는 범위의 자연수를 나열한다.
2. 2부터 시작하여, 2의 배수를 지워나간다.
3. 다음 소수의 배수를 모두 지운다.

이 외에도 2부터 제곱근의 근사값까지 나눠보는 방법, N보다 작은 소수로 나누어 보는 방법 등이 있다. 위의 예제에서는 소수의 성질을 이용하여 모두 나누어 보는 방법에, 이터레이터를 이용한 예제이다.

4 기초 내공 쌓기

1. 계좌 비밀번호 설정

사용자가 올바른 비밀번호를 설정할 때까지 계속 입력하도록 코드를 작성하라.

```
while [          ]:
    password = input("새로운 비밀번호를 입력하세요. (8자 이상): ")
```

```
    if len(password) >= 8:
        print("비밀번호가 성공적으로 설정되었습니다.")
        break
    else:
        print("비밀번호는 8자 이상이어야 합니다.")
```

2. 지속 덧셈

사용자가 입력한 숫자를 계속 더하다가, 100회를 반복이 끝나거나 0을 입력하면 종료하고 합계를 출력하시오.

```
total = 0

for _ in [          ]:
    num = int(input("숫자를 입력하세요 (종료: 0): "))
    if num == 0:
        break
    total += num

print(f"합계: {total}")
```

3. 학점 계산기

학생이 각 과목의 학점을 입력하면 총 학점과 평균 학점을 계산하라.

```
total_credit = 0
subject = 0

while True:
    grade = input("과목의 학점을 입력하세요. (종료: -1): ")
    if grade == "-1":
        [          ]
    total_credit += float(grade)
    subject += 1

if subjects > 0:
```

```
    print("총 학점:“+ total_credit + ”평균 학점: “ + total_credit / subject)
else:
    print("입력된 과목이 없습니다.")
```

4. 연비 계산기

자동차 주행 거리와 사용된 연료량을 입력받아 연비를 계산하시오.

```
while True:
    [          ]:
        distance = float(input("주행 거리를 입력하세요 (km): "))
        fuel = float(input("사용된 연료량을 입력하세요 (L): "))
        if distance <= 0 or fuel <= 0:
            print("유효하지 않은 입력입니다. 프로그램을 종료합니다.")
            break
        efficiency = distance / fuel
        print("연비는“+ efficiency + ”km/L 입니다.")

    [          ] ValueError:        # 값 에러가 발생할 경우
        print("올바른 숫자를 입력하세요.")
```

5. 역순 요일 출력

월요일부터 일요일까지의 요일을 리스트로 저장하고, 역순으로 출력하라.

```
days = ["월요일", "화요일", "수요일", "목요일", "금요일", "토요일", "일요일"]

for i in range(len(days) - 1, [          ], [          ]):
    print(days[i])
```

6. 서버 상태 모니터링

서버의 상태를 계속 확인하고, 특정 상태(예: "stop")가 감지되면 반복을 중단하라.

```
server_status = ["running", "running", "running", "stop", "running", "stop"]

for status in server_status:
    if status == [        ]:
        print("서버가 중지되었다. 모니터링을 종료한다.")
        [        ]
    print("서버 상태: 정상 작동 중")
```

모범 답안

1. True 2. range(100) 3. break 4. try, except 5. -1, -1 6. "stop", break

5 기초튼튼 컴퓨터과학

컴퓨터로 컴퓨팅을 한다는 것은 정보처리의 과정이라고 볼 수 있다. 즉, 컴퓨터로 데이터를 입력받아 중앙처리장치에서 연산·제어하고 결과를 기억하며 사용자가 원하는 결과를 출력하는 과정이 바로 정보처리 과정이다. 이는 컴퓨터과학의 근간이 되는 절차라고 할 수 있다.

데이터를 0과 1의 이진수로 추상화하여 변수를 통해 메모리에 기억시키고, 연산과 제어 알고리즘을 바탕으로 하는 프로그래밍을 통해 실행되어 결과를 출력한다. 이러한 전반의 과정을 도식화하면 다음과 같다.

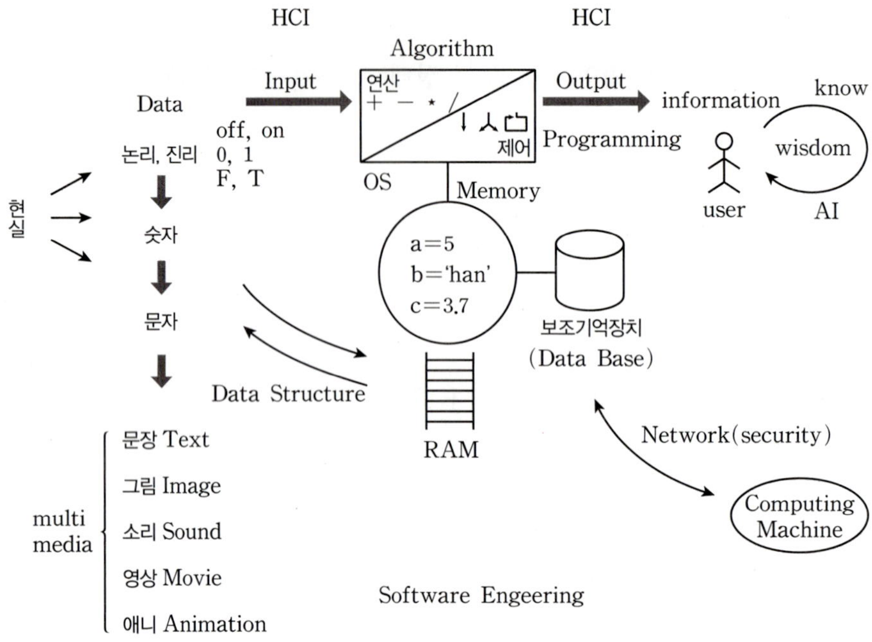

프로그래밍을 배우는 이유는 실생활의 문제를 컴퓨터라는 막강한 컴퓨팅 기계를 통해 해결하기 위한 것이다. 이러한 프로그래밍은 컴퓨터과학의 핵심이지만 이를 제대로, 효과적으로 이해하고 활용하기 위해서는 컴퓨터과학의 전반적인 지식을 이해할 필요가 있다. 다음은 컴퓨터과학의 4가지 영역과 그 세부 학문 내용을 제시한 것이다.

분야	하드웨어(Hardware)	소프트웨어(Software)	데이터(Data)	사용자(User)
영역	• 컴퓨터구조 • 운영체제 • 네트워크	• 알고리즘 • 프로그래밍 • 소프트웨어공학	• 자료구조 • 데이터베이스	• HCI • 그래픽스 • 인공지능 • 보안과 암호 • 사회적 이슈

Chapter 9

터틀과 도형

다음의 대화를 살펴보자.

A: 파이썬으로 선이라도 그려보고 싶은데, 언제까지 검은 화면에 계산만 할 거야?

B: 코드가 어마어마하게 복잡할 뿐이지 할 수 있어. 한번 볼래?

```
def config_dict(filename):
    """Convert content of config-file into dictionary."""
    with open(filename, "r") as f:
        cfglines = f.readlines()
    cfgdict = {}
    for line in cfglines:
        line = line.strip()
        if not line or line.startswith("#"):
            continue
        try:
            key, value = line.split("=")
        except ValueError:
            print("Bad line in config-file %s:\n%s" % (filename,line))
            continue
        key = key.strip()
        value = value.strip()
        if value in ["True", "False", "None", "''", '""']:
            value = eval(value)
        else:
            try:
                if "." in value:
                    value = float(value)
                else:
                    value = int(value)
            except ValueError:
                pass # value need not be converted
        cfgdict[key] = value
    return cfgdict
```

A: 와, 길기도 하네. 그런데 코드는 그렇게까지 복잡하지는 않은 것 같은데?

B: 응, 맞아 이렇게 4,000줄 정도만 더 쓰면 돼

A: 4,000줄?! 겨우 선하나 긋는 데 그렇게나 필요하다고?

B: 그래서 파이썬에서는 편한 방법을 제공하고 있지. 바로 거북이(Turtle)야!

파이썬에서는 라이브러리를 통해서 미리 만들어 놓은 다양하고 유용한 모듈 프로그램을 제공하고 있다. 간단하게는 그림을 그리는 프로그램부터, 통계, GUI 방식 프로그램 제작 툴, 인공지능 기능 등 실제 사람들이 사용하는 프로그램을

만드는 것까지 다양한 모듈을 지원함으로써 프로그램을 쉽게 만들 수 있도록 도와주고 있다.

이번 챕터에서는 눈에 보이는 그래픽을 사용하기 위해 거북이를 한 마리 불러올 것이다. 바로 파이썬의 turtle 모듈이다. import라는 명령어를 사용하면 직접 코딩하지 않아도 거북이를 데려와서 사용할 수 있다. 이를 이용해서 import의 개념과 그 쓰임에 대해 알아보자.

- import **기본형**

```
import 라이브러리(모듈)이름
import 모듈이름 as 별칭
import 함수명 form 모듈이름
import * from 모듈이름
```

- **파이터틀 원**(circle) **만들기 기본형**

```
import turtle
turtle.circle(x)
```

- import **용어해설**

```
모듈(modules): 이미 짜인 하나의 소스 코드
패키지(packages): 모듈들이 모여 있는 집단
임포트(import): 모듈이나 패키지를 불러와서 사용하는 것
```

1 turtle 실행하기

import 명령어를 실행하여 거북이 모듈을 불러보자.

```
import turtle
```

TIPS

- **import 명령어는 이미 만들어진 다른 모듈(프로그램)을 현재 프로그램에 불러와서 사용할 수 있게 한다.**
- **import 명령어는 한 프로젝트 내에서 한 번만 실행하면 된다. 주로 코드의 맨 앞에서 선언한다.**
- C:\(파이썬이 설치된 폴더)\Lib\turtle.py를 찾아보자.

이제 불러온 거북이를 앞으로 이동시켜 보자. import turtle을 실행한 뒤에는 turtle.py에서 정의된 명령어들을 사용할 수 있다.

먼저, turtle.forward()는 거북이를 앞으로 이동시키는 명령어이다. 괄호 안에 입력하는 수를 바꾸어 결과를 비교해 보자.

```
import turtle
turtle.forward(100)
```

여기서 앞으로 움직이는 명령은 forward라고 추측할 수 있다. forward에 ()가 붙게 되면 함수가 된다. 그리고 turtle.forward()에 turtle.이 붙은 이유는 import에서 turtle 모듈을 호출했기 때문에 그 모듈에 있는 forward() 함수를 사용하기 위한 것이다.

따라서 turtle.left()는 turtle 모듈 안에 있는 left() 함수를 사용하는 것으로 이해하면 된다.

TIPS

- **괄호 안의 '이동 거리'는 단위가 주어지지 않는 이상 어림으로 찾아낼 수밖에 없다.**
  - 여러 가지 숫자를 넣어보면서 직접 알아보자.
  - 얼마만큼 앞으로 가야 할지 '상대적(중요함)'인 숫자를 나타낸다.
- **위 코드와 같이 turtle 모듈에서 명령어를 실행할 때는 turtle을 쓰고 점을 찍은 뒤 명령어를 사용한다.**

거북이를 회전시켜 보자. turtle.left( )는 거북이를 왼쪽으로 회전시키는 명령어이다. 괄호 안에 입력하는 수를 바꾸어 결과를 비교해 보자.

```
import turtle
turtle.left(90)
```

2 turtle의 다양한 명령어

turtle을 움직이게 하는 다양한 명령어들을 알아보자.

결과	명령어	괄호 안의 수가 의미하는 것
앞으로 가기	turtle.forward()	앞으로 가는 거리
뒤로 가기	turtle.backward()	뒤로 가는 거리
왼쪽으로 돌기	turtle.left()	왼쪽으로 회전하는 각도
오른쪽으로 돌기	turtle.right()	오른쪽으로 회전하는 각도

TIPS

함수가 어떤 역할을 하는지 잘 모르겠다면, 영어 단어의 뜻을 잘 활용하면 된다. 다음 명령어는 오른쪽과 같이 줄여서 사용할 수도 있다.

turtle.forward()	turtle.fd()
turtle.backward()	turtle.bk()
turtle.left()	turtle.lt()
turtle.right()	turtle.rt()

프로그램을 수행하다 보면 거북이가 항상 지나간 길을 기록하는 것을 확인할 수 있다. 그렇다면 선이 이어지지 않는 도형은 그리기 위해서는 어떤 명령어가 더 필요할까?

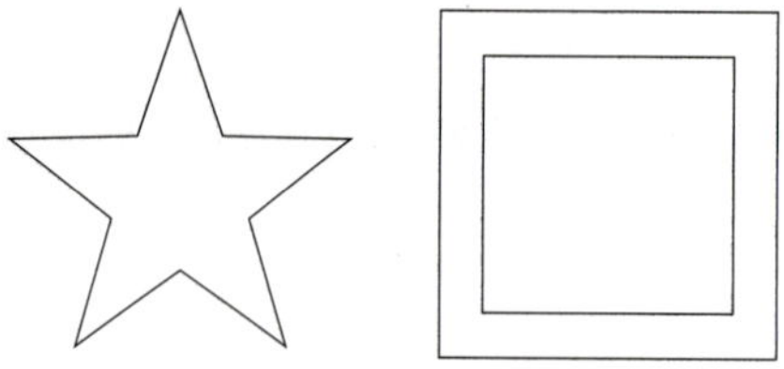

선이 이어진 도형과 그렇지 않은 도형

아래 프로그램을 실행하여 선이 이어지지 않은 도형을 그려보자.

```
import turtle

turtle.forward(100)
turtle.penup()
turtle.forward(100)
turtle.pendown()
turtle.forward(100)
```

위 코드에서 명령어 turtle.penup()과 turtle.pendown() 영어 단어의 뜻처럼 펜을 들면 선이 그려지지 않고, 펜을 내리면 선이 그려진다는 것으로 생각하면 쉬울 것이다. 그렇다면 두 명령어의 괄호에 숫자가 들어가지 않는 이유는 무엇일까? 펜을 들고 옮기는 행위에서 높게 또는 낮게 드는 높이의 단위가 의미가 없기 때문이라 생각한다.

다음으로 forward나 backward 명령 외에 거북이를 움직일 수 있는 방법을 찾아보자. 다음 두 종류의 코드를 각각 실행하여 그 차이를 비교해 보자.

```
import turtle
turtle.goto(0,0)          # 좌표는 (x,y) → (0,0)에서 시작
```

```
import turtle
turtle.goto(100,0)
```

실행 결과, 파이썬에서 터틀이 사용하는 좌표는 프로그램 창의 정중앙을 (0, 0)으로 하는 것을 확인할 수 있을 것이다.

- **좌표계의 종류**

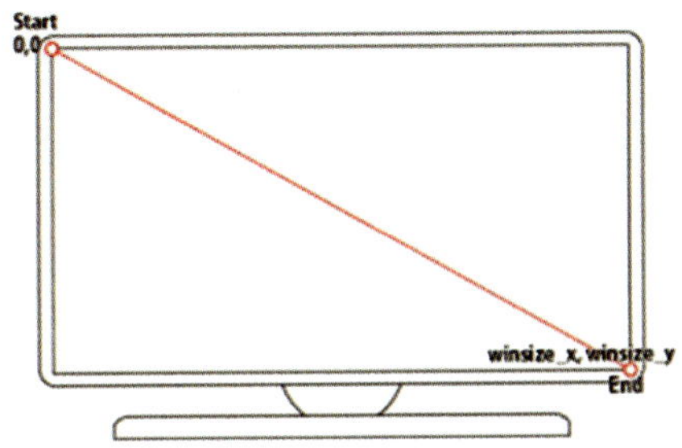

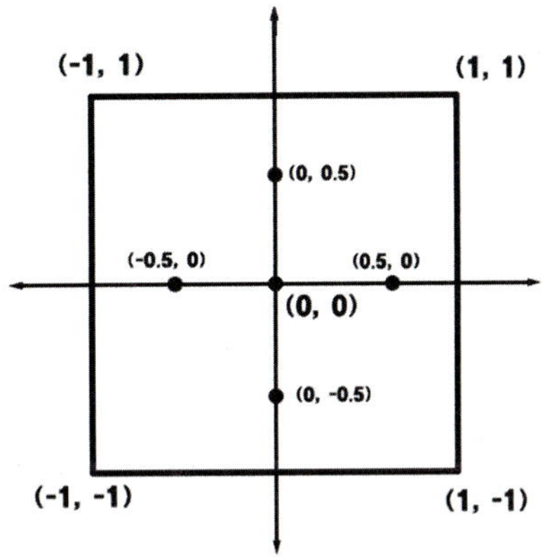

파이썬 터틀 좌표계

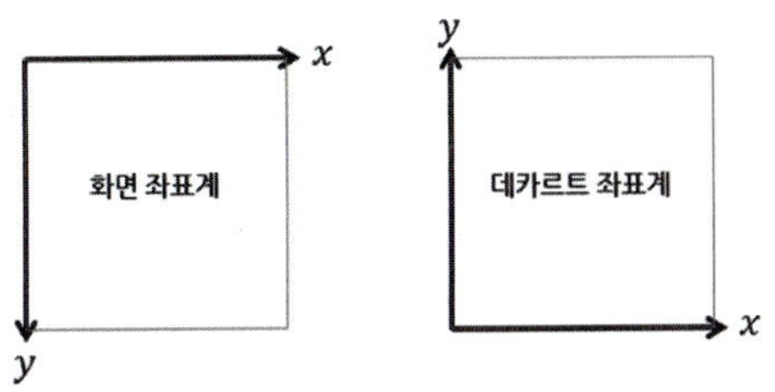

화면 좌표계와 데카르트 좌표계

forward나 backward 명령이 아닌 turtle.goto()를 이용해서 정사각형을 그려 보자.

```
import turtle

turtle.goto(100,0)
turtle.goto(100,100)
turtle.goto(0,100)
turtle.goto(0,0)
```

3 for문 활용하기

turtleshape.py라는 새로운 파일을 만들어 보자.

for문을 이용하여 거북이에게 반복 명령을 내려 보자. 또한 for문을 사용하지 않고 같은 결과를 얻을 수 있는 코드를 작성해 보자.

<table>
<tr>
<td>

```
import turtle

for x in range(4):
    turtle.forward(100)
    turtle.left(90)
```

</td>
<td>

```
import turtle

turtle.forward(100)
turtle.left(90)
turtle.forward(100)
turtle.left(90)
turtle.forward(100)
turtle.left(90)
turtle.forward(100)
turtle.left(90)
```

</td>
</tr>
</table>

for문을 사용한 코드와 사용하지 않은 코드 중 어떤 것이 효율적인지 분석해 보자.

다음으로 turtle.left( )의 값과 for문의 반복 횟수를 변수로 만들어 정다각형을 그려보자.

```
import turtle

number=4
length=100
for x in range( a ):
    turtle.forward(100)
    turtle.left( b )
```

구분	삼각형	사각형	오각형	육각형
a	3	4	5	6
b	120	90	72	60

위 표를 보고 a와 b의 관계를 찾아보면, 360*a=b라는 것을 알 수 있다. 이제 이 관계를 이용하여 프로그램을 수정하고, input 명령어를 이용해서 원하는 다각형을 그려주는 프로그램을 만들어 보자.

```
import turtle

angle = int(input('몇 각형을 그릴까요?'))
for x in range(angle):
    turtle.forward(100)
    turtle.left(360/angle)
```

TIPS

네 변의 길이가 15m인 정사각형의 모양을 그려본다고 가정해 보자. 머릿속에서 어렵지 않게 떠올릴 수 있다. 만약 이러한 도로를 자동차로 간다고 생각하면 어떻게 될까? 일단은 출발하여 15m를 이동하여 좌회전을 한 후, 다시 15m를 이동하는 것을 반복하여 제자리까지 돌아오면 한 바퀴를 돌 수 있을 것이다. 이러한 자동차의 움직임과 Pyturtle(파이터틀)의 움직임은 매우 비슷하다.

수학의 도형을 그릴 때도 마찬가지이다. 머릿속에 사각형을 그릴 때는 네 개의 변이 한꺼번에 떠오르지만, 실제로 사각형을 그릴 때는 한 번에 하나의 변을 그리게 된다.

4 파이터틀을 이용한 도형 만들기

파이터틀을 이용하여 반지름이 50인 원을 만들어 보자.

```
import turtle
turtle.circle(50)
```

위 코드에서 turtle.circle(50)은 turtle 모듈에서 circle() 함수를 불러 지름이 50인 원을 그리는 것이다.

다음 그림과 같이 반지름이 100인 원을 두 개 만들어 보자. 어떤 명령어들을 사용해야 할까?

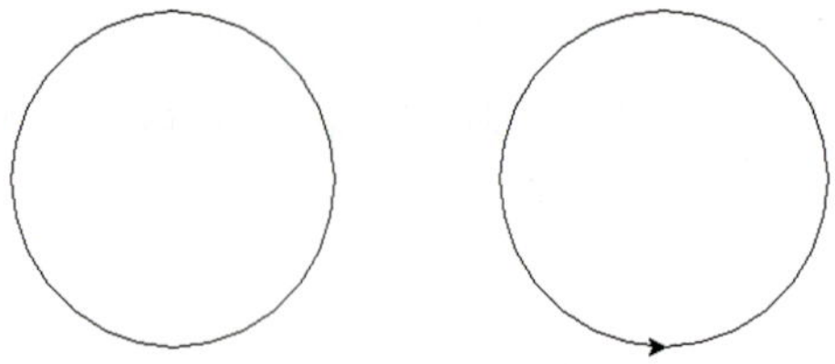

```
import turtle

turtle.penup()
turtle.goto(0,0)
turtle.pendown()
turtle.circle(50)

turtle.penup()
turtle.goto(100, 0)
turtle.pendown()
turtle.circle(50)
```

TIPS

- 명령어 중 계속 반복되는 turtle 명령어는 더욱 짧은 코드로 사용할 수 있다.
- 터틀이 움직이면서 하는 동작은 모두 pen에서 처리하기 때문에 다음과 같이 나타낼 수 있다.

```
t = turtle.Pen()    # turtle 모듈의 Pen() 함수를 t 변수로 정의하여 사용한다.
t.forward(100)      # t.fd(100)으로 더 축소할 수 있다.
```

다음 그림과 같이 삼각형 세 개를 만드는 프로그램을 반복문을 이용하여 코딩해 보자.

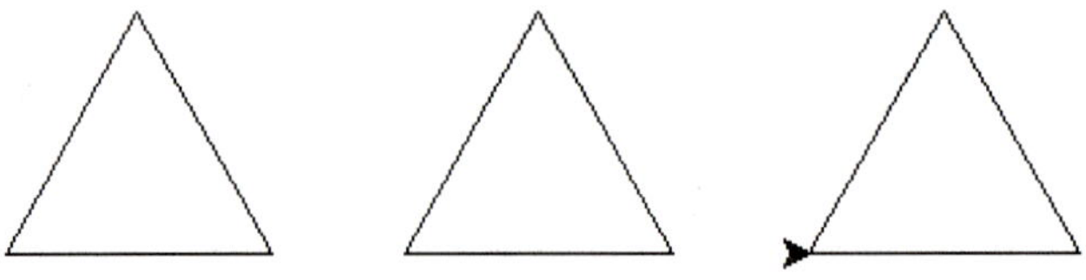

```
import turtle

t = turtle.Pen()
t.penup()
t.goto(0,0)
t.pendown()
for i in range(3):
    t.forward(50)
    t.left(120)
t.penup()
t.goto(70,0)
t.pendown()
for i in range(3):
    t.forward(50)
    t.left(120)
t.penup()
t.goto(140,0)
t.pendown()
for i in range(3):
    t.forward(50)
    t.left(120)
# 코드에서 반복되는 부분을 찾아보자.
```

```
import turtle

t = turtle.Pen()
for j in range(3):
  t.penup()
  t.goto(j*70,0)
  t.pendown()
  for i in range(3):
      t.forward(50)
      t.left(120)
# t.goto(x,y) 값에 변수를 이용하거나 함수를 이용하면 더 짧게 코딩할 수 있다.
```

위에서 만든 삼각형의 선 색깔을 각각 검은색, 파란색, 빨간색으로 지정해 보자.

```
import turtle

t=turtle.Pen()
t.penup()
t.goto(0,0)
t.pendown()
t.pencolor('black')
for i in range(3):
    t.forward(50)
    t.left(120)
t.penup()
t.goto(70,0)
t.pendown()
t.pencolor('blue')
```

```
import turtle

color=['black','blue','red']

t=turtle.Pen()

for j in range(3):
  t.penup()
  t.goto(j*70,0)
  t.pendown()
  t.pencolor(color[j])
  for i in range(3):
      t.forward(50)
      t.left(120)
```

```
for i in range(3):
    t.forward(50)
    t.left(120)
t.penup()
t.goto(140,0)
t.pendown()
t.pencolor('red')
for i in range(3):
    t.forward(50)
    t.left(120)
# 코드에서 반복되는 부분을 찾아보자.
```

```
# color 변수에 배열값으로 컬러값을 넣은 뒤에 불러 사용한다.
```

TIPS

파이터틀 라이브러리의 또 다른 함수들

- turtle.pensize(x): 그리는 펜의 크기를 x값으로 설정한다.
- turtle.bgcolor(x): 그리는 캔버스(백그라운드)의 색깔을 x로 설정한다. (예: black, pink, blue 등)
- turtle.clear: 화면을 깨끗하게 지운다.
- turtle.reset: 화면을 지움과 동시에 거북이를 제자리(0, 0)에 위치시킨다.
- turtle.fillcolor("green"): 녹색으로 도형 내부를 칠한다.
- 그 외 begin_fill, end_fill, showturtle, hideturtle, speed 등 다양한 함수들이 있다.

다음과 같이 배경색이 있고, 사각형 네 개를 만드는 프로그램을 반복문을 이용하여 코딩해 보자.

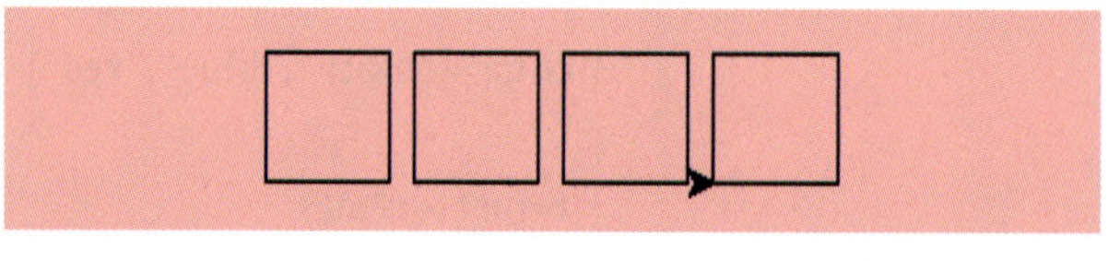

```
import turtle

t = turtle.Pen()
x = -100
turtle.bgcolor("pink")
t.pencolor("black")

for a in range(4):
```

```
    t.penup()
    t.goto(x,0)
    t.pendown()
    for b in range(4):
        t.forward(50)
        t.left(90)
    x = x+60
```

사각형을 그릴 때 어느 단계에서 반복문을 이용할 수 있을까? 하나의 사각형이 완전히 만들어졌을 때와 같은 사각형을 네 번 그릴 때이다. 이 경우에는 반복문 안에 또다시 중첩하여 반복문을 구성하면 된다. 이때 각각의 사각형을 다른 위치에 그리기 위해서는 x 좌표를 계속해서 변경해 주어야 한다.

다음으로 거북이가 천천히 움직이면서 녹색 삼각형과 파란색 사각형을 그리는 애니메이션을 만들어 보자.

```
import turtle

t = turtle.Pen()
t.shape("turtle")
t.speed(1)

t.fillcolor("green")
t.begin_fill()
for i in range(3):
    t.forward(100)
    t.left(120)
t.end_fill()

t.penup()
t.goto(100, 0)
t.pendown()
t.fillcolor("blue")
t.begin_fill()
for i in range(4):
    t.forward(100)
    t.left(90)
t.end_fill()
```

t.speed() 함수를 이용하면 거북이가 움직이는 속도를 조절할 수 있다. 이때 괄호 안의 값을 바꾸어 거북이의 속도로 지정할 수 있는 범위는 어느 정도인지 알아보자.

turtle.speed("x")에서 x에 들어갈 수 있는 수는 0~10이다. 1부터 10중에 1이 가장 느리고 10이 빠른 속도이며, 0을 입력했을 때 가장 빠른 속도를 보인다.

마지막으로 fillcolor(), begin_fill(), end_fill() 함수를 이용하여 도형에 색깔을 넣어보자. 명령어의 입력 순서는 fillcolor("x") → begin_fill() → 도형 그리기 → end_fill() 순서로 입력한다. 단어가 직관적이므로 각 함수가 어떤 역할을 하는지 쉽게 유추할 수 있을 것이다.

5 기초 내공 쌓기

1. 다음과 같이 선이 점점 굵어지는 나선형 모양을 만들어보자.(선은 0.1씩 진행되고, 0.03씩 그 굵기가 두꺼워진다.)

```
import turtle

t = turtle.Pen()
t.speed(0)
x = 1
w = 1

for i in range(500):



    x = x+0.1
    w = w+0.03
```

원을 그려나갈 때 어떤 식으로 그려나가는지 상상한 후, 순차적으로 알고리즘을 구성할 수 있도록 한다. pensize, forward의 경우에는 반복을 통하되 계속해서 수가 증가할 수 있게 코딩한다.

TIPS

- 파이터틀(Pyturtle)은 선을 그리는 강력한 함수를 제공한다. 파이터틀을 통해 여러 가지 도형을 그려보고 무한 반복을 통해 움직임이 계속되었을 때의 패턴을 찾아볼 수 있다.
- 파이썬이 자동차라고 생각한다면 하루 교통량도 점으로 표시해서 밀도로 표현해 볼 수 있지 않을까?

2. 반복문을 이용하여 다음과 같은 별 모양을 만들어 보자(이때 그리는 선은 다섯 줄로 제한한다).

```
import turtle

t = turtle.Pen()
for a 
    t.forward(200)
    t.right(144)
```

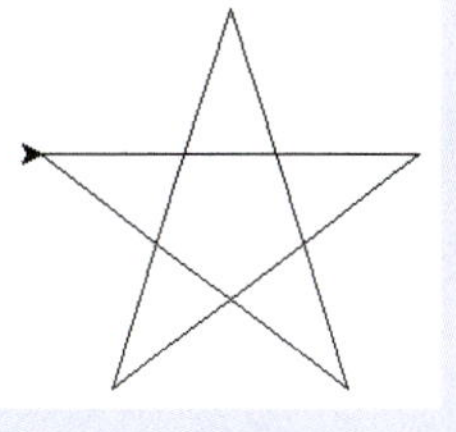

다음으로 여덟 개의 꼭지를 가진 별을 만들기 위해 거북이는 몇도 회전해야 하는지 생각해 보자. 우선 선이 8개이므로 for a in range(8):로 수정하고, 회전 각도는 t.right(135)로 수정하면 된다.

3. 사각형을 무한대로 그려서 원과 같은 모양을 만들어 보자.

```
import turtle as t              # 이 명령은 turtle을 t로 사용한다는 의미이다.
                                # t=turtle.Pen()과 같은 역할을 한다.
t.speed(0)
```

```
t.pencolor('gray')

for a in range(200):
    
        t.fd(100)
        t.lt(90)
    t.lt(2)
```

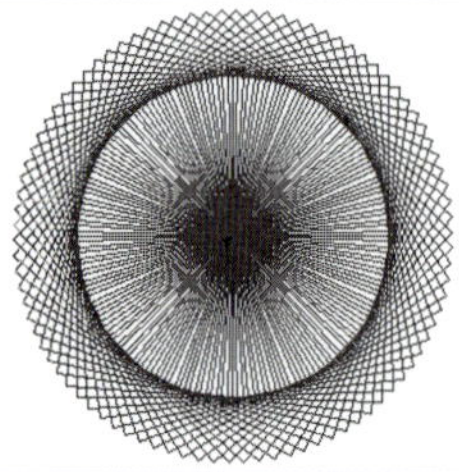

위 코드는 옵아트의 기초가 되는 과정이다. 파이터틀과 반복을 이용하면 여러 가지 모양의 새로운 형태의 작품을 만들 수 있다.

4. 사용자로부터 1을 입력받으면 원을, 2를 입력받으면 삼각형을, 3을 입력받으면 사각형을 출력하는 프로그램을 만들어 보자.

```
>>> 만들고 싶은 도형의 번호를 입력하시오. 3
```

```
import turtle as t
figure = eval(input("만들고 싶은 도형의 번호를 입력하시오. "))

if figure == 1:
    t.circle(50)
elif figure == 2:
    [                    ]

elif figure == 3:
    for i in range(4):
        t.fd(200)
        t.lt(90)
```

TIPS

파이터틀에서는 여러 가지 함수의 약어를 다음과 같이 정의할 수 있다.

forward = fd	backward = back	eft = lt	right = rt
pendown = down	penup = up	showturtle = s	hideturtle = ht
pensize = width			

모범 답안

1. t.forward(x) t.left(10) t.pensize(w) 2. in range(5): 3. for b in range(4):
4. for i in range(3): t.fd(50) t.lt(120)

6 도전 내공 쌓기

똑같은 변이 4개이고 두 변이 만나는 점이 수직인 도형은 무엇일까? 바로 사각형이다. 우리는 도형을 보고 각각의 요소를 추출할 수 있지만, 반대로 각각의 요소를 가지고 도형을 그려낼 수도 있다.

다음과 같이 도형에 대한 요소를 입력받아 해당 도형을 그려주는 프로그램을 만들어 보자.

```
>>>
도형을 몇 번 만드시겠습니까? 2
만들고 싶은 도형의 모양은 무엇입니까?(x각형) 5
각 변의 길이는 얼마로 하시겠습니까? 30
선의 굵기는 얼마로 하시겠습니까? 3
도형의 색은 무엇으로 설정하시겠습니까? green
배경색은 무엇으로 설정하시겠습니까? white
:
(반복)
```

```
import turtle as t
number = int(input("도형을 몇번 만드시겠습니까? "))
shape = int(input("만들고 싶은 도형의 모양은 무엇입니까?(x각형) "))
edge= int(input("각 변의 길이는 얼마로 하시겠습니까? "))
pensize = int(input("선의 굵기는 얼마로 하시겠습니까? "))
color = input("도형의 색은 무엇으로 설정하시겠습니까? ")
bgcolor = input("배경색은 무엇으로 설정하시겠습니까? ")

t.bgcolor(bgcolor)
for i in range(number):
    t.clear()
    t.width=pensize
    t.fillcolor(color)
    t.begin_fill()
    for s1 in range(shape):
        t.fd(edge)
        t.lt(360/shape)
    t.end_fill()
```

프로그램을 실행한 뒤, 보완할 부분이 있는지 확인하여 수정해 보자.

다음으로 하늘에 별로 가득 채워지는 프로그램을 만들어 보자.

```
import turtle
import random
import time
# 초기 설정
screen = turtle.Screen()
```

```
screen.bgcolor("black")
t = turtle.Turtle()
# 하늘에 별로 가득 채워 그리기
while True:
    for _ in range(10):   # 매번 10개의 새로운 별 추가
        x = random.randint(-400, 400)
        y = random.randint(-400, 400)
        size = random.randint(10, 30)
        color = random.choice(["yellow", "white", "light blue", "gold"])
# 별 그리기
        t.penup()
        t.goto(x, y)
        t.pendown()
        t.color(color)
        t.begin_fill()
        for _ in range(5):
            t.forward(size)
            t.right(144)
        t.end_fill()
```

TIPS

파이썬의 터틀 명령 모두 보기

터틀 명령과 예제는 다음과 같이 파이썬 공식 홈페이지에서 살펴볼 수 있으며, 명령어 군과 터틀로 구현한 다양한 예제 프로그램을 실행할 수 있다.

https://docs.python.org/ko/3/library/turtle.html

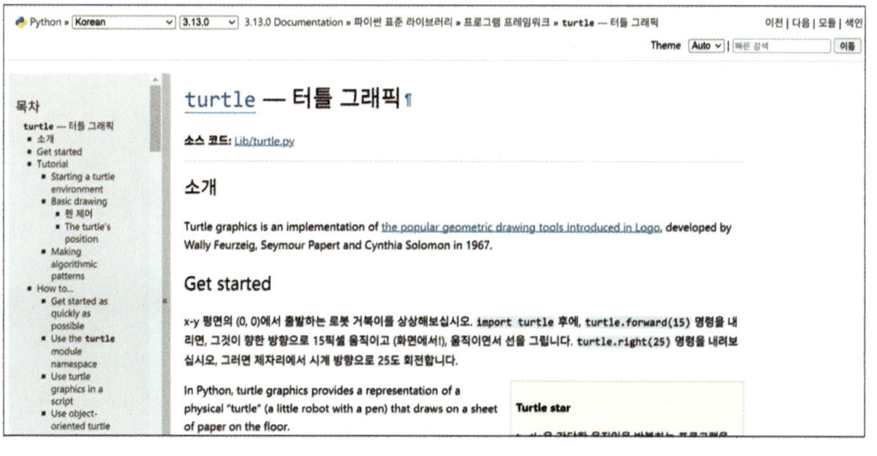
Python » Korean 3.13.0 3.13.0 Documentation » 파이썬 표준 라이브러리 » 프로그램 프레임워크 » turtle — 터틀 그래픽 이전 | 다음 | 모듈 | 색인

Theme Auto | 빠른 검색 이동

목차

turtle — 터틀 그래픽
- 소개
- Get started
- Tutorial
  - Starting a turtle environment
  - Basic drawing
    - 펜 제어
    - The turtle's position
  - Making algorithmic patterns
- How to...
  - Get started as quickly as possible
  - Use the turtle module namespace
  - Use turtle graphics in a script
  - Use object-oriented turtle

turtle — 터틀 그래픽¶

소스 코드: Lib/turtle.py

소개

Turtle graphics is an implementation of the popular geometric drawing tools introduced in Logo, developed by Wally Feurzeig, Seymour Papert and Cynthia Solomon in 1967.

Get started

x-y 평면의 (0, 0)에서 출발하는 로봇 거북이를 상상해보십시오. `import turtle` 후에, `turtle.forward(15)` 명령을 내리면, 그것이 향한 방향으로 15픽셀 움직이고 (화면에서!), 움직이면서 선을 그립니다. `turtle.right(25)` 명령을 내려보십시오, 그러면 제자리에서 시계 방향으로 25도 회전합니다.

In Python, turtle graphics provides a representation of a physical "turtle" (a little robot with a pen) that draws on a sheet of paper on the floor.

Turtle star

Chapter 10

패턴과 옵아트

옵아트(Op Art)란 옵티컬아트(Optical Art)의 약자로 시각적 미술의 한 분야이다. 기하학적 형태와 미묘한 색채 관계, 원근법 등을 이용하여 사람의 눈에 착시를 일으켜 환상을 보이게 하는 과학적 예술 종류로, 원근법상의 착시나 색채의 장력을 통하여 순수한 시각상의 효과를 나타낸다. 옵아트는 빛·색·형태를 통해 평면적 그림이 아닌 역동적인 입체를 보여준다.

앞서 배운 파이썬 명령어와 터틀 라이브러리를 이용하여 아름다운 옵아트를 직접 구현해 보자.

- **파이터틀 옵아트 패턴형**

```
import turtle
for i in range():
    t.forward(i)
    t.left()
```

1 패턴 예제

예제 1

다음 코드를 IDLE에서 작성하여 프로그램을 실행해 보자.

```
import turtle
t=turtle.Pen()
for i in range(1,100):
    t.forward(i)
    t.left(90)
```

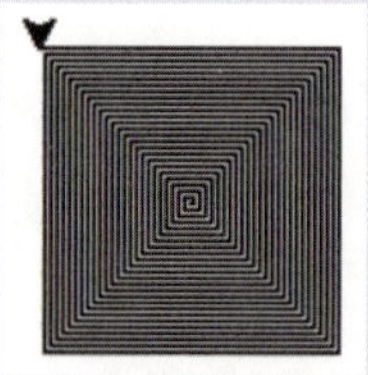

t.left(90)을 t.left(89)로 수정하여 실행해 보자.

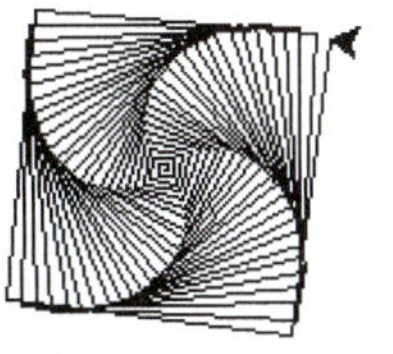

t.forward(i)대신 t.circle(i)로 바꾸어 실행해 보자.

range(1,200) 또는 range(1,200,2)로 수정하여 실행해 보자.

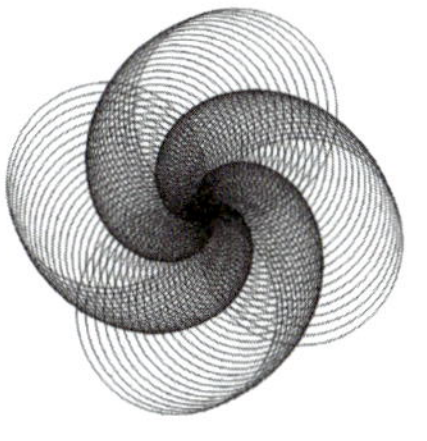

도형의 선을 다른 색깔로 나타내보자.

```
import turtle

t = turtle.Pen()
t.speed(0)
turtle.bgcolor("black")      # 배경색을 검정으로 바꾸기
colors = ["red", "blue"]     # 펜 색깔 리스트 변수 설정
for x in range(100):
    t.pencolor(colors[x%2]) # %는 나머지 연산으로 펜 색깔이 빨강, 파랑으로 번
                              갈아 나타남
    t.circle(x)
    t.left(180)
```

colors 변수에 초록색(green)과 분홍색(pink)을 추가하고, 나머지 연산(%)을 4, t.left(180)을 t.left(900)으로 수정한 뒤 프로그램을 실행해 보자.

예제 2

파이터틀의 원 그리기 기능을 이용하여 다음의 무늬를 만들어 보자.

```
import turtle

t = turtle.Pen()
t.speed(0)
t.pencolor("blue")
for i in range(6):
    t.circle(100)
    t.left(60)
```

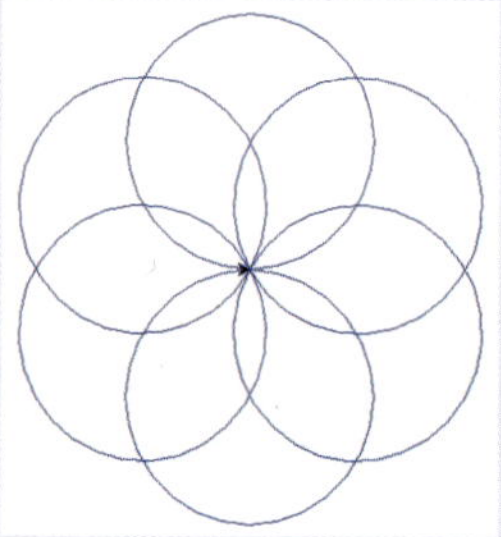

원을 8개 그리게 하려면, for i in range(8):과 t.left(45)로 수정하면 된다.

```
import turtle

t = turtle.Pen()
t.speed(0)
t.pencolor("blue")

for i in range(8):
    t.circle(100)
    t.left(45)
```

사용자의 입력을 받아 원으로 무늬를 만들 수 있도록 다음과 같이 코딩해 보자.

```
import turtle

t = turtle.Pen()
t.speed(0)
t.pencolor("blue")
num=int(turtle.numinput("원의 개수", "원의 개수는?", 6))
for i in range(num):
    t.circle(100)
    t.left(360/num)
```

2 옵아트 예제

지금까지 만든 소스를 수정하여 다양한 색깔의 선으로 다음과 같은 무늬를 만들어 보자.

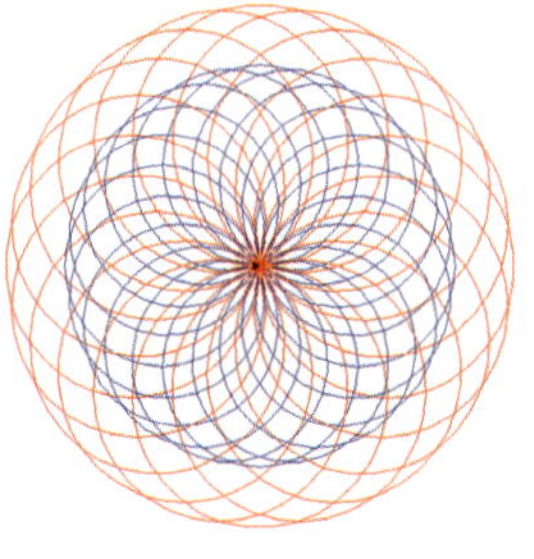

```
import turtle

t = turtle.Pen()
t.speed(0)
num=int(turtle.numinput("원의 개수", "원의 개수는?", 6))

for i in range(num):
    t.pencolor("blue")
    t.circle(100)
    t.left(360/num)
for i in range(num):
    t.pencolor("red")
    t.circle(130)
    t.left(360/num)
```

무작위 수를 이용하여 다양한 무늬를 만들어 보자. 이때 random 라이브러리를 활용할 수 있다.

```
import random                      # 랜덤(random) 라이브러리를 불러오기
import turtle                      # 터틀(turtle) 라이브러리를 불러오기

t = turtle.Pen()
t.speed(0)
t.pencolor("red")
for i in range(100):
    x = random.randint(20,100)     # 20~100 사이의 무작위 수를 x에 대입
    t.circle(x)
    t.left(x)
```

반복 횟수를 무작위 값으로 대입해 보고, 원 대신 직선(forward)을 이용하여 무작위로 선을 그리면 어떤 모양이 나오는지 확인해 보자.

마지막으로 파이터틀의 다양한 기능을 사용하여 재미있는 무늬를 만들어 보자.

```
import turtle

t = turtle.Pen()
turtle.bgcolor("black")
t.speed(0)                   # 펜 그리는 속도
t.pencolor("red")            # 펜 색깔
t.penup()                    # 펜 올리기
t.pendown()                  # 펜 내리기
t.pensize(3)                 # 펜 굵기
t.setpos(100,100)            # 펜 위치 좌표
t.right(90)                  # 오른쪽 돌기
t.begin_fill()               # 도형 채우기 시작
t.color("green")             # 거북이 색깔
t.circle(100)                # 원 그리기
t.end_fill()                 # 도형 채우기 끝
t.goto(50,70)                # 펜 위치 이동하기
t.dot(90,90)                 # 점 찍기
```

3 도전 내공 쌓기

지금까지 배운 거북이 명령어를 모두 활용하여 다음과 같이 무작위의 패턴이 나타나는 그림을 그려보자.

위 그림은 무작위(random) 라이브러리를 활용하였고, 원, 점, 직선을 이용하여 다양한 무늬를 이용하여 만들었다.

이제 예시의 그림과는 다르게 자유롭고 아름답게 상상의 나래를 펼쳐 그림을 그려보자.

```
import random

import turtle
t = turtle.Pen()
t.speed(0)
turtle.bgcolor('yellow')
```

```
colors = ['red', 'yellow', 'blue', 'green', 'orange', 'purple', 'white', 'gray']
for n in range(50):
    color = random.randint(1,3)
    if color == 1:
        t.pencolor('red')
    if color == 2:
        t.pencolor('blue')
    if color == 3:
        t.pencolor('green')
    size = random.randint(10,40)
    sides = random.randint(3,9)
    thick = random.randint(1,6)
    t.width(thick)
    angle = t.heading()
    # generate a random (x,y) location on the screen
    x = random.randrange(0,turtle.window_width()//2)
    y = random.randrange(0,turtle.window_height()//2)
    # first spiral
    t.penup()
    t.setpos(x,y)
    t.pendown()
    for m in range(size):
        t.forward(m*2)
        t.left(360/sides + 2)
    # second spiral
    t.penup()
    t.setpos(-x,y)
    t.pendown()
    t.setheading(180-angle)
    for m in range(size):
        t.forward(m*2)
        t.right(360/sides + 2)
    # third spiral
    t.penup()
    t.setpos(-x,-y)
    t.pendown()
    t.setheading(angle-180)
    for m in range(size):
        t.forward(m*2)
```

```
        t.left(360/sides + 2)
    # fourth spiral
    t.penup()
    t.setpos(x,-y)
    t.pendown()
    t.setheading(360-angle)
    for m in range(size):
        t.forward(m*2)
        t.right(360/sides + 2)
```

거북이를 이용하여 별 모양의 태양을 그려보자.

```
import turtle
import math

t = turtle.Turtle()
t.speed(0)
t.color('blue', 'red')
t.begin_fill()
while True:
    t.forward(200)
    t.left(170)
    if abs(t.pos()) < 1:
        break
t.end_fill()
t.hideturtle()
```

거북이를 이용하여 시계 모양을 그려보자.

```
import turtle

s = turtle.Screen()
c = turtle.Turtle()

s.title("시계모양 그리기")
s.bgcolor("yellow")
```

```
c.pensize(3)
c.speed(0)
c.shape("triangle")
c.color("green")
for i in range(12):
    c.penup()
    c.forward(80)
    c.pendown()
    c.forward(10)
    c.penup()
    c.forward(30)
    c.stamp()
    c.backward(120)
    c.right(30)
c.shape("circle")
s.mainloop()
```

거북이를 이용하여 여러 개의 정사각형이 포함된 패턴을 그려보자.

```
import turtle

def no_line(t, l):
    t.penup()
    t.backward(l)
    t.right(90)
    t.forward(l)
    t.left(90)
    t.pendown()
def box(t, l):
    for i in range(4):
        t.forward(l)
        t.left(90)
    no_line(t, 10)

s = turtle.Screen()
s.title("패턴 사각형")
t = turtle.Turtle()
```

```
t.pensize(2)
t.color("blue","red")
t.speed(0)
t.begin_fill()
for i in range(10):
    box(t, 20 * (i + 1))
t.end_fill()
s.mainloop()
```

마우리츠 에셔(MauritsEscher)의 그림과 유사한 옵아트를 그려보자.

```
mport turtle

# 초기 설정
screen = turtle.Screen()
screen.bgcolor("white")
t = turtle.Turtle()
t.speed(0)
t.hideturtle()

# 애셔 스타일 옵아트 패턴 생성
# 사각형 격자로 사선 패턴을 반복해서 그리기
size = 20   # 한 블록의 크기
rows = 20   # 행 수
cols = 20   # 열 수
```

```
t.penup()
for row in range(rows):
    for col in range(cols):
        x = -cols * size // 2 + col * size
        y = rows * size // 2 - row * size
        t.goto(x, y)

        if (row + col) % 2 == 0:
            # 오른쪽 아래 대각선
            t.color("black")
            t.pendown()
            t.goto(x + size, y - size)
            t.penup()
        else:
            # 오른쪽 위 대각선
            t.color("gray")
            t.pendown()
            t.goto(x + size, y + size)
            t.penup()

# 화면 고정
screen.mainloop()
```

보다 더 역동적인 마우리츠 에셔의 그림과 유사한 옵아트를 그려보자.

```python
import turtle
import random
# 초기 설정
screen = turtle.Screen()
screen.bgcolor("white")
t = turtle.Turtle()
t.speed(0)
t.hideturtle()

# 애셔 스타일 옵아트 패턴 생성
# 사각형 격자로 다양한 패턴 생성
size = 20   # 한 블록의 크기
rows = 20   # 행 수
cols = 20   # 열 수
colors = ["red", "blue", "green", "yellow",
"orange", "purple", "cyan"] # 색상 리스트
```

```python
t.penup()
for row in range(rows):
    for col in range(cols):
        x = -cols * size // 2 + col * size
        y = rows * size // 2 - row * size
        t.goto(x, y)

        if (row + col) % 2 == 0:
            # 오른쪽 아래 대각선, 색상 추가
            t.color(random.choice(colors))
            t.pendown()
            t.goto(x + size, y - size)
            t.penup()
        else:
            # 오른쪽 위 대각선, 색상 추가
            t.color(random.choice(colors))
            t.pendown()
            t.goto(x + size, y + size)
            t.penup()

        # 사각형 안에 원 그리기
        t.color(random.choice(colors))
        t.goto(x + size / 2, y - size / 2)
        t.pendown()
        t.dot(size / 2)  # 사각형 안에 원을 그림
        t.penup()

# 화면 고정
screen.mainloop()
```

다음으로, 랜덤 칼레이도스코프 패턴을 만들어 보자. 칼레이도스코프 패턴은 대칭적이고 반복적인 도형으로 구성된 시각적 효과를 제공한다. 터틀 그래픽을 이용해 무작위 색상과 크기의 도형으로 이루어진 칼레이도스코프 패턴을 다음과 같은 조건으로 생성하도록 하자.

① 화면을 4등분하여 대칭되는 패턴을 생성한다.

② 사용자는 새로운 패턴을 생성할 수 있다.

③ 각 도형은 색상과 크기가 랜덤으로 결정된다.

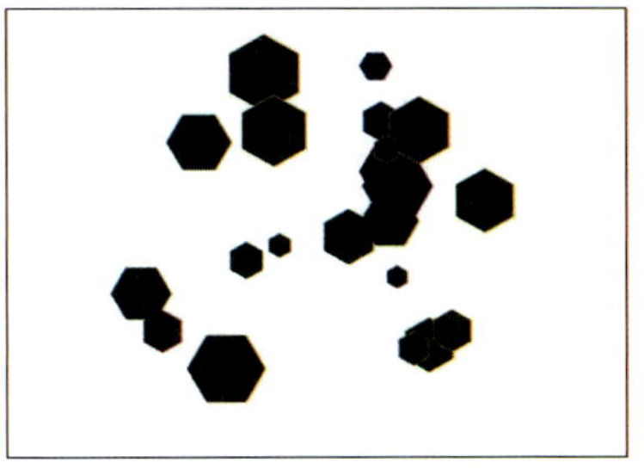

출력 예시

```
# 칼레이도스코프 패턴
import turtle
import random

# 도형 그리기 함수
def draw_shape():
    size = random.randint(10, 50)
    x = random.randint(-200, 200)
    y = random.randint(-200, 200)
    color = random.choice(["red", "blue", "green", "yellow", "purple", "orange"])

    turtle.penup()
    turtle.goto(x, y)
    turtle.pendown()
    turtle.color(color)
    turtle.begin_fill()
    for _ in range(6):  # 육각형 도형
        turtle.forward(size)
        turtle.left(60)
    turtle.end_fill()

# 대칭 패턴 생성
def draw_kaleidoscope():
    for _ in range(10):
        draw_shape()
        turtle.setheading(180)
        draw_shape()
        turtle.setheading(90)
```

```
      draw_shape()
        turtle.setheading(270)
        draw_shape()

# 실행 루프
while True:
    command = input("Enter 'q' to quit or press Enter to generate a new pattern: ")
    if command.lower() == 'q':
        break
    turtle.clear()
    draw_kaleidoscope()
turtle.done()
```

Chapter 11

함수의 기초

중고등학교 시절 수학에서 함수를 떠올리면 머리가 아프다. 하지만 우리는 이미 일상생활에서 수많은 함수를 사용하고 있다. 친구에게 "집에 도착하면 톡해." 라고 이야기한다고 하자. 이때 "톡해"라는 말에는 다음과 같은 의미가 포함되어 있다.

```
def 톡해():
    핸드폰을 켠다.
    메시지를 보낼 수 있는 앱을 실행한다.
    입력창에 전달할 말을 입력한다.
    전송 버튼을 누른다.
```

위와 같이 모든 일을 일일이 자세하게 설명하기에는 시간과 에너지가 너무 많이 소비되기 때문에 이러한 의미를 모두 담고 있는 함축된 말을 사용하게 되는 것이다. 파이썬의 함수도 이러한 기능을 한다. 앞에서 자세하게 하나씩 명령했던 내용을 함수로 정의하고 필요할 때 키워드를 불러 간단히 사용하는 것이다. 이를 통해 코딩하는 데 필요한 시간과 노력을 줄일 수 있을 뿐만 아니라 코드의 의미를 파악하기도 쉬워진다. 또한, 코드를 수정하고자 할 때 손쉽게 수정할 수 있다는 장점도 있다.

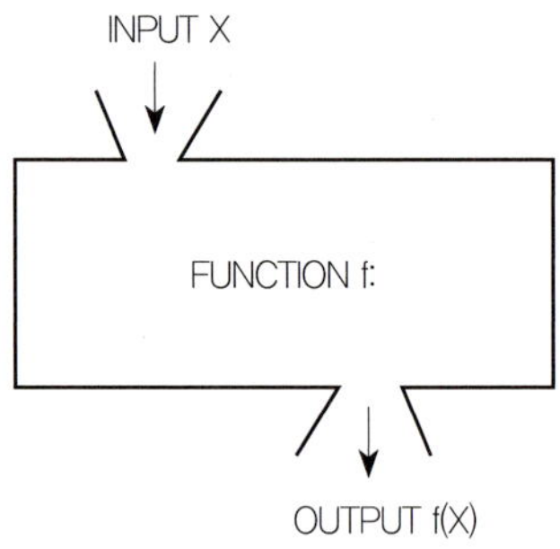

이번 장에서는 함수의 의미와 사용 방법을 살펴보고 앞장에서 만든 프로그램을 함수를 사용해서 개선해 보자.

• 함수 기본형(3가지)

```
def 함수명():
    실행명령

함수명()
```

```
def 함수명(변수, ... ):
    실행명령

함수명(값, ... )
```

```
def 함수명(변수, ... ):
    실행명령
    return 반환값

함수명(값, ... )
```

1 함수 사용하기

함수를 선언할 때 사용하는 def는 definition(정의)의 약자로 사용자가 직접 함수를 정의하겠다는 의미로 쓰인다. 괄호() 내에 인자값의 유무와 상관없이 함수명의 끝에는 괄호가 들어가야 한다.

1) 함수를 선언해 보자.

```
>>> def hello():
```

2) 함수를 정의해 보자.

```
>>> def hello():
```

```
print("안녕하세요.")
print("반가워요.")
print("지금부터 함수에 대해서 알아봅시다.")
```

TIPS

- **여러 줄의 코드를 하나의 함수에 담을 수 있다.**

  정의된 함수의 실행 명령어들은 들여쓰기를 해야 한다. 같은 명령을 반복해서 사용할 때 재사용의 개념으로 불러 사용하는 것으로 추상화의 전형적인 예이다.

- **반복문과 함수의 차이**

  함수는 미리 정의했던 명령의 집합을 호출하여 사용하는 것으로, 기존의 명령 집합을 필요할 때마다 반복적으로 활용하는 것에서 반복문과 혼동이 있을 수 있다. 반복문은 명령을 특정 수만큼 반복하거나 조건에 해당하는 수만큼 반복하는 것이고, 함수는 필요시 호출하여 사용하며 인자값이 있는 경우 그 값의 변화에 따라 다른 결과를 주고받게 된다.

3) 함수를 호출해 보자.

```
>>> hello()
```

```
안녕하세요.
반가워요.
지금부터 함수에 대해서 알아봅시다.
```

TIPS

함수는 한번 선언하면 함수명만 입력하면 함수의 전체 내용을 계속 호출해서 재사용할 수 있다. 이때 함수명 뒤에 괄호()를 넣는 것을 잊지 말자.

2 함수 사용 시 주의사항

1) 함수 이름에 다음과 같이 선언해 보자.

```
def 123():                          def 한글():
def 4ab():                          def a_b():
def &ab():                          def ____():
def my car():                       def ab123():
def except():                       def _한글_():
```

위 함수들을 선언하면서 오류가 발생하는 함수명은 어떤 것인지 확인해 보고, 그 이유가 무엇인지 생각해 보자.

TIPS

- **함수 이름에는 숫자, 기호, 띄어쓰기, 예약어를 사용할 수 없다.**
- **예약어(reserved word)는 컴퓨터 프로그래밍 언어에서 이미 문법적인 용도로 사용되고 있기 때문에 식별자로 사용할 수 없는 단어들이다.**
- **예약어는 변수에서와 마찬가지로 함수의 이름으로 사용할 수 없다.**

```
>>> import keyword
>>> print(keyword.kwlist)
['False', 'None', 'True', 'and', 'as', 'assert', 'async', 'await', 'break', 'class',
'continue', 'def', 'del', 'elif', 'else', 'except', 'finally', 'for', 'from', 'global',
'if', 'import', 'in', 'is', 'lambda', 'nonlocal', 'not', 'or', 'pass', 'raise', 'return',
'try', 'while', 'with', 'yield']
```

TIPS

들여쓰기를 하는 명령어(조건, 반복, 함수)

```
if 조건식:                          while 반복 조건:
    분기 후 수행할 명령 집합            반복할 명령 집합

for 반복 범위:                      def 함수명():
    반복할 명령 집합                    함수의 수행 명령 집합
```

• **함수를 호출 후 선언하기**

함수를 선언하기 전에 먼저 호출하면 에러가 발생한다.

```
hello( )

def hello( ):
        print('안녕하세요.')
        print('반가워요.')
        print('지금부터 함수에 대해서 알아봅시다.')

NameError: name 'hello' is not defined
```

• **예약어로 함수를 정의하기**

예약어로 함수를 정의하면 안 된다. 기존 print() 함수를 사용할 수 없게 된다.

```
def print( ):
        print('안녕하세요.')
        print('반가워요.')
        print('지금부터 함수에 대해서 알아봅시다.')

print( )

TypeError: print() takes 0 positional arguments but 1 was given
```

• **망가진 기존 함수 복구하기**

```
def print( ):
        print('안녕하세요.')
        print('반가워요.')
        print('지금부터 함수에 대해서 알아봅시다.')

print( )

TypeError: print() takes 0 positional arguments but 1 was given
```

```
def print():
    return "This overrides built-in print"    # 내장 print() 함수 복구
del print                                      # 사용자 정의 함수를 삭제
print("이제 print() 함수 정상 동작")             # 정상 동작
```

3 return 사용하기

1) 함수 안에 연산을 넣어보자.

```
>>> def plus( ):
        print("내 나이:")
        sum=34+10

>>> plus( )
```

```
내 나이:
```

출력된 결과를 살펴보면 함수 안에서 수행한 연산 sum이 출력되지 않았다. 왜 그런 것일까?

TIPS

- 함수를 실행하면 함수 내의 print 명령은 실행되어 출력되지만, 연산 결과 sum은 출력되지 않는다. 단지 34+10의 결과를 sum 변수에 저장한 뒤 끝낸다.
- 이런 경우에 return을 사용할 수 있다. return은 함수 내의 계산 결과를 함수에 다시 돌려주어서 그 값을 활용할 수 있게 하는 명령어다.

2) 이제 반환(return) 명령을 활용해 보자.

```
>>> def plus():
        print("내 나이:")
        sum=34+10
        return sum
>>> answer=2*plus()
>>> print(answer)
```

위 코드는 함수 plus()에 sum의 값을 반환한다. 그리고 연산 answer=2*44을 수행한 뒤 print 함수를 통해 answer 값을 출력한다.

3) 함수에서 실행되는 범위를 살펴보자.

```
>>> def test():
        print("안녕하세요. 더한 값은:")
        sum=10+15
        return sum
        print("끝!")
>>> print(test())
```

```
안녕하세요. 더한 값은:
25
```

위 코드의 결과를 보면 함수 test()에서 return 이후의 명령은 출력되지 않은 것을 확인할 수 있다.

4) 반환값을 여러 개 받고자 할 때는 어떻게 해야 할지 코딩해 보자.

```
>>> def multi():
        b=13
        c=14
        d=15
    print("안녕하세요?")
        e=14+50
```

```
        return b,c,d,e     # b, c, d, e의 값이 튜플로 모두 전달됨
>>> print(multi())
```

```
안녕하세요?
(13, 14, 15, 64)
```

위 코드의 결과를 보면 함수에 정의된 print문이 출력된 뒤 return으로 받은 b, c, d, e의 값이 튜플 형태로 출력된다. 이제 return값으로 받는 여러 변수 중 하나를 선택해서 받아보자.

```
>>> print(multi()[1])
```

```
안녕하세요?
14
```

return값 중 일부를 선택하기 위해 리스트를 사용하였다. 따라서 return 출력값의 두 번째 변수 c의 값인 14가 출력되었다.

이제 multi() 함수에서 반환되는 값 중 b와 e의 값을 호출해 보자.

TIPS

함수에서는 여러 개의 값을 반환받을 수 있으며 반환값이 여러 개일 때 그 값은 리스트로 처리된다.

예제 1

앞 장에서 만들었던 '도형 자판기' 프로그램을 함수를 사용해서 바꾸어 보자.

1) 다음 코드에서 함수로 정의할 부분을 찾아 표시해 보자.

```
import turtle

t=turtle.Pen()
t.penup()
t.goto(-150,0)
t.pendown()
for i in range(3):
    t.forward(100)
    t.left(120)
t.penup()
t.goto(0,0)
t.pendown()
for i in range(3):
    t.forward(100)
    t.left(120)
t.penup()
t.goto(150,0)
t.pendown()
for i in range(3):
    t.forward(100)
    t.left(120)
```

2) 함수명을 triangle로 정의하여 표시한 부분을 함수로 만들어 보자.

```
def triangle():
    t.pendown()
    for i in range(3):
        t.forward(100)
        t.left(120)
```

3) 1)의 코드를 triangle 함수를 사용해서 간단하게 바꾸어 보자.

```
import turtle
t=turtle.Pen()

def triangle():
    t.pendown()
    for i in range(3):
        t.forward(100)
        t.left(120)

t.penup()
t.goto(-150,0)
triangle()

t.penup()
t.goto(0,0)
triangle()

t.penup()
t.goto(150,0)
triangle()
```

4) 3)의 코드를 더 간결하게 for 반복문을 이용하여 바꾸어 코드를 완성해 보자.

```
import turtle
t=turtle.Pen()

 def triangle():
    t.pendown()
    for i in range(3):
        t.forward(100)
        t.left(120)

for j in range(-150,151,150):
      t.penup()
      t.goto(j,0)
      triangle()
```

4 선대칭 도형 살펴보기

선대칭 도형의 특징을 살펴보자.

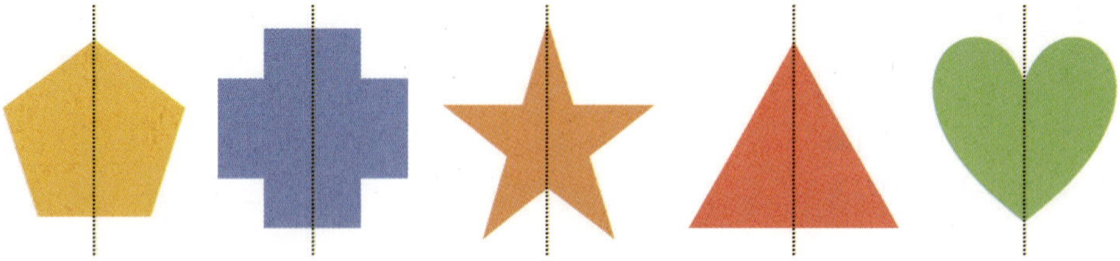

선대칭의 모양이 나타나는 실제 사례를 찾아보자.

선대칭 도형을 그리기 위해 필요한 요소(중심축, x값, y값)에 대해 분석해 보고, 좌우 대칭선을 기준으로 선대칭 도형이 나타나게 하려면 좌표값을 어떻게 해야 하는지 생각해 보자.

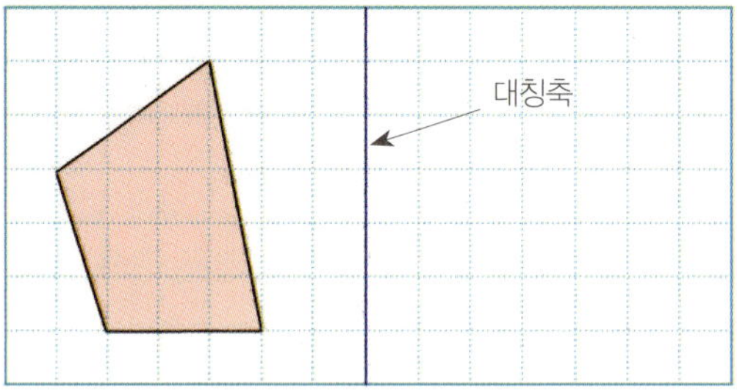

5 함수로 구현하기

1) turtle 모듈을 불러오고 화면에 거북이를 띄워보자.

```
import turtle                # 거북이 모듈 불러오기
t=turtle.Turtle()            # 거북이 클래스로부터 객체 t 생성하기
screen=turtle.Screen()       # 스크린 클래스로부터 객체 screen 생성하기
screen.listen()              # 스크린을 사용할 수 있도록 활성화하기
screen.mainloop()            # 스크린 상태를 유지하기(코드의 마지막에 작성)
```

여기서 2개 이상의 거북이를 더 생성하려면 어떻게 하면 될까?

> **TIPS**
>
> • **거북이 객체의 생성**
>
> turtle 모듈에서 객체를 각각 선언하면 메모리가 허용하는 만큼 거북이를 몇 개라도 더 생성할 수 있다.
>
> ```
> t1 = turtle.Turtle()
> t2 = turtle.Turtle()
> t3 = turtle.Turtle()
> ```

2) 화면에 세로로 중심축을 그려보자.

```
t.pensize(5)
t.penup()          # t.pu()와 같다.
t.goto(0,-400)
t.pendown()        # t.pd()와 같다.
t.goto(0,400)
t.goto(0,0)        # 다시 중심 위치로 이동
t.pendown()
t.pensize(3)
```

거북이를 생성한 뒤에 위 코드를 추가해서 실행하면, 거북이가 세로 중심축을 그린 뒤에 다시 중심으로 돌아온다. 세로축을 그리는 명령어 부분을 centerline() 이라는 함수로 다시 나타내보자.

3) 거북이가 앞이나 뒤로 이동하면서 선을 그리도록 함수로 구현해 보자.

```
def move_up():
    t.forward(10)                  # t.fd(10)와 같다.


def move_down():
    t.backward(10)                 # t.bk(10)와 같다.

screen.onkey(move_up, "Up")        # 거북이를 앞으로 이동시키기 위한 이벤트
screen.onkey(move_down, "Down")    # 거북이를 뒤로 이동시키기 위한 이벤트
```

TIPS

screen.onkey(함수명, "해당키")는 키보드의 키가 클릭되었을 때 실행되는 이벤트(메소드)이다. 위 코드에서는 거북이를 앞, 뒤로 10씩 이동시키기 위해 키보드의 방향키 화살표 ↑와 ↓를 클릭했을 때 실행되는 함수를 나타내고 있다.

위 코드에서 거북이를 앞뒤로 움직이기 위해 방향키(↑, ↓) 대신, w와 s키로 대체해 보자.

```
screen.onkey(move_up, "w")
screen.onkey(move_down, "s")
```

4) 거북이가 좌우 일정한 각도로 회전하도록 함수로 구현해 보자.

```
def turn_left():
    t.left(10)                         # t.lt(10)와 같다.

def turn_right():
    t.right(10)                        # t.rt(10)와 같다.

screen.onkey(turn_left, "Left")    # 거북이를 왼쪽으로 회전시키기 위한 이벤트
screen.onkey(turn_right, "Right")  # 거북이를 오른쪽으로 회전시키기 위한 이벤트
```

위 코드를 추가하면 좌우 방향키(←, →)로 거북이가 조금씩 좌우로 회전하는

것을 확인할 수 있다. 이제 방향키(←, →) 대신, a와 d키로 대체해 보자.

```
screen.onkey(turn_left, "a")
screen.onkey(turn_right, "d")
```

6 선대칭 도형 그리기

이제 두 마리의 거북이가 세로축을 기준으로 선대칭 도형을 그리는 프로그램을 만들어 보자. 선대칭 도형을 그릴 수 있도록 2개의 거북이를 생성해 준다.

```
t=turtle.Turtle()          # 거북이 클래스로부터 객체 t 생성하기
s=turtle.Turtle()          # 거북이 클래스로부터 객체 s 생성하기
```

앞의 세로로 중심축을 그리는 코드를 이용하여 중심축을 그리고, 거북이를 각각 다른 색으로 지정해 준다. 그리고 다음의 코드를 이용하여 두 마리의 거북이가 서로 대칭해서 움직이는 프로그램을 완성해 보자.

```
def move_up():
    t.forward(10)
    s.forward(10)
def move_down():
    t.backward(10)
    s.backward(10)
def turn_left():
    t.left(10)
    s.right(10)
def turn_right():
    t.right(10)
    s.left(10)
```

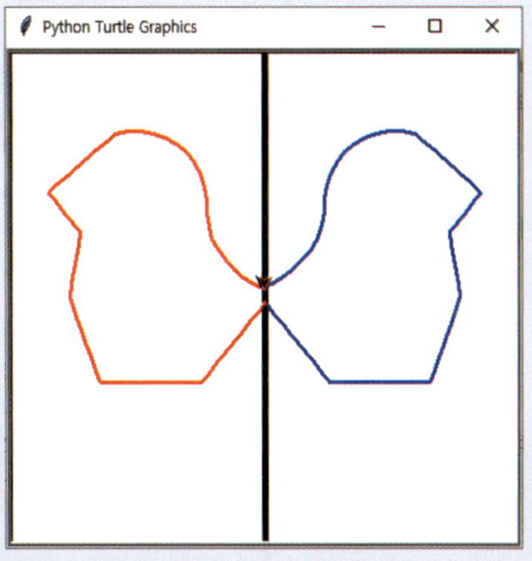

onkey() 이벤트와 clear() 함수를 이용하여 키보드의 스페이스 키를 클릭하면 그려진 선이 지워지도록 프로그램을 수정해 보자.

다음으로 키보드의 u키를 클릭하면 펜을 들고 d키를 클릭하면 펜이 내려지도록 함수를 이용하여 프로그램을 수정해 보자.

7 도전 내공 쌓기

• 도형으로 화면 채우기

다음 프로그램의 실행 결과처럼 여러 가지 도형을 무작위의 위치에 그리고자 한다.

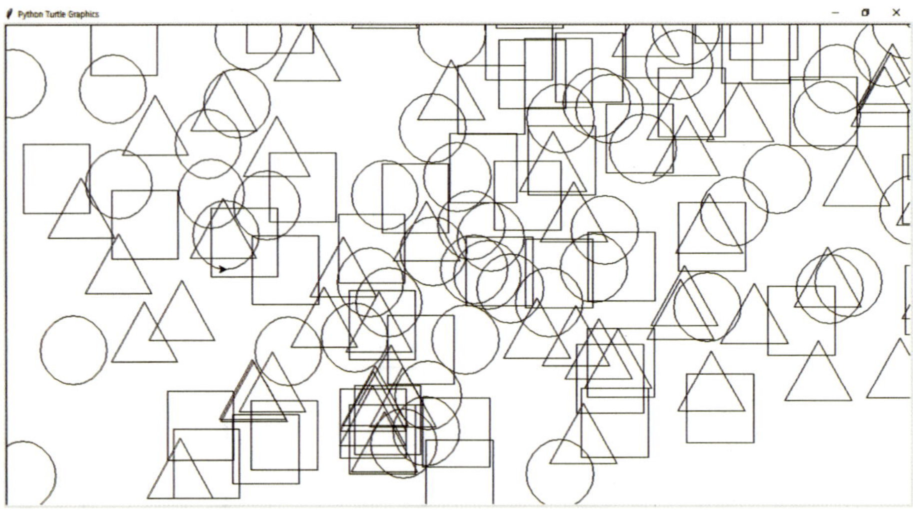

random 모듈을 이용해서 좌표 x, y를 무작위로 결정하는 코드를 작성해 보자.

```
import random          # 랜덤 모듈 불러오기
x=random.randrange(-turtle.window_width()//2,turtle.window_width()//2)
y=random.randrange(-turtle.window_height()//2,turtle.window_height()//2)
```

먼저 랜덤 모듈과 거북이 모듈을 불러오고 거북이과 스크린 객체를 생성해 준다. 그리고 임의의 좌표에 정삼각형을 그리는 함수를 완성해 보자.

```
import random
import turtle
t=turtle.Turtle()
screen=turtle.Screen()
screen.listen()

def draw_triangle():
    x = random.randrange(-turtle.window_width()//2,turtle.window_width()//2)
    y = random.randrange(-turtle.window_height()//2,turtle.window_height()//2)
    t.penup()
    t.goto(x,y)
    t.pendown()
    for i in range(3):
        t.forward(100)
        t.left(120)
```

다음으로 임의의 좌표에 정사각형을 그리는 함수를 완성해 보자.

```
def draw_square():
    x = random.randrange(-turtle.window_width()//2,turtle.window_width()//2)
    y = random.randrange(-turtle.window_height()//2,turtle.window_height()//2)
    t.penup()
    t.goto(x,y)
    t.pendown()
    for i in range(4):
        t.forward(100)
        t.left(90)
```

마지막으로 임의의 좌표에 원을 그리는 함수를 완성해 보자.

```
def draw_circle():
    x = random.randrange(-turtle.window_width()//2,turtle.window_width()//2)
    y = random.randrange(-turtle.window_height()//2,turtle.window_height()//2)
    t.penup()
    t.goto(x,y)
    t.pendown()
   t.circle(50)
```

이제 반복문으로 삼각형, 사각형, 원을 그리는 함수들을 호출해서 화면을 도형으로 가득 채워보자.

```
for x in range(50):
    draw_square()
    draw_triangle()
    draw_circle()
```

각 도형이 그려지는 좌표뿐만 아니라 도형들의 크기까지도 무작위로 그려지게 할 수 있을지 생각해 보자.

• 두 마리의 거북이로 점대칭 도형 그리기

키보드 대신 마우스를 이용하여 선대칭 도형을 그려보도록 하자. 앞서 키보드를 이용하기 위해 screen.onkey(키보드 키) 이벤트를 이용했다면, 이번에는 screen.onscreenclick(함수명) 이벤트로 마우스를 이용해 보자.

```
import turtle

def line(x,y):              # 좌표 (x, y)로 이동하는 함수
    t.goto(x,y)
    s.goto(-x,y)

def pen_up():               # 펜을 드는 함수
    t.penup()
    s.penup()
```

```
def pen_down():              # 펜을 내리는 함수
    t.pendown()
    s.pendown()

t=turtle.Turtle()
s=turtle.Turtle()

screen=turtle.Screen()
t.shape("turtle")
s.shape("turtle")
t.speed(0)
s.speed(0)
screen.onscreenclick(line)          # 화면의 특정지점을 클릭하면 line 함수를 실행
screen.onkey(pen_up, "Up")          # 키보드 방향키 ↑를 클릭하면 pen_up 함수 실행
screen.onkey(pen_down, "Down")      # 키보드 방향키 ↓를 클릭하면 pen_down 함수 실행
t.pensize(5)
t.pencolor("red")
t.pendown()
s.pensize(5)
s.pencolor("blue")
s.pendown()
screen.listen()          # 프로그램 활성화 함수
screen.mainloop()        # 프로그램의 동작을 계속 유지하는 함수로 마지막에 작성
```

프로그램을 실행하고 마우스로 화면을 클릭하면서 그림을 그려보면, 두 거북이가 점대칭이 아닌 선대칭으로 그림을 그리는 것을 확인할 수 있다.

그렇다면 선대칭이 아닌 점대칭으로 그림이 그려지게 하기 위해서는 어떤 부분을 수정해야 할까? 다음의 핵심 코드를 수정한 뒤 다시 프로그램을 실행해 보자.

```
def line(x,y):
    t.goto(x,y)
    s.goto(-x,-y)
```

중심점의 좌표를 input문을 이용하여 (0, 0)이 아닌 임의의 좌표로 받아 그 값을 중심으로 점대칭 도형을 그려보도록 프로그램을 수정해 보자.

8 기초튼튼 컴퓨터과학

프로그래밍 언어는 저급언어(Low-level language)와 고급언어(High-level language)로 나뉜다. 이러한 분류는 기계와 인간 사이의 이해 가능 정도에 따른 수준을 표현한 것이므로 저급언어에 대한 용어에 대해 오해하지 않기를 바란다. 쉽게 말해 프로그래밍 언어의 구조가 사람이 이해하기 쉬울수록 고급언어라고 할 수 있다.

고급언어는 저급언어보다 가독성이 높고 다루기 간단하다. 그리고 저급언어와는 다르게 특정 컴퓨터와 관계없이 독립적으로 프로그램을 만들 수 있다. C언어, 자바, 파이썬 등 대부분의 프로그래밍 언어들이 고급언어에 속한다.

고급언어를 컴퓨터 언어인 기계어로 변환하기 위해 컴파일러와 인터프리터 등이 필요하다. 또한 기계어로 변환하는 동안 시간이 소요되며 저급언어보다 프로그램 크기가 더 크다.

저급언어는 컴퓨터가 이해하기 쉬운 이진법으로 이루어진 언어이다. 저급언어로 코딩하여 작성하면 컴퓨터가 바로 명령을 수행할 수 있지만, 개발자들이 이해하기 위한 가독성과 생산성이 낮다. 하지만 프로그램의 실행 속도가 빠르고 프로그램 크기 또한 고급언어보다 작다. 저급언어에는 기계어와 어셈블리어 등이 있다.

기계 중심적 (전기신호)	—	저급언어 (0, 1 / T, F)	—	어셈블리어 (16진수의 기초명령어)	—	고급언어 (for, print 등의 명령어)	—	인간 친화적 (문자)

결국, 인간 친화적인 고급언어(문자, 명령어 등)로 작성된 코드를 기계가 실행하기 위해서는 컴파일러나 인터프리터를 통해 기계 중심적인 기계어(전기신호)로 바꾸어 주는 과정이 필요하다.

코딩을 시작할 때는 자신의 업무나 적용 분야 등을 고려하여 프로그래밍 언어를 선택해야 한다. 최근 가장 인기 있는 고급 프로그래밍 언어의 순위는 다음과 같다. 이 순위는 매년 바뀌기 때문에 참고만 하기를 바란다.

Programming Language	Ratings
Python	13.45%
C	13.35%
Java	12.22%
C++	11.96%
C#	7.43%
Visual Basic	3.84%
JavaScript	2.44%
PHP	1.59%

출처: https://www.tiobe.com/tiobe-index

Chapter 12

함수와 매개변수

함수는 수학적으로 다음과 같이 표현할 수 있다. 특정한 입력값(x)이 함수(f)를 거친 후, 특정한 값(f(x))으로 출력되는 것이다. 이를 식으로 나타내면 y=f(x)라고 표현할 수도 있겠다. 이 식에서 x를 매개변수(parameter)라고 부르며, x에 어떤 값을 입력하기 위해 제공되는 값을 전달인자(argument)라고 한다.

```
def cal(a, b):                    # a, b는 지역변수
    c=a+b                         # c, d도 지역변수
    d=a*b
    return c, d

m=int(input("첫 번째 수: "))
n=int(input("두 번째 수: "))
cal(m, n)                         # m, n은 전역변수
```

즉, 매개변수에 어떤 인자값을 넣느냐에 따라 출력이 달라지는 것이 함수이다. 앞에서 살펴본 것처럼 함수는 단순히 명령어의 집합을 의미하지 않는다. 매개변수를 사용함으로써 함수의 효용가치를 더 높일 수 있다.

이번 장에서는 함수에서 매개변수의 의미와 사용 방법에 대해 살펴보고 원하는 정다각형을 그릴 수 있는 함수를 만들어 보자.

• 함수 기본형

```
def 함수명(x):
    인자값 x를 포함한 실행명령
    return a

함수명(x)
```

1 매개변수 사용하기

자신을 소개하는 함수를 선언하고 괄호 안에 변수를 넣어보자.

```
>>> def introduce(name):
```

TIPS

매개변수(parameter): 사용자가 함수를 정의할 때 name과 같이 괄호 안에 변수를 넣을 수 있다.

다음으로 선언한 함수를 정의해 보자.

```
>>> def introduce(name):
        print("안녕하세요.")
        print("제 이름은",name,"입니다.")
```

위 코드와 같이 함수를 정의할 때 매개변수를 사용할 위치에 변수명을 넣을 수 있다. 마지막으로 정의한 함수를 호출해 보자. 이때 따옴표의 유무에 따른 함수 실행의 차이를 비교해 보고, 따옴표를 써야 하는 이유에 대해 생각해 보자.

```
>>> introduce("홍길동")
안녕하세요.
제 이름은 홍길동 입니다.

>>> introduce(홍길동)
Traceback (most recent call last):
  File "<pyshell#1>", line 1, in <module>
    introduce(홍길동)
NameError: name '홍길동' is not defined
```

TIPS

전달인자(argument): 함수를 호출할 때 괄호 안에 쓴 "홍길동"이라는 문자열이 함수에 전달된다.

함수에 매개변수 age를 더 추가하여 내 나이를 입출력할 수 있도록 함수를 정의한 뒤, 호출해 보자.

```
>>> def introduce(name, age):   # 매개변수 2개
        print("안녕하세요.")
        print("제 이름은",name,"입니다.")
        print("저는",age,"살 입니다.")

>>> introduce("홍길동", 17)      # 인자값 2개
안녕하세요.
제 이름은 홍길동 입니다.
저는 17 살 입니다.
```

다수의 매개변수를 사용해서 여러 인자값을 받아 함수에 사용할 수 있다. 이제 인자값을 연산하여 그 결과를 출력해 보자.

```
>>> def introduce(name, myage):
        print("안녕하세요.")
        print("제 이름은",name,"입니다.")
        print("저는",myage,"살 입니다.")
        print("저는 10년 후에",myage+10,"살이 됩니다.")

>>> introduce("홍길동", 17)
안녕하세요.
제 이름은 홍길동 입니다.
저는 17 살 입니다.
저는 10년 후에 27 살이 됩니다.
```

위 코드와 같이 실수나 정수로 입력된 값은 다른 변수와 마찬가지로 연산에 활용할 수 있다. 마지막으로 반환(return) 명령을 사용해서 평균을 구해보자.

```
>>> def average(korean, math, science, music, art):
        print("평균점수:")
        avr=(korean+math+science+music+art)/5
```

```
        return avr

>>> print(average(100, 70, 80, 75, 18))
평균점수:
68.6
```

예제 1

다음의 함수를 작성하고 다양한 방법으로 호출해 보자.

```
def introduce(name, age):
    print("안녕하세요.")
    print("제 이름은", name, "입니다.")
    print("저는", age, "살 입니다.")
    print("저는 10년 후에", age+10, "살이 됩니다.")

introduce(                    )
```

1) 함수를 호출할 때 1개의 인자값만 넣으면 어떤 결과가 나오는가?

TIPS

인자값을 입력할 때 주의할 점은 매개변수의 수와 입력한 인자값의 수가 정확히 일치해야 한다는 것이다. 위 코드에서 함수를 호출할 때 1개의 인자값만 넣는다면, 인자값이 첫 번째 변수부터 입력되기 때문에 두 번째 매개변수에 필요한 인자값이 없으므로 오류메시지가 출력된다.

2) 함수에 두 인자 값을 모두 숫자로 입력해 보면 어떤 결과가 나오는가?

3) 매개변수 age에 들어갈 인자값에 따옴표를 해서 입력해 보자("17"). 어떤 결과가 나오는가?

TIPS

함수를 사용할 때 인자 값의 자료형(type)을 결정하는 것은 매우 중요하다.

예제 2

다음의 함수를 작성하고 변수를 바꿔가며 호출해 보자.

```
def average(korean, math, science, music, art):
    print("평균점수:")
    avr=(korean+math+science+music+art)/num
    return avr

print(average(100, 70, 80, 75, 18))
```

1) 함수를 정의하기 전에 num 변수의 값을 정하면 어떤 값이 출력되는가?

2) print문을 실행하기 전에 num 변수의 값을 정하면 어떤 값이 출력되는가?

3) print문 다음에 num 변수의 값을 정하면 어떤 값이 출력되는가?

TIPS

함수에서 사용되는 변수는 어느 위치에 있든 지 함수가 실행되기 전에 정의되기만 하면 된다.

예제 3

[예제 2]의 함수를 다음과 같이 바꿔 변수들을 출력해 보자.

```
def average(korean,math,science,music,art):
    num=5
    print("평균점수:")
    avr=(korean+math+science+music+art)/num
    return avr
```

1) print(num)을 실행하면 어떤 값이 출력되는가?

TIPS

매개변수는 함수 안에서 지역변수로만 사용되기 때문에 함수 밖에서는 사용될 수 없다.

2) 다음과 같이 global num으로 함수를 수정하고 함수를 한번 호출한 뒤, print(num)을 실행해 보자.

```
def average(korean,math,science,music,art):
    global num
    num=5
    print("평균점수:")
    avr=(korean+math+science+music+art)/num
    return avr
```

TIPS

함수에서 변수명 앞에 global을 붙여 선언하면 그 변수는 전역변수로 선언된다.

예를 들어 위 코드에서는 함수를 정의한 후 한 번도 호출하지 않고 print(num)을 실행하면 오류가 발생할 것이다. 따라서 함수를 최소 한 번 호출하여 전역변수 num을 선언해야 함수 실행이 끝나더라도 변수 num을 계속 사용할 수 있다.

예제 4

정다각형을 그릴 수 있는 프로그램을 매개변수를 사용해서 만들어 보자.

1) 정다각형을 그릴 수 있는 조건과 규칙을 찾아보자.

도형의 종류	각의 수	한 외각의 크기
정삼각형	3	120
정사각형	4	90
정오각형	5	72
정육각형	6	60

위 표를 보고 각의 수와 외각의 크기 사이의 관계를 함수식으로 나타내보자.

```
한 외각의 크기 = 360 / angles
```

2) 어떤 값을 매개변수로 할지 생각하면서 shape() 함수를 선언해 보자.

```
def shape(length, angles):
```

3) 빈칸에 어떤 값이 들어가면 좋을지 생각하면서 정다각형을 그리는 코드를 완성해 보자.

```
import turtle
t=turtle.Pen()
def shape(length, angles):
    t.penup()
    t.goto(0,0)
    t.pendown()
    for i in range(angles):
        t.forward(length)
        t.left(360/angles)
```

4) input 함수를 이용해서 사용자가 변수를 직접 입력할 수 있는 프로그램을 만들어 보자.

```
s = int(input("변의 길이를 입력하시오. (정수로 입력): "))
a = int(input("몇 각형인지 입력하시오. (정수로 입력): "))
shape( s , a )
```

2 도전 내공 쌓기

- **나무 그리기와 재귀함수**

다음과 같이 tree 함수 안에 자신을 다시 호출(재귀)하여 나무를 그리는 함수를 완성해 보자.

```
import turtle
t=turtle.Pen()

def tree(size, depth):
    t.pendown()
    if depth>0:
        t.forward(size)
        t.left(20)
        tree(0.7*size,depth-1)
        t.right(40)
        tree(0.7*size,depth-1)
        t.left(20)
        t.forward(-size)
```

재귀함수를 이해하려고 하기보다는 먼저 함수를 만들고 그 함수가 자기 자신을 호출할 수 있다는 것을 직접 체험해 본 후에 재귀함수의 원리를 생각해 보면 이해가 더 쉬울 것이다.

이제 tree(100, 4)를 입력하여 함수를 실행하면 다음과 같은 결과가 출력된다. 정의된 함수를 살펴보면서 어떤 순서로 명령이 실행되었는지 살펴보자.

```
def tree(size, depth):                       (100, 3)
    t.pendown()
    if depth>0:
        t.forward(size)                      # ①
        t.left(20)
        tree(0.7*size,depth-1)               # ②
        t.right(40)
        tree(0.7*size,depth-1)               # ③
        t.left(20)
        t.forward(-size)                     # ④

tree(100, 3)
```

```
# ②의 과정(③도 같은 과정을 반복)

def tree(70, 2):
    t.pendown()
    if depth>0:
        t.forward(size)               # ②-1
        t.left(20)
        tree(0.7*size,depth-1)        # ②-2
        t.right(40)
        tree(0.7*size,depth-1)        # ②-3
        t.left(20)
        t.forward(-size)              # ②-4
```

```
# ②-2의 과정(②-3도 같은 과정을 반복)

def tree(49, 1):
    t.pendown()
    if depth>0:
        t.forward(size)               # ②-2-i
        t.left(20)
        tree(0.7*size,depth-1)        # depth가 0이므로 실행하지 않음
        t.right(40)
        tree(0.7*size,depth-1)        # depth가 0이므로 실행하지 않음
        t.left(20)
        t.forward(-size)              # ②-2-ii
```

다음으로 tree_circle이라는 함수를 추가로 선언하여 다음과 같은 그림이 그려지도록 만들어 보자.

```
def tree_circle(size, depth):
    for i in range(depth):
        tree(size, depth)
        t.left(360/depth)

tree_circle(50,5)
```

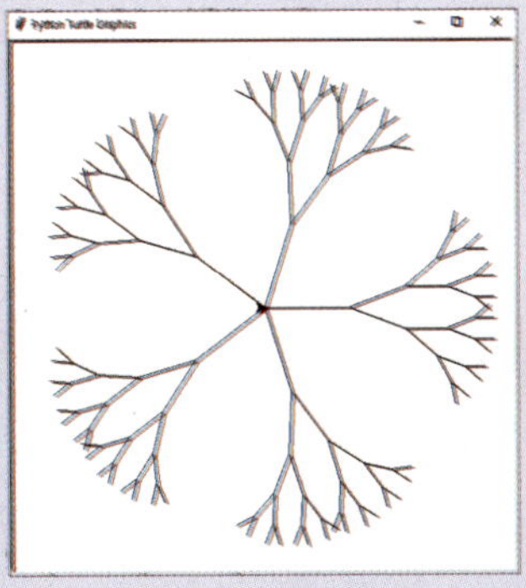

마지막으로 색깔 리스트를 사용해서 나무의 색깔이 바뀌도록 tree_circle 함수를 수정해 보자.

```
def tree_circle(size, depth):
    colors=["red","orange","blue","green","purple"]
    for i in range(depth):
        t.color(colors[i%5])
        tree(size, depth)
        t.left(360/depth)

tree_circle(50,5)
```

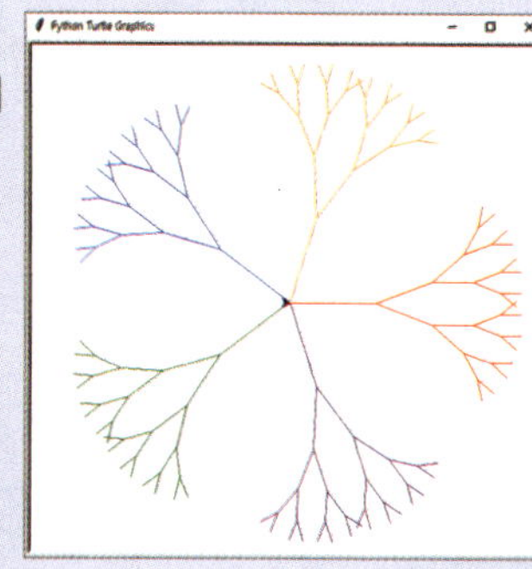

함수의 전달 인자값을 바꿔 실행하면서 그림의 모양이 어떻게 변하는지 확인해 보자.

- **재귀함수를 활용하는 대표적인 알고리즘**

1) Factorial을 구하는 알고리즘

$$N! = N * (N-1) * (N-2) *.... 3 * 2 * 1$$

```
def factorial(n):
        if n > 1:
            return n * factorial(n-1)
        else:
            return 1

factorial(10)
```

2) 피보나치 수열을 구하는 알고리즘

1, 1, 2, 3, 5, 8, 13, 21, 34, 55, 89, 144, 233, 377, 610, 987, …

```
def fib(n):
    if n==1 or n==2:
        return 1
    else:
        return fib(n-1) + fib(n-2)

fib(5)
```

3 기초튼튼 컴퓨터과학

- **순차적·구조적·객체지향 프로그래밍**

순차적 프로그래밍은 말 그대로 순차적으로 작성되며 순서대로 실행되는 프로그래밍 구조를 의미한다. 보통 코딩 패러다임을 설명할 때 가장 초기에 등장한 코딩 패러다임이라고 부른다. 어떠한 언어로 작성하였든 모든 프로그램은 코드를 순서대로 실행한다. 구조라는 개념이 적고 주로 실행의 순서를 건너뛰거나 반복하기 위해 주로 goto 명령을 사용하였다. 하지만 프로그램 규모가 커질수록 goto 문을 더 많이 사용하게 되었고, 그 결과 프로그래밍이 실타래나 스파게티 면처럼 엉키면서 개발과 이해 그리고 유지보수에 많은 어려움을 겪게 되었다.

이러한 문제를 해결하기 위해 컴퓨터과학자들은 코드의 중복이나 직접적으로 건너뛰는 명령을 최대한 피하기 위해서 코드를 단위화할 방법을 모색하게 되었다.

그 해답이 절차적 프로그래밍과 구조적 프로그래밍이다. 이는 해결해야 하는 큰 문제를 포함한 코드를 작은 기능 단위로 세분화시켜 프로시저(함수, 서브루틴, 메서드 등) 형태로 구현한 언어이다. 대표적인 절차적 프로그램은 COBOL, FORTRAN 등이 있다. 함수 외에 루프, 시퀀스, 선택 구조 등의 방법론을 추가한 것이 구조화 프로그래밍이며, C언어, ALGOL 등이 있다. 특징으로는 절차적, 구조적으로 작성되어 모듈화가 쉽고 실행 속도가 빠르나 유지보수가 어렵고 순서가 바뀌면 결과의 오류가 나타날 수 있다. 가독성이 떨어져 대형 프로젝트에 사용하기 어려운 점이 있다.

이러한 절차적·구조적 프로그래밍의 단점을 해결한 것이 바로 객체지향 프로그래밍이다. 소프트웨어의 급격한 발전과 대규모화로 인해 코드가 복잡해지고 이를 실행시키고 유지보수하는 것에 한계가 다가왔다. 그 대안으로 등장한 객체지향 언어는 프로그래밍에 필요한 속성(attribute)과 메서드(method)를 가진 클래스(class)를 정의하고, 정의된 클래스를 통해서 각각의 객체(object)를 생성하여, 객체 간의 유기적인 상호작용을 통해 로직을 구성하는 프로그래밍 방법을 사용한다. 이로써 코드의 재사용성이 높아지고 유지보수가 쉬워졌으며 클래스를 한 번 이해하면 코드의 가독성이 높아져 대형 프로젝트에 적합해졌다. 대표적인 객체지향 프로그래밍 언어는 Java, C++, Smalltalk 등이 있다. 파이썬도 객체지향 언어의 특징을 지니고 있다.

파이썬의 구조적 프로그래밍의 활용 예시

```
if 조건식:    # ==, !=, <,>, =<, =>
    명령
else:
    명령
```

```
for 순회식:
    명령
```

```
while 반복조건:
    명령
```

```
def 함수명():
    명령
    return
```

파이썬의 객체지향 프로그래밍의 활용 예시

```
import 모듈명

모듈명.함수()
```

```
Class 클래스이름(object):

    def __init__(self, 속성값1, 속성값2, 속성값3):
        self.속성이름1 = 속성값1
        self.속성이름2 = 속성값2
        self.속성이름3 = 속성값3
```

Chapter 13

해커톤: 터틀 게임

이제 프로그래밍에 대한 개념과 파이썬의 문법에 대한 학습을 통해 이제는 코딩에 많이 익숙해지고 활용의 자신감이 생겼을 것이다. 제대로 된 컴퓨팅 사고와 코딩 능력을 갖기 위해서는 다양한 프로젝트를 수행하면 많은 프로그램을 작성하는 것이 가장 빠른 길이다. 특히 사람들이 좋아하는 게임을 창의적이고 재미있게 구성하게 되면 실력이 쑥쑥 향상된다.

게임의 전체적인 개념을 스케치하고 그에 따른 스토리를 넣으며 화면 인터페이스를 설계하다 보면 자연스럽게 디자인 사고가 신장되는 것을 느낄 수 있다. 화면 설계대로 코딩으로 구현하다 보면 프로그래밍 언어의 문법을 다시 복습하게 되면서 탄탄한 컴퓨팅 사고의 기초가 잡힌다. 또한 개발에서 나타난 오류를 수정(디버깅)하면서 컴퓨팅 사고를 통해 문제를 해결하는 능력이 신장된다. 실생활의 사례를 게임에 적용할 때, 다른 사람들이 더 재미있어하고 자신이 만든 게임에 관심을 갖는 것을 발견하게 될 것이다.

이제 앞서 배웠던 파이썬의 모든 명령과 파이터틀의 기능을 이용하여 재미있고 다양한 기능을 가진 게임을 구현해 보자.

• 게임 해커톤 개발의 단계

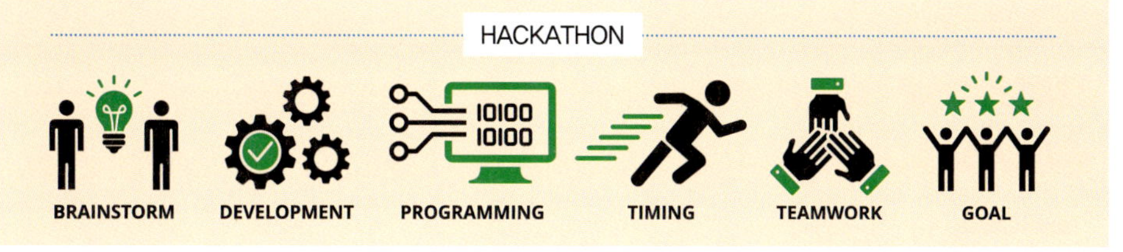

1 HACKATHON Basic

1) 게임 기획

• 게임명

• 게임 스토리

두 마리의 거북이 중 한 마리는 도망 다니고 다른 한 마리는 그 거북이 쫓아가며 잡는 술래잡기를 하려고 한다. 도망 다니는 거북이는 에너지가 되는 콩을 먹으면 점수가 올라가고 술래 거북이에게 잡히면 점수를 빼앗기게 된다. 점수가 0점이 되면 게임이 끝난다.

• 게임의 실행단계 나누기

게임 시작 →

• 게임의 흥미 요소

도망자와 술래의 경쟁 요소 과자를 먹으면 점수 획득 잡히면 점수 감소 등

2) 게임 요소

실행 화면:
게임 캐릭터:
소리 요소:

- **실행 화면**: 텍스트 모드(파이썬 쉘 모드) OR 그래픽 모드(파이터틀 모드)

- **게임에 사용될 캐릭터**

- **게임 캐릭터의 특성**

도망 거북: 앞으로 무조건 직진하며 키보드의 키를 이용하여 방향을 변경한다.
술래 거북: 도망 거북을 무조건 쫓아간다.
과자: 도망 거북의 에너지가 되며 도망 거북이 닿으면 사라지고 다른 곳에 다시 나타난다.

3) 게임 화면 인터페이스

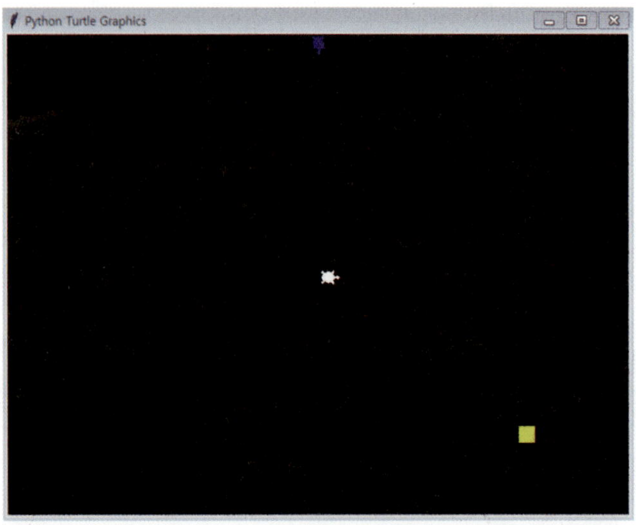

• 게임 상호작용(키보드)

```
상하좌우 이동키(방향 전환)
J키(점프)
ESC키(종료)
```

2 HACKATHON Code

1) 파이터틀을 이용하여 캐릭터들을 화면에 구현해 보자.

도망 거북을 화면에 나타내보자.

```
import random
import turtle as tt          # 터틀 라이브러리를 tt로 불러오기

tt.setup(800, 600)           # 화면 크기(800*600)
tt.bgcolor("black")          # 화면 배경(검은색)

tt.shape("turtle")           # 도망 거북(tt, 도망자)
tt.speed(0)
tt.up()
tt.color("white")
```

도망 거북의 코드를 활용하여 술래 거북이와 과자를 화면에 구현해 보자.

```
tr = tt.Turtle()                # 술래 거북(tr, 추적자)
tr.speed(0)
tr.up()
tr.shape("turtle")
```

```
tr.color("blue")
tr.goto(0, 300)

co = tt.Turtle()                    # 과자(co, 쿠키)
co.speed(0)
co.up()
co.shape("square")
co.color("yellow")
co.goto(random.randint(-350, 350), random.randint(-250, 250))
                                   # 무작위 위치로 배치하기
```

2) 도망 거북을 제어하기 위한 함수를 구현해 보자.

도망 거북의 방향을 바꾸는 함수를 선언해 보자.

```
def right():                       # 오른쪽으로 돌기
    tt.setheading(0)

def up():                          # 위로 돌기
    tt.setheading(90)

def left():                        # 왼쪽으로 돌기
    tt.setheading(180)

def down():                        # 아래로 돌기
    tt.setheading(270)
```

도망 거북의 방향을 바꾸는 함수를 호출해 보자.

```
tt.onkeypress(right, "Right")        # 키를 누르면 right 함수 실행
tt.onkeypress(up, "Up")              # 키를 누르면 up 함수 실행
tt.onkeypress(left, "Left")          # 키를 누르면 left 함수 실행
tt.onkeypress(down, "Down")          # 키를 누르면 down 함수 실행
tt.onkeypress(jump, "j")             # J키를 누르면 jump 함수 실행
```

도망 거북이 점프할 수 있도록 함수를 선언하고 호출해 보자.

```
def jump():                           # 점프하기
    tt.forward(20)

tt.onkeypress(jump, "j")              # J키를 누르면 jump 함수 실행
tt.listen()                           # 키보드의 입력을 받기 시작
```

3) 이제 게임을 실행하며 시작하는 함수를 구현하고 선언해 보자.

```
def start():                    # 게임 실행 함수
    tt.forward(11)              # 도망 거북 11만큼 이동
    aa = tr.towards(tt.pos())   # 도망 거북의 방향 받기
    tr.setheading(aa)           # 술래 거북을 도망 거북으로 바라보기
    tr.forward(9)               # 술래 거북이 9만큼 이동
    if tt.distance(co) < 10:    # 도망 거북과 과자의 거리가 10보다 작으면(닿으면)
       co.goto(random.randint(-200, 200), random.randint(-200, 200))
                                # 새로운 과자 만들기
    if tt.distance(tr) >= 10:   # 도망 거북과 술래 거북의 거리가 10 이상 떨어져 있으면
       tt.ontimer(start, 150)   # 1.5초 멈춘 뒤 start() 함수를 불러서 계속 실행
                                  (재귀적 호출)
    else:
       tt.write("게임 종료: 술래에게 잡혔습니다.", font=("Arial", 15, "bold"))
                                # 술래에게 잡힌 경우

tt.listen()                     # 키보드의 입력을 받기 시작
start()                         # 게임 시작
```

4) 전체 실행 코드를 살펴보고 실행해 보자.

```
import random
import turtle as tt          # 터틀 라이브러리를 tt로 불러오기

tt.setup(800, 600)           # 화면 크기(800*600)
tt.bgcolor("black")          # 화면 배경(검은색)
```

```
tt.shape("turtle")              # 도망 거북(tt, 도망자)
tt.speed(0)
tt.up()
tt.color("white")
tr = tt.Turtle()                # 술래 거북(tr, 추적자)
tr.speed(0)
tr.up()
tr.shape("turtle")
tr.color("blue")
tr.goto(0, 300)
co = tt.Turtle()                # 과자(co, 쿠키)
co.speed(0)
co.up()
co.shape("square")
co.color("yellow")
co.goto(random.randint(-350, 350), random.randint(-250, 250))

def right():                    # 오른쪽으로 돌기
    tt.setheading(0)
def up():                       # 위로 돌기
    tt.setheading(90)
def left():                     # 왼쪽으로 돌기
    tt.setheading(180)
def down():                     # 아래로 돌기
    tt.setheading(270)
def jump():                     # 점프하기
    tt.forward(20)
def start():                    # 게임 실행 함수
    tt.forward(11)              # 도망 거북 11만큼 이동
    aa = tr.towards(tt.pos())   # 도망 거북의 방향 받기
    tr.setheading(aa)           # 술래 거북을 도망 거북으로 바라보기
    tr.forward(9)               # 술래 거북이 9만큼 이동
    if tt.distance(co) < 10:    # 도망 거북과 과자의 거리가 10보다 작으면(닿으면)
        co.goto(random.randint(-200, 200), random.randint(-200, 200))
                                # 새로운 과자 만들기
    if tt.distance(tr) >= 10:   # 도망 거북과 술래 거북의 거리가 10 이상 떨
                                  어져 있으면
        tt.ontimer(start, 150)  # 1.5초 멈춘 뒤 start() 함수를 불러서 계속
                                  실행(재귀적 호출)
```

```
    else:
        tt.write("게임 종료: 술래에게 잡혔습니다.", font=("Arial", 15, "bold"))
                                        # 술래에게 잡힌 경우

tt.onkeypress(right, "Right")           # 키를 누르면 right 함수 실행
tt.onkeypress(up, "Up")                 # 키를 누르면 up 함수 실행
tt.onkeypress(left, "Left")             # 키를 누르면 left 함수 실행
tt.onkeypress(down, "Down")             # 키를 누르면 down 함수 실행
tt.onkeypress(jump, "j")                # J키를 누르면 jump 함수 실행
tt.listen()                             # 키보드의 입력을 받기 시작
start()                                 # 게임 시작
```

3 HACKATHON Challenge

1) 위에서 개발한 게임의 기능을 개선하고 재미있는 기능을 추가해 보자.

- 실행하면 처음에 게임의 이름을 출력하시오.
- H키를 클릭하면 게임 도움말을 보여주시오.
- S키를 클릭하면 게임을 시작하시오.
- 화면의 왼쪽 상단에 점수를 추가하고 과자를 얻을 때 마다 10점씩 증가하도록 하시오.
- 술래 거북이에게 잡힐 경우 점수를 10점씩 감소하도록 하고 0점이 될 경우 게임을 끝내도록 하시오.

2) 배경 화면을 검은색 대신 그림을 추가하여 아름답게 구성해 보자.

- 배경 그림 추가하기
- 캐릭터 모양 바꾸기

3) 이상의 조건 외에도 자신이 직접 자유롭고 재미있게 기능을 추가하며 설계와 개발의 아름다운 상상의 나래를 펴보자.

Part 2

파이썬의 활용

Chapter 14

문자열과 포매팅

프로그래밍에 익숙해지기 위해서는 변수를 잘 다루어야 한다. 변수를 종류에 따라 자료의 형태를 구분한 것을 자료형(Data Type)이라 부른다. 자료형은 여러 가지 종류가 있지만 앞서 배운 것과 같이 수를 다루는 수치형과 문자형의 대략적인 차이에 대해서 배웠다.

정수나 실수형의 자료를 다루는 것은 이전에 계산기 등을 설계하면서 많이 다루어 봤을 것이다. 파이썬은 숫자 데이터 말고도 문자열 처리와 관련해서는 강력한 기능을 많이 제공하고 있다. 특히 인터넷과 도서 등의 대부분의 자료가 문자로 되어 있기 때문에 중요한 정보를 처리하기 위해서 파이썬이 좋은 도구가 될 수 있다.

이번 장에서는 문자열을 활용하는 방법과 문자열을 이용한 프로젝트를 만들어 보자.

- **문자열 관련 함수**

```
name="mouse"

name[1]
name.find("m")
len(name)
name.replace("mouse", "cat")
```

1 문자열 처리의 개요

컴퓨터가 다루는 자료는 계산을 하기 때문에 숫자를 기본으로 하지만 인터넷에서 다루는 자료는 대부분 문자로 구성된다. 물론 그림과 소리 그리고 영상을 다루지만, 웹의 기본 자료는 문자로 구성되어 있다. 검색 또한 문자를 이용하여 키워드를 입력하고 문자를 기본으로 하는 자료를 찾는다.

파이썬의 강점은 문자를 쉽게 수정하고 변형하여 원하는 자료를 찾거나 문자를 생성하는 것이다. 즉, 인터넷의 자료와 웹의 데이터를 처리하는데 강한 기능을 제공한다.

문자열을 다룬다는 것은 다음과 같은 기능을 수행하는 것이다.

- 문자 연산 연결(+), 복제(*)
- 문자 순서 정하기(인덱싱)
- 문자 추출하기(슬라이스)
- 문자 분해하기 spit()
- 문자 결합하기 join()
- 문자 대체하기 replace()

그 외에도 대소문자 바꾸기 등이 있다. 이제 문자를 다루는 여러 가지 기능을 살펴보도록 하자.

2 문자열 연산과 변환

앞서 문자를 결합(+)하고 복제(*)하기 위한 연산자를 배웠다.

문자 데이터로 바꾸기(형 변환)

```
>>>str(9)
'9'
>>>str(3.14)
'3.14'
>>>str(abcd)
NameError: name 'aaa' is not defined
>>>str('qwer')
'qwer'
```

숫자를 문자로 변환하는 함수는 str()이다. 문자를 숫자로 바꾸는 함수는 int(), float()와는 반대의 역할을 한다.

위와 같이 str() 함수 안에 'abcd'를 넣으면 문자 자료가 아니라 변수로 인식한다. 따라서 문자로 인식하기 위해서는 작은따옴표를 넣어 문자 데이터임을 제시해야 한다.

3 문자열 인덱싱

문자열을 다루기 위해서는 우선 해당 문자열에 글자 순서대로 번호를 매겨 그 순서를 정해야 한다. 문자열의 값들이 어떤 순서로 되어 있는지 살펴보자.

```
>>> name='Mac Donald'

>>> print(name[0])    # 1번째 글자
M
>>> print(name[3])    # 4번째 글자, 띄어쓴 부분도 글자로 인식

>>> print(name[5])    # 6번째 글자
o
>>> print(name[15])   # 문자열의 숫자보다 큰 숫자는 오류발생
IndexError: string index out of range
>>> print(name[-3])   # 음수가 붙으면 뒤부터 3번째 글자
a
```

문자의 일부분을 추출하기 위해서는 []에 숫자를 입력하면 된다. 이렇게 문자에 숫자로 순서를 나열한 것을 인덱스라고 하며, []는 리스트를 나타내는 기호이다. 리스트는 바로 다음 장에서 다룬다.

위의 코드에서 문자열 Mac 다음의 빈칸 띄어쓰기(' ')도 한 개의 문자로 취급한다. 리스트의 번호는 0번부터 시작한다. 1번이 아님을 꼭 기억하자. []에 음수를 넣으면 문자열의 뒤에서부터 거꾸로 인덱싱하며, −1부터 시작한다.

문자열	'M'	'a'	'c'	' '	'D'	'o'	'n'	'a'	'l'	'd'
인덱싱 번호(앞부터)	[0]	[1]	[2]	[3]	[4]	[5]	[6]	[7]	[8]	[9]
인덱싱 번호(뒤부터)	[10]	[-9]	[-8]	[-7]	[-6]	[-5]	[-4]	[-3]	[-2]	[-1]

4 문자열 슬라이싱

문자열에서 일부분을 잘라내어 추출해 보자. 이렇게 문자의 일부분을 추출하는 것을 슬라이스라고 한다. 문자열의 [] 안의 숫자를 ':'으로 구분하여 필요한 부분만 잘라낸다.

```
>>> name='Mac Donald'

>>> print(name[:])    # 모든 글자 추출
Mac Donald
>>> print(name[3:])   # 4번째 이후의 글자 추출
_Donald
>>> print(name[:3])   # 4번째 이전까지의 글자 추출
Mac
>>> print(name[2:5])  # 3부터 6번째 이전의 글자 추출
c D
```

조금 더 세부적으로 잘라내어 추출해 보자. [시작:끝:스텝]의 값을 갖는다.

```
>>> code='Computational thinking'

>>> print(code[::])        # 모든 글자
Computational thinking
>>> print(code[:::])       # 오류발생
SyntaxError: invalid syntax
>>> print(code[::2])       # 2칸씩 띄어 추출
```

```
Ctnhn
>>> print(code[:7:])         # 8칸 이전까지 추출
Computa
>>> print(code[2:18:])       # 3칸부터 19칸 이전까지 추출
mputational thin
>>> print(code[2:18:3])      # 3칸부터 19칸 이전까지 3칸씩 띄어 추출
mtiatn
>>> print(code[5::4])        # 6칸부터 끝까지 4칸씩 띄어 추출
to ng
>>> print(code[::-5])        # 뒤부터 5칸씩 추출
giaao
>>> print(code[::-1])        # 뒤부터 한 칸씩 추출, 즉 문자 거꾸로 만들기
gnikniht lanoitatupmoC
```

5 문자열 관련 함수

① 위치 알려주기: find

```
>>> name='Mac Donald'
>>>  print(name.find('a'))
1
>>> print(name.find('al'))
7
```

찾는 문자의 첫 번째 위치를 알려준다. 두 글자 이상의 문자를 찾을 경우 앞에 있는 문자를 기준으로 위치를 알려준다.

② 문자 개수 세기: .count()

```
>>> name='Mac Donald'
>>> print(len(name))         # 문자열의 길이
11
```

```
>>> print(name.count('a'))   # a의 갯수
2
>>> print(name.count(" "))   # 띄어쓰기의 갯수
1
>>> print(name.count(""))    # 문자 간 사이의 개수
11
>>> print(name.count())
TypeError: count() takes at least 1 argument (0 given)
```

③ 문자열 나누기: split

```
>>> cs='Computer Science, Python, Computational Thinking'

>>> print(cs.split())          # 띄어쓰기로 나누기
['Computer', 'Science,', 'Python,', 'Computational', 'Thinking']
>>> print(cs.split(','))       # ','로 나누기
['Computer Science', ' Python', ' Computational Thinking']
>>> print(cs.split('C'))       # 'C'로 나누기
['', 'omputer Science, Python, ', 'omputational Thinking']
```

split() 안에 표기된 문자로 문자열을 나눈다. split()에 값이 비어있으면 띄어 쓴 부분이 나뉜다.

만약 콤마(,)를 넣은 경우 콤마 기호가 사라지면서 나뉘어 진다. C로 나눈 경우에는 C가 사라지면서 C의 앞부분 빈 곳과 'omputer Science, Python, ', 'omputational Thinking'로 나뉘어 진다.

- **문자열 결합**(join)

```
>>> code=','
>>> print(code.join('Coding Programming Algorithm'))
C,o,d,i,n,g, ,P,r,o,g,r,a,m,m,i,n,g, ,A,l,g,o,r,i,t,h,m
```

콤마(,)를 조인하는 문자열에 삽입한다.

- **문자열 바꾸기(replace)**

문자열은 안의 글자들이 바뀌지 않고, 글자를 강제로 바꾸면 오류가 발생한다. 이것을 해결하기 위해 사용되는 함수로 replace()를 사용한다.

```
>>> code='Kython'
>>> code[0]='P'
TypeError: 'str' object does not support item assignment
>>> code.replace('K','P')
'Python'
```

replace() 대신 임시로 문자를 바꾸고 싶은 경우 슬라이스와 + 연산자를 이용하여 문자를 바꿀 수 있다.

```
>>> code='Kython'
>>> code[:5]+'r'
'Kythor'
>>> 'P'+code[1:]
'Python'
>>> 'P'+code[1:5]+'r'
'Pythor'
```

- **문자열 대소문자 바꾸기**

```
>>> pr='Programming Language'
>>> print(pr.upper())       # 소문자를 대문자로 바꾸기(upper)
PROGRAMMING LANGUAGE
>>> print(pr.lower())       # 대문자를 소문자로 바꾸기(lower)
programming language
```

그 외에 왼쪽 공백 지우기(lstrip), 오른쪽 공백 지우기(rstrip), 양쪽 공백 지우기(strip) 등이 있다.

문자열 함수의 종류를 살펴보려면 쉘 창에서 dir(str)을 실행하면 아래처럼 함수 목록을 볼 수 있다.

```
>>> dir(str)
['__add__', '__class__', '__contains__', '__delattr__', '__dir
__', '__doc__', '__eq__', '__format__', '__ge__', '__getattrib
ute__', '__getitem__', '__getnewargs__', '__gt__', '__hash__',
'__init__', '__init_subclass__', '__iter__', '__le__', '__len_
_', '__lt__', '__mod__', '__mul__', '__ne__', '__new__', '__re
duce__', '__reduce_ex__', '__repr__', '__rmod__', '__rmul__',
'__setattr__', '__sizeof__', '__str__', '__subclasshook__', 'c
apitalize', 'casefold', 'center', 'count', 'encode', 'endswith
', 'expandtabs', 'find', 'format', 'format_map', 'index', 'isa
lnum', 'isalpha', 'isdecimal', 'isdigit', 'isidentifier', 'isl
ower', 'isnumeric', 'isprintable', 'isspace', 'istitle', 'isup
per', 'join', 'ljust', 'lower', 'lstrip', 'maketrans', 'partit
ion', 'replace', 'rfind', 'rindex', 'rjust', 'rpartition', 'rs
plit', 'rstrip', 'split', 'splitlines', 'startswith', 'strip',
'swapcase', 'title', 'translate', 'upper', 'zfill']
>>> |
```

6 문자열 포매팅

문자열의 포매팅은 print()문에서 이미 배웠다. 복습하는 의미에서 포매팅을 살펴보자.

포매팅이란 문자열 내에 값을 삽입하는 방법이다. 숫자를 넣고 싶은 자리에 %d를 넣고 삽입할 숫자는 % 문자를 쓰고 써넣는다. 여기서 %d는 문자열 포맷코드라고 부른다. 숫자는 %d, 문자는 %s를 사용한다.

문자열을 처리하는 방법과 함께 포매팅을 적용해 보자.

① 문자열을 입력하고 서로 합쳐보자.

```
age = "%d" %20
name = "%s" %“Tiger”
sentence = name+age
print(sentence)
```

TIPS

- %d=decimal, %s=string으로, 십진수와 문자열을 받는 포매팅을 말한다.
- 포매팅(formatting)이란 정해진 형식에 따라 자료를 넣는 것을 말한다.
- 문자열을 서로 더하면 이어서 더해진다.

sentence 변수를 아래와 같이 수정해 보자.

```
sentence = name+"은"+age+"살 입니다."
```

② 변수를 선언하여 input 명령으로 받은 값을 저장해서 출력해 보자.

```
name = "%s" % 'mouse'
print(name)
print(name.replace("mouse", "pikachu"))
```

replace 문은 문자열 내의 해당 글자를 찾아서 다른 글자로 바꾼다. replace 명령을 이용해서 mouse를 rose로 바꾸어 보자.

문자는 객체이다. 따라서 데이터와 함수를 포함하고 있다.

```
>>> 'abc'.upper()     # 문자 자료에 온점(.)을 찍어 문자열 처리 함수를 불러
                        사용함
ABC
>>> 'monkey'.find('n')
2
```

이처럼 문자 자료에 마침표(.)를 찍어 문자열을 처리할 수 있는 다양한 함수를 불러 쓸 수 있다.

TIPS

문자열 함수의 정리

- **문자열 변환**
  - upper(): 대문자로 변경
  - lower(): 소문자로 변경
  - swapcase(): 대문자는 소문자로, 소문자는 대문자로 변경
  - capitalize(): 첫 문자를 대문자로 변경
  - title(): 각 단어의 첫 글자를 대문자로 변경
  - strip(): 문자열 양쪽 끝을 자른다. 제거할 문자를 인자로 전달(디폴트는 공백)
  - lstrip(): 문자열 왼쪽을 자름
  - rstrip(): 문자열 오른쪽을 자름
  - replace(): 문자열 특정 부분을 변경(대체)
  - format(): 틀(포맷)을 만들어 놓고 문자열을 생성
  - join(): 리스트 같은 iterable 인자를 전달하여 문자열로 연결

- **문자열 정렬**
  - center(): 문자열 가운데 정렬(인자로 넓이를 지정, 채울 문자 선택 가능)
  - ljust(): 문자열 왼쪽 정렬
  - rjust(): 문자열 오른쪽 정렬

- **문자열 분리**
  - partition(): 전달한 문자로 문자열을 나눔(분리), 결과는 튜플(구분자도 포함)
  - rpartition(): 뒤에서부터 전달한 인자로 문자열을 나눔
  - split(): 전달한 문자로 문자열을 나눔, 결과는 리스트(구분자 포함 안 됨)
  - rsplit(): 뒤에서부터 전달한 문자로 문자열을 나눔
  - splitlines(): 라인 단위로 문자열을 나눔

- **문자열 확인**
  - count(): 특정 단어(문자열)의 수를 구함(없으면 0을 반환)
    (문자열의 글자 수는 len 함수를 사용하여 구함)
  - startswith(): 특정 단어로 시작하는지 확인
  - endswith(): 특정 단어로 끝나는지 확인
  - find(): 특정 단어를 찾아 인덱스를 반환(없으면 −1을 반환)
  - rfind(): 뒤에서부터 특정 단어를 찾아 인덱스를 반환
    (in, not in을 사용하면 특정 단어가 있는지 없는지 확인 가능(True, False))
  - index(): find와 동일하지만 없을 때 예외를 발생시킴
  - rindex(): rfind와 동일하지만 없을 때 예외를 발생시킴

- **문자열 종류 판단**
  - isalnum(): 알파벳 또는 숫자인지 판단
  - isalpha(): 알파벳인지 판단
  - isdecimal(): 숫자(decimal, 10진수)인지 판단
  - isdigit(): 숫자(digit, 10진수)인지 판단
  - isidentifier(): 식별자로 사용 가능한지 판단
  - islower(): 소문자인지 판단
  - isnumeric(): 숫자인지 판단
  - isspace(): 공백인지 판단
  - istitle(): title 형식인지(단어마다 첫 글자가 대문자인지) 판단
  - isupper(): 대문자인지 판단

예제 1

1) while문과 변수를 이용해서 다음과 같은 출력문을 만들어 보자.

```
I ate 1 pieces of pizza
I ate 2 pieces of pizza
I ate 3 pieces of pizza
I ate 4 pieces of pizza
I ate 5 pieces of pizza
I ate 6 pieces of pizza
I ate 7 pieces of pizza
I ate 8 pieces of pizza
I'm full
>>>
```

위와 같은 결과를 얻기 위해서는 어떤 알고리즘이 필요한가? 피자를 먹은 조각의 개수는 %d로 포매팅하여 만들어 보자.

2) 정수 변수는 while문을 이용하여 누적하고, 마지막 "I'm full" 문장은 if문을 이용하여 출력되도록 해보자.

```
pizza=8
eat=0
```

```
while eat < 8:
    eat = eat+1
    print("I ate %d pieces of pizza" %eat)
    if eat == 8:
        print("I'm full")
```

3) 문자열 포매팅을 더욱 쉽게 해보자.

문자열 함수로 format 함수를 사용하면 %를 사용하지 않고도 포매팅할 수 있다.

아래 두 코드를 비교해 보고 format 함수의 쓰임을 알아보자.

```
gold=1
silver=2
name="jack"
print("I have %d gold and %d siver and the dog that name is %s" %(gold, silver,
name))
```

```
gold=3
print("I have {},{},{} gold".format(3, "three", gold))
```

1)에서 만든 프로그램을 format 함수를 이용해 바꾸어 보자.

```
pizza = 8
eat = 0
while eat < 8:
    eat = eat + 1
    print("I ate {} pieces of pizza".format(eat))
    if eat == 8:
        print("I'm full")
```

예제 2

sent_analysis.py라는 새로운 파일을 만들어 보자.

1) 영어 문장 내에 몇 개의 단어가 있는지 알아보려 한다.

– 영어 단어의 개수는 어떻게 정의 되는가?

띄어쓰기의 개수 +1개

– 영어 문장을 하나의 변수에 문자열 형태로 받는다면, 영어 문장 분석에서 어떻게 활용할 수 있는가?

2) for문과 len 함수를 이용해서 "I am a boy"라는 문장을 "This sentence consists of { } words" 형태로 출력해 보자.

```
s = "I am a boy"
b = 1

for i in range(len(s)):
    temp = s[i]
    if temp == ' ':
        b=b+1

print('This sentance consists of {} words'.format())
```

7 도전 내공 쌓기

- **형태소 분석기 만들기**

다음과 같은 내용을 입력받고 해당 도형을 그려주는 프로그램을 만들어 보자. 영어의 1, 2, 3형식 문장은 간단한 구조로 이루어져 있다.

- **1형식**: I fly(주어, 동사)
- **2형식**: I am happy(주어, 동사, 보어)
- **3형식**: I love programing(주어, 동사, 목적어)

1) 위의 문장을 각각 문자열로 받는다고 했을 때, 슬라이스를 이용해서 문장을 형식별로 구분할 수 있는가?

2) 다음과 같은 출력을 나타내는 프로그램을 만들어 보자.

```
문장을 입력하세요: I love programing
형식을 입력하세요: 1
주어: I
동사: love
목적어: programing
>>>
```

```
# 문장을 입력받기
sentence = input("문장을 입력하세요: ")

# 문장 단어 나누기
words = sentence.split()

# 주어, 동사, 목적어 구분
if len(words) >= 3:
    subject = words[0]
    verb = words[1]
    object_ = ' '.join(words[2:])

    # 결과 출력
```

```
    print(f"주어: {subject}")
    print(f"동사: {verb}")
    print(f"목적어: {object_}")
else:
    print("문장이 올바르지 않습니다.")
```

• 문자열 함수 활용하기

1) 이메일 주소를 분리하여 유효한지 검증하기

```
email = "user@example.com"
if "@" in email and "." in email.split("@")[1]:
    username, domain = email.split("@")
    print(f"유효한 이메일입니다.\n사용자 이름: {username}\n도메인: {domain}")
else:
    print("유효하지 않은 이메일입니다.")
```

2) 파일 경로에서 파일명과 확장자 추출하기

```
file_path = "/home/user/documents/file.txt"
filename = file_path.split("/")[-1]
name, extension = filename.rsplit(".", 1)
print(f"파일 이름: {name}\n확장자: {extension}")
```

3) 문장에서 가장 긴 단어 찾기

```
sentence = "The quick brown fox jumps over the lazy dog"
words = sentence.split()
longest_word = max(words, key=len)
print(f"가장 긴 단어: {longest_word}")
```

Chapter 15

리스트와 튜플

변수는 하나의 데이터를 담는 그릇이다. 만약 여러 개의 데이터를 담고 싶을 때는 어떻게 하면 좋을까? 여러 변수를 지정해 주는 것보다는 하나의 서랍에 차례대로 담는 것이 더 편할 것이다. 리스트는 이렇게 여러 가지 자료를 한 공간에 저장할 수 있는 자료형으로서, 자칫 하나의 변수에 담겨 뒤죽박죽될 수 있는 정보를 차례대로 하나씩 저장할 수 있도록 해준다.

값의 집합인 리스트는 활용 가능성이 매우 높다. 대괄호[ ] 안에 개별 값을 쉼표(,)로 구분하여 저장하고, 문자열이나 숫자를 포함한 모든 종류의 값을 저장할 수 있다. 리스트 안에 리스트를 저장하는 방식도 가능하다. 리스트와 유사한 자료형에는 튜플이 있다. 리스트와 튜플의 차이는 자료값을 변경할 수 있는가(mutable) 또는 없는가(immutable)의 차이를 가지고 있다.

이번 장에서는 이러한 자료형인 리스트를 이용하여 빙고 게임을 만들어 보고 튜플과의 차이점을 이해해 보자.

- **리스트(List) 자료 기본형**

```
리스트 이름 = [자료1, 자료2, 자료3, …]
```

- **튜플(Tuple) 자료 기본형**

```
(data1, data2, ...)
```

1 리스트 자료

40명의 학생의 몸무게를 변수에 입력하려면 어떻게 해야 할까? 다음의 상황을 보자.

가. 40개의 변수 선언하고 각각의 몸무게 값을 대입한다.

나. 40명의 평균 몸무게를 구하려면 모두 더한 뒤 40으로 나눈다

다. 만약 학생의 수가 변동이 되어 55명이 되었다면 어떻게 할까?

→ 다시 변수를 추가하여 더하고 학생수로 나누어 평균을 다시 구한다?

데이터의 유형이나 수에 따라 기존의 변수를 사용한다면 개발자들은 지속해서 코드를 수정하고 다시 실행하면서 오류를 확인해야 하는 수작업을 계속 수행해야 한다. 이러한 변화나 불편한 구조를 어떻게 바꾸면 효과적으로 처리할 수 있을까?

수학성적, 국어성적, 주민등록번호, 혈액형 등 동일한 값의 형태를 가진 변수를 통합하여 하나의 변수에 동리한 형태의 여러 개의 값을 담는 방법을 사용해 보자.

몸무게=[76.3, 72.1, 56.9, 63.5, 83.0]

수학 점수=[80, 75, 90, 93, 56, 75]

앞서 배운 문자열의 인덱스 등의 기능을 이용하면 이제 자료를 확인하고 수정하며 그 처리의 과정을 효과적으로 개선할 수 있다.

TIPS

자료의 효과적인 구조

양계장의 계란을 옮기려고 한다. 어떻게 구성하는가에 따라 수많은 리스트의 구조로 활용할 수 있다.

- 두 손으로 한 손에 하나씩 들면 두 개 이동 가능(점: 한 개의 변수)
- 길게 짚으로 묶으면 10개씩 이동 가능(선: 1차원 리스트)
- 20×20 계란판을 활용하면 40개씩 이동 가능(면: 2차원 리스트)
- 계란판을 위로 10개 쌓아서 올리면 400개씩 이동 가능(공간: 3차원 리스트)
- 10개씩 쌓은 것을 10개 옆으로 쌓아서 적재하고 지게차로 옮기면 4,000개씩 이동 가능(차원: 4차원 리스트)

1) 리스트를 선언하고 자료를 입력해 보자.

```
>>> fibonacci = [1, 2, 3, 5, 8, 13, 21]
```

이 리스트의 이름은 무엇이고, 자료는 무엇이 있는지 살펴보자.

2) 다음의 리스트를 선언하고 물음에 답해 보자.

```
>>> person = [130101, "홍길동", [30], ["A+"], ""]
>>> person
```

person을 입력한 뒤 나오는 리스트를 확인해 보고, 그 결과로 알 수 있는 리스트 자료형의 특징은 무엇인지 살펴보자.

TIPS

- 리스트의 자료는 수, 문자, 리스트 안의 리스트, 빈칸 등이 모두 가능하다. 즉, 어떠한 자료형도 포함시킬 수 있다.
- 리스트에는 중복도 가능하고 다른 언어와는 다르게 빈칸도 가능하다.
- 일반적인 리스트 자료구조는 처음과 끝에서 추가, 삭제할 수 있다.
- 리스트 안에서 데이터를 검색할 수 있으며 리스트의 모든 순서의 데이터에 접근할 수 있다.
- 특히 파이썬에서는 리스트의 중간에 삽입, 삭제 역시 가능하다.

3) 이름이 number이고, 자료에 [1, 2, 3, 4, 5, 6, 7, 8, 9]가 있는 리스트를 선언해 보자.

다음의 동작을 수행했을 때 나오는 결과는 무엇을 뜻하는지 생각해 보자.

```
>>> a[0] + a[2]
```

다음의 결과는 무엇이 출력되고, [2:5]의 뜻은 무엇인지 생각해 보자.

```
>>> a[2:5]
```

다음의 결과로 무엇이 출력되는지 살펴보자.

```
>>> b = [10, 11, 12, 13, 14]
>>> a + b
```

TIPS

a = [1, 2, 3, 4, [5, 6, 7, 8]]와 같이 리스트 안에 리스트가 정의되어 있는 경우에는 어떻게 인덱싱할 수 있을까? 다음 예시를 보고 해석해 보자.

```
>>> a[4][2]
7
```

4) 이름이 name이고, 자료에 ["김", "이", "박", "최"]가 있는 리스트를 선언해 보자.

다음의 동작들을 수행했을 때, 리스트가 어떻게 수정되는지 살펴보자.

```
>>> a =  ["김", "이", "박", "최"]
```

```
>>> a[1] = "한"   # 리스트는 어떻게 수정되었는가?
```

```
>>> del a[2]      # 리스트는 어떻게 수정되었는가?
```

TIPS

이외에도 리스트를 다룰 수 있는 여러 함수가 있다.

- a.extend([x, y, z]): 원래 리스트 뒤에 새로운 리스트의 요소를 여러 개 추가한다.
- a.clear: 리스트 내의 값을 모두 제거한다.
- a.remove(x): 리스트 내에서 처음 나오는 해당 값을 제거한다.
- a.append(x): 리스트의 맨 마지막에 x를 추가한다.
- a.sort(): 리스트를 순서대로 정렬한다.
- a.index(x): x가 값으로 존재하는 위치를 찾아 위치값을 반환한다.
- a.insert(2, x): a[2] 자리에 x를 삽입한다.
- a.count(x): 리스트의 x의 개수를 세어 반환한다.

리스트에서도 연산자를 사용할 수 있다.

- list_a+list_b: 두 리스트의 요소를 연결
- list_a * 3: 리스트 a의 요소를 3번 반복하여 제시
- len(list_a): 리스트 a의 길이

5) 문자열의 내용을 분해하여 출력하는 명령을 실행해 보자.

```
>> kor = '파이썬 프로그래밍'
>> eng = 'python programming'
>> num = '123456789'

>> print(kor)
>> print(eng)
>> print(sym)

>> print(kor[0])      # kor 변수의 1번째 글자, 리스트는 0부터 시작한다.
>> print(eng[0])      # eng 변수의 1번째 글자
>> print(num[0])      # num 변수의 1번째 글자
>> print(eng[2])      # eng 변수의 3번째 글자
>> print(kor[-1])     # kor 변수의 마지막에서 1번째 글자
>> print(eng[-4])     # eng 변수의 마지막에서 4번째 글자
>> print(eng[2:5])    # eng[2]부터 eng[5]까지, 즉 3~6번째 사이 글자
>> print(num[0:-15])  # 처음부터 마지막 글자, 이후 값은 무시
```

TIPS

리스트는 앞서 배운 인덱스의 개념과 같다. 위 코드에서 사용된 대괄호[ ]는 리스트 변수를 나타내는 기호이다.

리스트는 열거된 자료를 작게 분해하여 수정, 편집, 추가, 생성, 삭제하기 위해 사용되는 변수의 형태이다. 위 코드에 제시된 리스트의 순서는 다음 그림과 같다.

P	y	t	h	o	n
0	1	2	3	4	5
-6	-5	-4	-3	-2	-1

리스트에 대한 자세한 문법은 이후의 장에서 살펴볼 예정이니 참고하기 바란다.

예제 1

초기 리스트를 생성하고 수정, 변경, 삭제 등을 통해 최종 결괏값을 만들어 보자.

리스트 초기값	[1, 2, 3, 'x', 5, 4, 6, 7, 8, 9, 10]
리스트 결괏값	[2, 3, 'modify', 4, 5, 6, 7, 8, 'insert', 9, 10, 'append']

```
a = [1, 2, 3, "x", 5, 4, 6, 7, 8, 9, 10]
remove(1)
a[2] = "modify"
a.insert(8, "insert")
a.append("append")
a.sort()
print(a)
```

어떤 명령어를 이용하여 리스트의 값을 변경했는지 알아보자.

예제 2

학생들이 먹은 햄버거 개수를 학생들의 번호 순서대로 리스트에 저장했을 때 각각의 동작을 실행해 보자.

먹은 햄버거 수	[1, 2, 3, 1, 2, 3, 1, 2, 3, 1, 2, 3, 4]

1) 햄버거를 1개 먹은 사람의 수를 출력해 보자.

2) 4번부터 7번까지 먹은 햄버거 개수를 각각 출력해 보자.

3) 햄버거를 4개 먹은 사람의 번호를 출력해 보자.

```
hamburger_count = [1, 2, 3, 1, 2, 3, 1, 2, 3, 1, 2, 3, 4]

count_one = hamburger_count.count(1)
print(f"햄버거를 1개 먹은 사람의 수: {count_one}명")

for i in range(4, 8):
    print(f"{i}번 학생이 먹은 햄버거 개수: {hamburger_count[i - 1]}")

indices = [i + 1 for i, count in enumerate(hamburger_count) if count == 4]
print(f"햄버거를 4개 먹은 사람의 번호: {indices}")
```

예제 3

사용자로부터 태어난 달을 입력받아 해당 월의 탄생석을 리스트에서 찾아 알려주는 프로그램을 코딩해 보자.

1월	가넷	2월	자수정	3월	아쿠아마린
4월	다이아몬드	5월	에메랄드	6월	진주
7월	루비	8월	페리도트	9월	사파이어
10월	오팔	11월	토파즈	12월	터키석

```
태어난 달을 입력하세요. 3
3월의 탄생석은 자수정입니다.
```

```python
birthstone = ["가넷", "자수정", "아쿠아마린", "다이아몬드", "에메랄드", "진주", "루비", "페리도트", "사파이어", "오팔", "토파즈", "터키석"]

# 태어난 달 입력 받기
month = int(input("태어난 달을 입력하세요 (1-12): "))

# 입력 값 검증 및 탄생석 출력
if 1 <= month <= 12:
    print(f"{month}월의 탄생석은 {birthstone[month - 1]}입니다.")
else:
    print("1에서 12 사이의 숫자를 입력해주세요.")
```

TIPS

파이썬에서 a=a+1은 a+=1로도 쓸 수 있다. 마찬가지로 리스트에서도 a=[1, 2]일 때, a=a+[3, 4]와 a+=[3, 4]의 값은 a=[1, 2, 3, 4]로 동일하다.

리스트의 게임 개발 활용

- **1차원 리스트**

  문법·문장 맞추기 게임, 단어 맞추기 게임, 끝말잇기 게임 등

- **2차원 리스트**

8조각 퍼즐 맞추기

5	3	6
7	1	8
2	4	

지뢰 찾기 게임

2 튜플 이해하기

1) 튜플 선언하기

()를 사용하거나 ()를 생략하여 사용할 수 있다(a=1,2,3 또는 a=(1,2,3)).

```
>>> t=(1,2,3,4,5)
>>> u=('a','b','c','d')
>>> t
(1, 2, 3, 4, 5)
>>> u
('a', 'b', 'c', 'd')

>>> t[2]        # 인덱스 사용
3
>>> t[1:4]      # 슬라이스 사용
(2, 3, 4)

>>> v=t+u       # 병합(더하기 연산) 사용
>>> v
(1, 2, 3, 4, 5, 'a', 'b', 'c', 'd')
>>> w=u*3       # 복사(곱하기 연산) 사용
>>> w
('a', 'b', 'c', 'd', 'a', 'b', 'c', 'd', 'a', 'b', 'c', 'd')
```

튜플은 하나의 값만 가질 경우에도 반드시 콤마를 사용해야 하고(a=(1,)), 리스트와 같은 형태와 기능을 가져서 유사하지만, 리스트와는 달리 값을 삽입/수정/추가/삭제하는 것이 불가능하다. 따라서 리스트의 함수 중에서 인덱싱/슬라이싱/병합(더하기 연산)/복사(곱하기 연산) 기능만 지원하고, 새로운 값을 추가할 수 없기 때문에 append() 함수가 존재하지 않는다.

이제 튜플의 값을 바꿔보자.

```
>>> t=(1,3,5,7)
>>> t
```

```
(1, 3, 5, 7)
>>> t=(2,4,6,8)
>>> t
(2, 4, 6, 8)
```

위 코드를 보면 튜플의 값이 수정되었다. 분명 튜플은 수정할 수 없다고 했는데 어떻게 된 것일까? 사실 이것은 튜플 변수를 재선언한 것이다. 값을 수정할 수 없다는 것은 기존에 선언된 값 중의 일부 값을 수정할 수 없다는 의미이다. 다음 코드를 보면 이해될 것이다.

```
>>> t=(2,4,6,8)
>>> t
(2, 4, 6, 8)
>>> t[2]
6
>>> t[2]=9      # 3번째 항목인 6의 값을 t[2]=9로 수정하려 하면 에러 발생
Traceback (most recent call last):
  File "<pyshell#35>", line 1, in <module>
    t[2]=9
TypeError: 'tuple' object does not support item assignment
>>>
```

t로 선언된 튜플 값 중 t[2], 즉 3번째 항목인 6의 값을 t[2]=9로 수정하려고 하면 에러가 발생한다. 튜플 안의 자료 일부를 수정할 수 없는 자료형임을 알 수 있다.

리스트와 달리 튜플에서 자료의 값을 수정할 수 없게 만든 이유는 사용자가 그 값에 접근하지 못하도록 하기 위해서이다. 튜플은 다음 장에서 다룰 딕셔너리의 키로 사용된다. 키는 변경되면 사용할 수 없다. 함수에서 인자 값을 전달할 때 튜플의 형태로 사용한다. 함수의 리턴값도 변경되면 안 된다.

리스트는 자료값들의 개수나 내용이 결정되지 않는 경우에 주로 사용한다. 반면, 튜플은 자료값들의 개수와 내용이 결정되기 때문에 자료 각각의 인덱스는 중요한 의미를 가진다.

다음 코드는 변수를 한 번에 여러 개 선언할 때 튜플을 사용했다.

```
>>> r,g=3,2
>>> r,g
(3, 2)
>>> (w,q,e)=1,2,3
>>> w,q,e
(1, 2, 3)
>>> (j,k,h)=(10,20,30)
>>> j,k,h
(10,20,30)
```

앞서 설명했듯이 한 개의 값을 가진 튜플을 선언하더라도 반드시 콤마가 포함되어야 한다. 콤마 없이 하나의 값을 선언하면 그냥 변수에 숫자나 문자를 선언한 것과 같다.

```
>>> s1=(1)    # s1=1과 같다. 즉,
>>> s2=(1,)     숫자 변수 선언
>>> s1
1
>>> s2
(1,)
>>> s1*3
3
>>> s2*3
(1, 1, 1)
```

```
>>> t1=('a')*3    # t1='a'*3과 같다. 즉,
>>> t2=('b',)*3     문자 변수 선언
>>> t1
'aaa'
>>> t2
('b', 'b', 'b')
```

한편, 두 자룟값을 서로 바꿀 때(swap) 튜플이 유용하게 사용된다.

```
>>> a=5
>>> b=1
>>> (a,b)=(b,a)
>>> print(a,b)
1 5
>>> a,b=b,a          # 튜플의 값은 괄호가 생략 가능
```

```
>>> print(a,b)
5 1
```

튜플은 불변(immutable) 자료형으로, 리스트의 수정 및 변경 관련 함수를 사용할 수 없다.

○	append(), remove(), pop(), sort(), reverse(), clear(), insert()
×	len(), min(), max(), sum(), index(), count(), sorted()

3 리스트 활용하기

1) 아래의 리스트 3개를 이용하여 간단한 문장을 만드는 프로그램을 만들어 보자.

리스트1	리스트2	리스트3
I	eat	pizza
You	draw	computer
We	hit	book

각각 리스트의 이름을 무엇으로 하면 좋을지 생각해 보자. (힌트: 영어 문법)

한 번에 숫자 세 개를 입력받을 때 첫 번째 숫자를 리스트1의 인덱싱을 위한 숫자로 이용하기 위해서는 어떠한 과정이 필요한지 생각해 보자.

```
s = ["I", "You", "We"]
v = ["eat", "draw", "hit"]
o = ["pizza", "computer", "book"]

# 슬라이싱 하기 위해 문자형으로 받음. input은 기본적으로 문자형임
a = str(input("1, 2, 3 중의 숫자를 3개 연속으로 입력하시오. "))
# 슬라이싱한 문자를 인덱싱을 위한 숫자로 쓸 때 int()를 이용하여 정수형으로 변환
print(s[int(a[0])-1] + " " + v[int(a[1])-1] + " " + o[int(a[2])-1])
```

TIPS

입력받은 문자를 슬라이싱해야 하기 때문에 정수형(int)가 아니라 문자형(string)로 받아야 한다.

기본적으로 input으로 입력받으면 문자형(string)으로 인식한다. 이후 슬라이싱한 문자를 리스트의 인덱싱에 이용하기 위해서는 인덱싱 이용 시 다시 정수형으로 바꿔야 한다.

세 개의 숫자를 받으면 백의 자리, 십의 자리, 일의 자리로 나누어서 계산하는 방법이 더 효율적이지만 배운 내용을 복습하기 위해 위와 같은 방법으로 제시하였다.

(예) 312라고 했을 때 100으로 나눈 후 int() 정수형으로 바꿔주면 소수점이 떨어지고 3이 남는다.

2) 다음과 같이 끝말잇기를 하는 프로그램을 만들어 보자.

```
다음 단어에 이어서 끝말잇기를 하시오.
바다
다음 단어를 입력하시오. 다리미
바다
다리미
다음단어를 입력하시오. 커피
틀렸습니다. 종료합니다.
```

```
clw = ['바다']
print("다음 단어에 이어서 끝말잇기를 하시오.")
print("바다")
word=input("다음 단어를 입력하시오. ")
clw.append(word)

while word[0] == clw[-2][-1]:
    for i in clw:
        print(i)
    word=input("다음 단어를 입력하세요. ")
    clw.append(word)

print("틀렸습니다. 종료합니다.")
```

– 끝말잇기를 할 때 기본적인 조건을 어떻게 구현하는가?

– 답이 맞지 않을 때까지 단어를 입력받기 위해서는 어떤 방법을 사용해야 하는가?

– 끝말잇기를 처음 시작할 때, 이전의 마지막 글자와 비교하여 발생할 수 있는 에러를 피하기 위해서는 어떻게 하면 좋을지 생각해 보자.

– 처음부터 리스트의 내용을 모두 출력하기 위한 방법은 무엇인가?

TIPS

문자열 리스트 a를 이용하여 반복문을 만들면 어떻게 될지 확인해 보자.

```
>>> a=["b", "c", "d", "e"]
>>> for i in a:
        print(i)
b
c
d
e
```

4 도전 내공 쌓기

• **빙고 게임 만들기**

기본적인 5×5 빙고는 가로세로 다섯 줄의 칸에 25까지의 숫자를 넣은 후, 서로 숫자를 하나씩 불러 가로, 세로, 대각선 중 먼저 5줄을 만드는 사람이 이기는 게임이다. 이러한 빙고 게임을 구현해 보자.

1) 다음과 같이 사용자에게 내용을 입력받고 해당 숫자를 이용해 칸을 채우는 빙고 게임을 만들어 보자.

```
>>>
1번째 숫자를 입력하세요. 2
2번째 숫자를 입력하세요. 3
        .
        .
25번째 숫자를 입력하세요. 26
```

```
26번째 숫자를 다시 입력하세요.
25번째 숫자를 입력하세요. 25

 2  3  4  5  1
 6  7  8  9 10
11 12 13 14 15
16 17 18 19 20
21 22 23 24 25
빙고 칸이 완성되었습니다. 이제 하나씩 지워보겠습니다.

지울 숫자를 말씀해 주세요.  2
 -  3  4  5  1
 6  7  8  9 10
11 12 13 14 15
16 17 18 19 20
21 22 23 24 25

지울 숫자를 말씀해 주세요.  42
------------------------없는 숫자입니다. 다른 숫자를 써 주세요.
지울 숫자를 말씀해 주세요.  25
- - - - -
- - - -
- - - 14 15
- - 18 - 20
- - 23 24 -
================================================================================
================================빙고! 빙고! 빙고!==============================
================================================================================
```

```
bingo = [ ]

#1부터 25까지의 수를 입력하는 부분
for i in range(25):
    value = int(input("%d번째 숫자를 입력하세요  "%(i+1)))
    while bingo.count(value) != 0 or 1 > value or value > 25:
      print("---------------------------------%d번째 숫자를 다시 입력하세요.  "%(i+1))
      value = int(input("%d번째 숫자를 입력하세요  "%(i+1)))
    bingo.append(value)
```

```
# 25개의 수가 입력되면 5X5로 출력
for i in range(5):
        print(bingo[i*5], bingo[i*5+1], bingo[i*5+2], bingo[i*5+3], bingo[i*5+4])

print("")
print("빙고칸이 완성되었습니다. 이제 하나씩 지워보도록 하겠습니다.")
print("")

# 다시 실행시킬 경우를 대비해 line=0으로 다시 만들기
line = 0

# 지울 값을 입력받고 line은 라인, ho는 horizon, ver는 vertical 의미
while line < 5:

    line = 0
    ho = 0
    ver = 0

    # 지울 숫자를 입력받아 이미 있는지 없는지 판별하고 있으면 "-"로 변환
    hit = int(input("지울 숫자를 말씀해 주세요.  "))
    if bingo.count(hit) == 1:
       bingo[bingo.index(hit)] = "-"
    elif bingo.count(hit) == 0:
       print("---------------------------없는 숫자입니다. 다른 숫자를 써 주세요.  ")

    # 변환한 후 다시 5×5를 출력
    for i in range(5):
        print(bingo[i*5], bingo[i*5+1], bingo[i*5+2], bingo[i*5+3], bingo[i*5+4])


    # i와 x를 이용하여 가로줄을 판별, 값이 "-"일 때마다 ho에 1씩 더해 5가 되면
라인값을 증가
    for i in range(5):
        for x in range(5):
            if bingo[(i*5)+x] == "-":
                ho = ho + 1
                if ho == 5:
                    line = line + 1
```

```
            # 세로줄을 판별
                if bingo[(x*5)+i] == "-":
                    ver = ver + 1
                    if ver == 5:
                        line = line + 1

            # 각각 한 줄에 대한 개수이기 때문에 다시 초기화
            ho = 0
            ver = 0


        # 대각선 부분을 판별
        if bingo[0] == "-" and bingo[6] == "-" and bingo[12] == "-" and bingo[18] == "-"
          and bingo[24] == "-":
            line = line + 1
        if bingo[4] == "-" and bingo[8] == "-" and bingo[12] == "-" and bingo[16] == "-"
          and bingo[20] == "-":
            line = line + 1

        # 현재 라인 수를 출력. 테스트에서 활용
        print(line)

    print("=====================================================")
    print("==================빙고! 빙고! 빙고!================")
    print("=====================================================")
```

5 기초튼튼 컴퓨터과학

컴퓨터로 실세계의 자료를 수집하고 가공하여 분석하는 것은 문제 해결의 핵심이다. 컴퓨팅 기기로 처리하기 위해 자료는 우선 0과1로 이진화된 디지털 자료로 가공한 뒤 정보처리의 과정을 거쳐 인간에게 유용한 정보와 지식으로 제공한다.

이때 입력, 가공, 연산, 분석을 위해 디지털 자료는 일정한 규칙을 가진 형태로 구조화하게 된다. 이것은 컴퓨팅 기기의 특성에 맞게 구성하는 것을 말하며 디지털 처리의 과정에 적합하도록 구성한다는 것을 의미한다.

- **입력장치:** 자료를 순서대로 입력받음
- **기억장치:** 램과 같은 기억장치는 선형으로 배치되어 처리됨
- **연산장치:** 일련의 명령을 순차적으로 계산함
- **출력장치:** 연산 결과를 순서대로 출력함

이러한 장치들의 처리 과정은 자료를 입력하고 기억, 연산하고 출력할 때 순차적인 형태로 구조화하여 표현하면 처리하기 효율적이라는 것을 알 수 있다. 특히, 기억장치가 선형의 구조이므로 자료도 선형으로 구조화하여 처리하는 것이 일반적이다. 선형구조의 유형은 스택, 큐, 환형큐, 리스트, 배열의 구조가 있다.

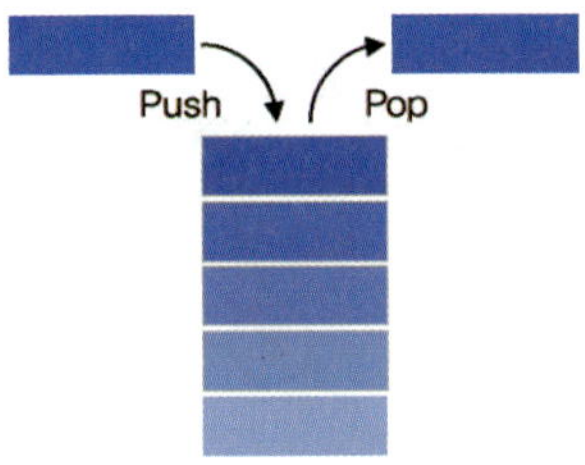

스택(stack)

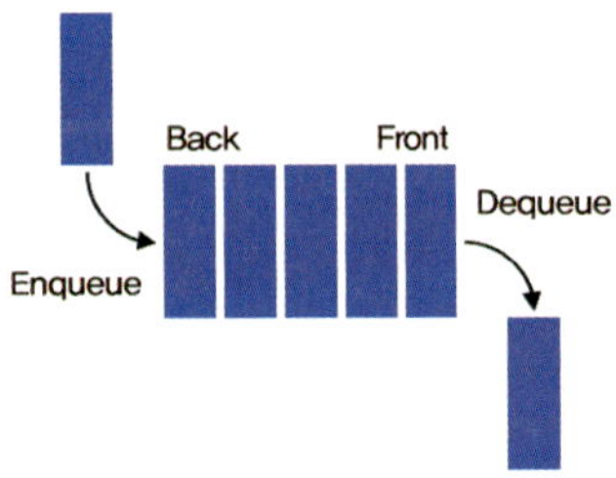

큐(queue)

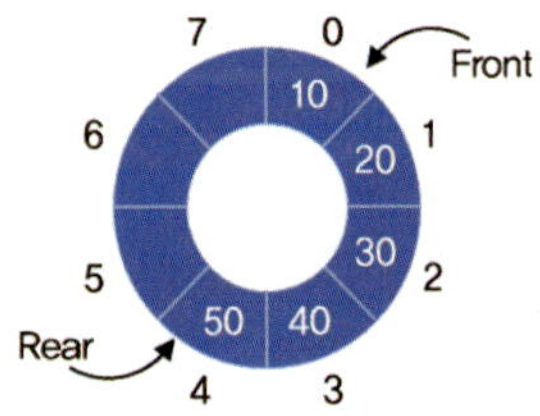

스택(stack)

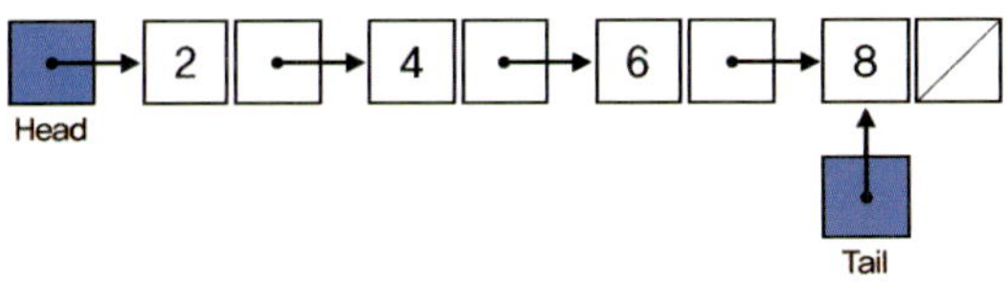

리스트(list)

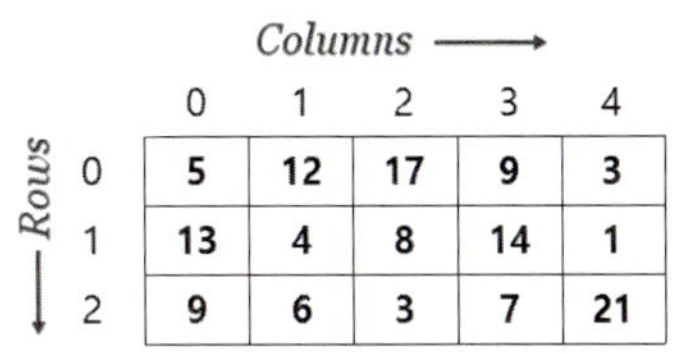

배열(array)

실생활의 문제는 모두 선형구조의 형태를 띠지는 않는다. 선형으로 표현하기 어려운 것은 비선형으로 구조화하여 처리한다. 비선형 자료구조는 트리 구조와 그래프 구조 2가지가 있다.

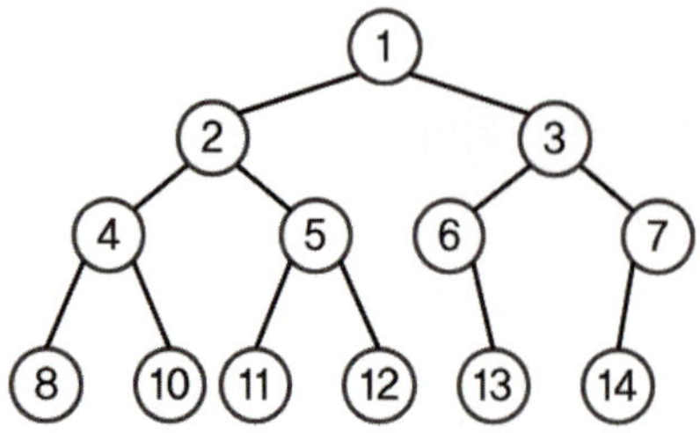

트리 구조

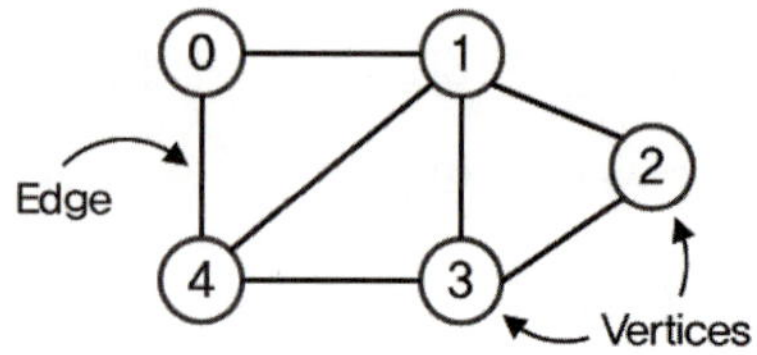

그래프 구조

트리 구조는 연산자의 우선순위 표기를 나타내고 연산할 때 유용하다.

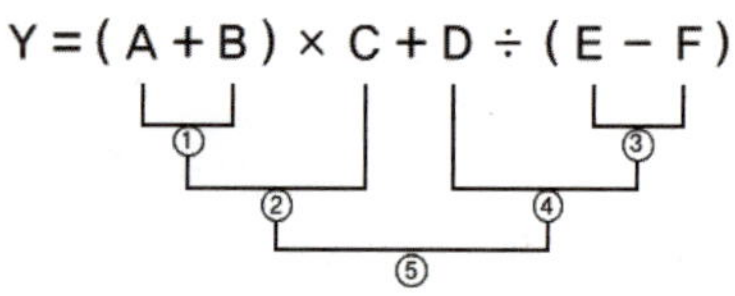

연산자의 우선순위 표기

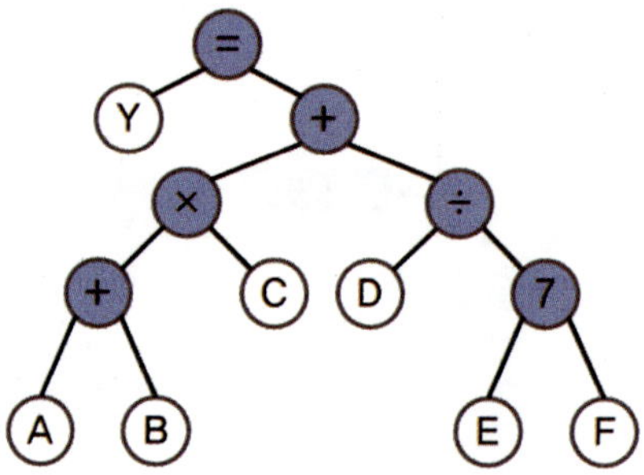

계층 구조 표현

그래프 구조는 인터넷망이나 택배 문제 등의 표현이나 문제 해결에 도움이 된다.

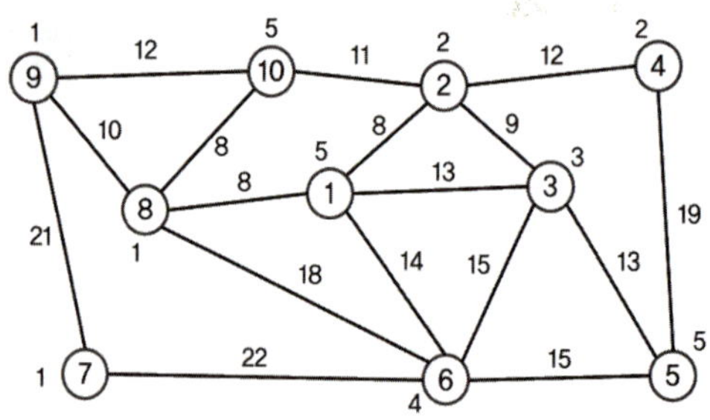

Chapter 16

딕셔너리와 집합

어떤 모임의 참가자 명단을 생각해 보자. “참가번호” = “1234”, “이름” = “홍길동”, “사는 곳=서울시 강남구” 등으로 분류되어 참가자 정보가 쭉 나열되어 있을 것이다. 각각의 주제와 내용이 한 쌍을 이루는 것은 데이터의 흔한 형태이다. 파이썬은 이러한 대응 관계를 나타내는 자료형을 갖고 있는데, 이를 딕셔너리(Dictionary)라고 한다. 그대로 해석하면 사전이라는 뜻이다. 즉, 사전에서 Pioneer를 찾으면 ‘개척자’가, Python을 찾으면 ‘비단뱀’이라는 뜻이 나오는 것처럼 딕셔너리는 Key와 Value를 한 쌍으로 하는 자료형이다. 예컨대 Key가 ‘Pioneer’라면 Value는 ‘개척자’가 되는 것이다.

집합 자료는 수학에서 사용하는 집합의 특징을 반영하여 합집합, 교집합, 여집합 등의 연산이 가능하다. 자료 중 독립, 중복 등의 자료를 추출하거나 삭제할 수 있다.

이번 장에서는 이러한 대응관계를 가진 모스부호 변환기를 딕셔너리를 이용하여 만들고 집합을 배울 것이다. 또한, 딕셔너리와 집합의 생성, 수정, 삽입 등 다양한 조작 방법을 배워보도록 하자.

모스부호

- **딕셔너리(Dictionary) 자료 기본형**

```
{Key1:Value1, Key2:Value2, Key3:Value3 ...}
```

- **집합(Set) 자료 기본형**

```
{data1, data2, ...}
```

1 딕셔너리 생성하기

딕셔너리는 중괄호{ } 안에 콜론(:)으로 대응 관계를 만들어 설정할 수 있다.

1) 기본적인 딕셔너리(Dictionary)를 생성해 보고, 자료의 대응 관계는 각각 어떻게 되어 있는지 살펴보자.

```
>>> person = {"name":"Kim", "nation":"Korea", "phone":"8210"}
```

Key	Value
name	Kim
nation	Korea
phone	8212

2) 이름이 dic이고, 다음의 Key와 Value를 갖고 있는 딕셔너리를 생성해 보자.

Key	Value
"a"	"String is letter"
"c"	0o134
"d"	[1,2,3]
"e"	"e"
5	345

```
dic = {"a":"String is letter", "c":"0o134", "d":[1,2,3], "e":"e", 5:345}
```

Value값으로 설정한 자료형은 무엇이고, Key값과 Value값을 같게 만들 수 있는지 살펴보자. 또 Key값끼리 중복이 가능한지도 확인해 보자.

TIPS

딕셔너리 사용 시 주의사항

딕셔너리는 리스트와 같이 자료를 순차대로 저장하지 않기 때문에 어떤 값을 불러올지 알 수 없다. 따라서 딕셔너리의 Key 값은 고유해야 하며, 중복하여 사용해서는 안 된다.

```
>>> a = {"a":1, "a":2, "a":3}
>>> print(a["a"])
```

Step-Up

파이썬에서 기본 숫자 입력은 10진수이다. 하지만 10진수 이외에도 다음과 같이 다른 진법의 숫자를 입력할 수 있다. 8진수를 입력하기 위해서는 숫자 앞에 0o를, 16진수는 앞에 0x를, 2진수는 0b를 붙인다.

```
>>> 10
10
>>> 0o12          # 8진수 변환
10
```

```
>>> 0xA           # 16진수 변환
10
>>> 0b1010        # 2진수 변환
10
```

2 딕셔너리 자료 추가하기

딕셔너리에 다음과 같이 자료를 추가해 보자.

```
>>> person = {"name":"Kim", "nation":"Korea", "phone":"8210"}
>>> person["age"] = 30
>>> person[30] = "age"
```

만약 딕셔너리에 이미 존재하는 Key를 지정하고 Value를 넣으면 기존 Value를 대체하게 된다. 딕셔너리의 Key와 Value에 들어갈 수 있는 자료형은 어떤 것이 있는지, 또 딕셔너리에 자료쌍을 추가하는 방법은 무엇인지 알아보자.

TIPS

딕셔너리는 자료의 순서가 존재하지 않는다. 따라서 딕셔너리에서 자료를 찾을 때는 순차적으로 검색하지 않고, Key를 검색하여 Value 값을 구하는 방식으로 동작한다.

3 딕셔너리 자료 삭제하기

1) 딕셔너리의 요소를 삭제해 보고, 딕셔너리의 Value 중 Korea를 지우기 위해서는 어떤 방법을 이용해야 하는지 알아보자.

```
>>> person = {"name":"Kim", "nation":"Korea", "phone":"8210"}
>>> del person["nation"]
```

2) 딕셔너리의 Key를 이용하여 Value값을 구해보고, Value값을 얻는 방법은 무엇이 있는지 알아보자.

```
>>> person = {"name":"Kim", "nation":"Korea", "phone":"8210"}
>>> person["phone"]
```

TIPS

딕셔너리에서 Value를 얻기 위한 단 한 가지 방법은 Key를 사용하는 것이다. 리스트나 튜플, 문자열은 요소값을 얻어낼 때 인덱싱이나 슬라이싱을 이용할 수 있지만, 딕셔너리에서는 Key값만을 이용한다.

4 딕셔너리 관련 함수들

- **딕셔너리.keys()는 딕셔너리의 키를 반환한다.**
  dict_keys(['a', 'c', 'd', 'e', 'f'])

- **딕셔너리.items()는 결괏값을 튜플( ) 형태로 돌려준다.**
  dict_items([('a', 'String is letter'), ('c', 92), ('d', [1, 2, 3]), ('e', 'e'), (5, 345)])

- **딕셔너리.values()는 value값을 돌려준다.**
  dict_values(['String is letter', 92, [1, 2, 3], 'e', 345])

1) 다음 코드를 실행해 보고, dic.keys()와 dic.items()가 어떤 명령어인지 알아보자.

```
>>> dic = {"a": "String is letter", "c": "0o134", "d": [1, 2, 3], "e": "e", 5: 345}
>>> dic.keys()
dict_keys(['a', 'c', 'd', 'e', 5])
>>> dic.items()
dict_items([('a', 'String is letter'), ('c', '0o134'), ('d', [1, 2, 3]), ('e',
'e'), (5, 345)])
```

2) 다음을 실행한 결과를 보고 어떤 명령어인지 알아보자.

```
>>> dic = {"a":"String is letter", "c":"0o134", "d":[1,2,3], "e":"e", 5:345}
>>> "d" in dic
True
```

예제 1

앞서 만들었던 딕셔너리 dic에 현재의 'a'라는 Key를 가진 Value에서 3번째 글자 'r'만 출력되도록 만들어 보자.

```
>>> dic = {"a": "String is letter", "c": "0o134", "d": [1, 2, 3], "e": "e", 5:
345}
>>> third_char = dic["a"][2]   # 'a'의 값에서 3번째 글자 (인덱스 2) 추출
>>> print(third_char)
```

TIPS

'a'라는 키를 가진 "String is letter"에서 3번째 글자인 'r'을 출력하기 위해서는 0, 1, 2 순서의 [2] 위치를 슬라이싱하여 이용하면 된다.
Value값을 이용할 때는 리스트와 비슷하게 이용할 수 있다.

예제 2

input을 통해 글자를 입력받으면 글이 한 줄에 하나씩만 출력되도록 반복문을 이용하여 만들어 보자.

```
a = input("글자를 입력하세요")
for i in range(len(a)):
    print(a[i])
```

TIPS

len() 함수는 문자열의 길이를 반환한다.

예제 3

a, b, c를 Key로 가지는 딕셔너리를 생성한 후 a, b, c 중 글자를 입력받았을 때 일치하는 Key에 해당하는 Value값을 출력하도록 만들어 보자.

```
abc = {"a":1, "b":2, "c":3}
cc = input("a, b, c 중 입력하세요. ")
print(abc[cc])
```

같은 방법으로, 앞서 만들었던 딕셔너리 dic에서 e와 5를 입력받으면 "e"와 345가 출력되도록 만들어 보자.

TIPS

isdigit() 함수를 이용하면 정수형을 판별할 수 있다.

```
>>> num_variable.isdigit()
>>> True
```

5 집합 생성하기

집합 자료는 수학에서 사용하는 집합의 특징을 반영한 자료이다. 즉, 합집합, 교집합, 여집합 등의 연산이 가능하다. 사용되는 자료 중 중복되는 것 또는 중복되지 않는 것을 추출하거나 삭제할 수 있으며, 선택 자료 외의 나머지 자료를 추출할 수 있다.

합집합	A∪B={x|x∈A 또는 x∈B}
교집합	A∩B={x|x∈A 그리고 x∈B}
차집합	A−B={x|x∈A이고 x∉B}
여집합	A^c=U−A={x|x∈U, x∉A}

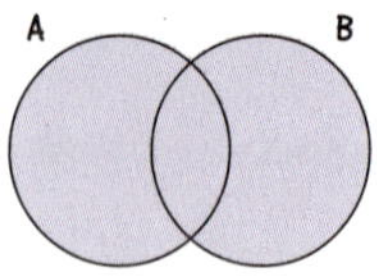

합집합(A∪B)

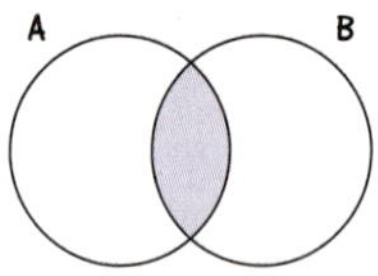

교집합(A∩B)

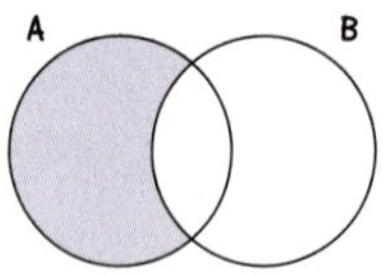

차집합(A−B)

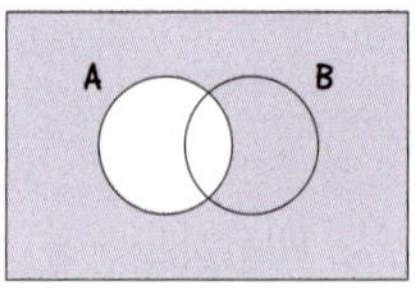

여집합(A^c)

	합집합	교집합
교환법칙	A∪B=B∪A	A∩B=B∩A
결합법칙	(A∪B)∪C=A∪(B∪C)	(A∩B)∩C=A∩(B∩C)
분배법칙	A∩(B∪C)=(A∩B)∪(A∩C)	
	A∪(B∩C)=(A∪B)∩(A∪C)	

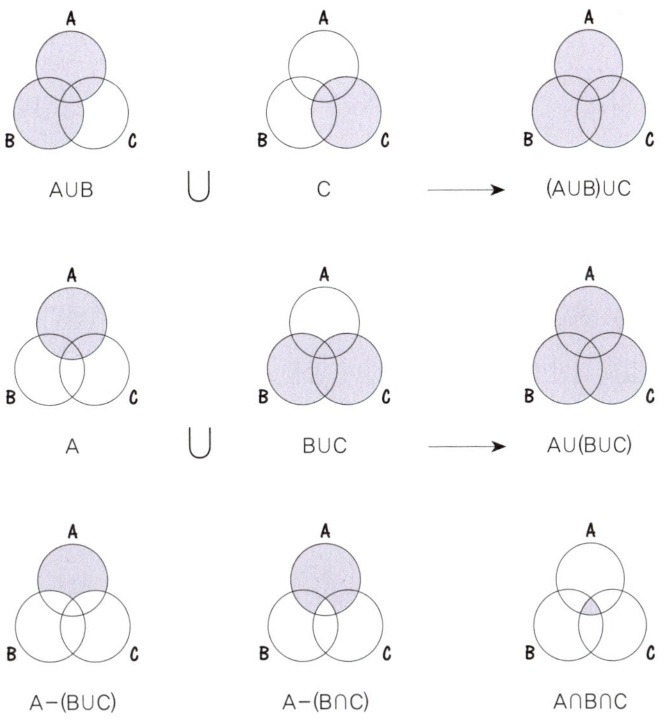

이러한 집합 연산을 통해 많은 자료 중 문제 해결에 필요한 자료만을 추출하거나 자료를 입력, 수정, 추가, 삭제를 할 수 있다. 특히, 인터넷에서 찾은 여러 가지 자료 또는 많은 데이터(빅데이터)를 집합 연산으로 처리하는 데 매우 유용하다.

집합(Set)은 중괄호{ } 안에 자료를 만들어 설정할 수 있다.

1) 기본적인 집합을 생성해 보자.

```
>>> a={0,1,2,3,4,5}
>>> b={1,1,3,3,5,9}
>>> a
{0,1,2,3,4,5}
>>> b            # 중복되는 값은 제거된다.
{1,3,5,9}
```

집합 안의 자료가 중복되면 중복자료는 제거되어 하나로 저장된다.

2) 집합 안의 자료를 편집해 보자.

- add(값): 집합에 새로운 값을 추가한다. 이때 중복된 값은 무시한다.
- remove(값): 전달받은 값을 삭제하며 없을 때는 에러를 출력한다.
- discard(값): 전달받은 값을 삭제하며 없을 때는 그냥 무시한다.
- pop(): 임의의 값을 반환하고 삭제한다.
- clear(): 집합에 있는 모든 자료를 삭제한다.
- copy(): 집합을 복제하여 반환한다.

6 집합 자료 다루기

다음의 코드처럼 여러 가지 집합 연산을 실행해 보자. 집합의 개념을 바탕으로 연산 결과를 예상하며 집합 연산의 기능을 살펴보자.

```
>>> c={'a','b','c'}
>>> c.add(1)
>>> c
{'b', 1, 'a', 'c'}
>>> c.remove('a')
>>> c
```

```
{'b', 1, 'c'}
>>> c.pop()
'b'
>>> c
{1, 'c'}
>>> c.clear()
>>> c
set()
>>> c={'a','b','c'}
>>> d=c.copy()
>>> d
{'b', 'a', 'c'}
>>> c==d
True
>>> 'a' in c
True
>>> 'e' in d
False
```

7 집합 연산 하기

1) 집합 연산자를 사용하여 자료를 추출해 보자.

−, &, |, ^ 기호를 사용하면 차집합, 교집합, 합집합, 대칭차 연산을 수행할 수 있다. 참고로 대칭차 연산은 (합집합-교집합)을 의미한다.

집합 내의 자료에 특정 값이 있는지 확인하기 위해 in을 사용한다. 결과는 True 또는 False가 출력된다. 두 개의 집합이 같은지 확인할 때는 == 를 사용한다. 이때 집합의 자료는 배치된 순서와 상관없이 들어있는 값만 확인해서 같은지 확인한다. 결과는 True 또는 False가 출력된다.

```
>>> a={0,1,2,3,4,5}
>>> b={1,3,5,7,9}
>>> a|b
{0, 1, 2, 3, 4, 5, 7, 9}
>>> a&b
{1, 3, 5}
>>> a-b
{0, 2, 4}
>>> a^b
{0, 2, 4, 7, 9}
>>> a==b
False
```

2) 집합 연산함수를 사용하여 자료를 추출해 보자.

```
>>> a = {0,1,2,3,4,5}
>>> b = {1,3,5,7,9}
>>> a.union(b)         # a|b
{0, 1, 2, 3, 4, 5, 7, 9}
>>> a.difference(b)    # a-b
{0, 2, 4}
>>> a.intersection(b) # a&b
{1, 3, 5}
>>> a.symmetric_difference(b)
{0, 2, 4, 7, 9}
```

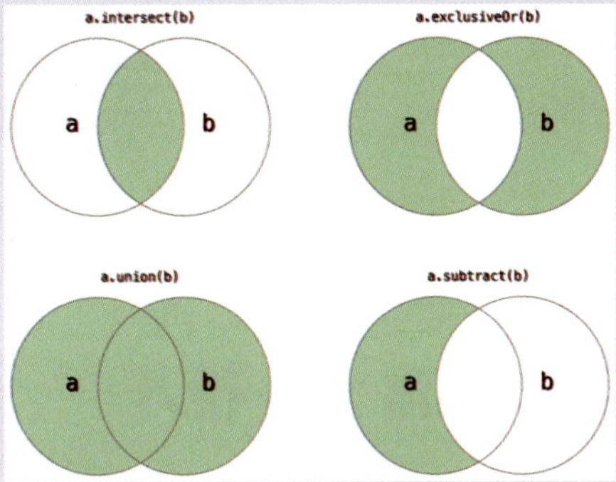

- union(): 합집합을 만들어 값을 반환한다. '|' 연산자를 사용한 것과 결과가 같다.
- update(): 합집합을 만들어 원본 데이터를 수정한다.
- difference(): 차집합을 만들어 값을 반환한다. '–' 연산자를 사용한 것과 결과가 같다.
- difference_update(): 차집합을 만들어 원본 데이터를 수정한다(difference() 함수는 값을 반환하는 반면, 뒤에 _update가 붙은 함수는 원본 데이터를 변경한다).
- intersection(): 교집합을 만들어 값을 반환한다. '&' 연산자를 사용한 것과 결과가 같다.
- intersection_update(): 교집합을 만들어 원본 데이터를 수정한다.
- symmetric_difference(): 대칭차를 만들어 값을 반환한다. '^' 연산자를 사용한 것과 결과가 같다.
- symmetric_difference_update(): 대칭차를 만들어 원본 데이터를 수정한다.

예제

1) 중복된 리스트나 튜플의 값을 집합으로 바꾸어 중복된 자료를 삭제해 보자.

```
>>> a=[1,2,3,3,4,4,5]
>>> a
[1, 2, 3, 3, 4, 4, 5]
>>> b=set(a)
>>> b
{1, 2, 3, 4, 5}
```

2) 다음 두 사이트에서 찾은 문장 중 공통으로 들어가는 단어를 추출해 보자.

'우리나라 도시 중 인천, 부산, 대전, 대구는 광역시입니다'
'인천 그리고 부산 특징은 해안에 위치한 항구 도시이고 광역시입니다'

```
daum='우리나라 도시 중 인천 부산 대전 대구는 광역시입니다'
naver='인천 그리고 부산 특징은 해안에 위치한 항구 도시 이고 광역시입니다'
t1=daum.split(' ')
t2=naver.split(' ')
t3=set(t1)&set(t2)
print(t3)
```

```
{'부산', '도시', '인천', '광역시'}
```

8 도전 내공 쌓기

- **모스부호 변환기 만들기**

미국의 발명가 새뮤얼 모스(1791~1872)는 전자석에 대해 실험하는 중, 전자석을 이용한 전신기를 1835년에 발명했다. 이와 함께 전신기를 이용하여 정보를 보낼 수 있는 모스부호를 만들었다. 모스부호는 점과 선만으로 알파벳과 숫자, 구두점까지 나타낼 수 있도록 고안되었다.

A •–	J •–––	S •••	1 •––––
B –•••	K –•–	T –	2 ••–––
C –•–•	L •–••	U ••–	3 •••––
D –••	M ––	V •••–	4 ••••–
E •	N –•	W •––	5 •••••
F ••–•	O –––	X –••–	6 –••••
G ––•	P •––•	Y –•––	7 ––•••
H ••••	Q ––•–	Z ––••	8 –––••
I ••	R •–•	0 –––––	9 ––––•

```
>>> morse()
변환할 문장(대문자)을 입력하세요(종료하려면 'q' 입력): HELLO PYTHON
입력하신 문장의 모스부호:
· · · ·
·
· - · ·
· - · ·
- - -

· - - ·
- · - -
-
· · · ·
- - -
- ·
```

```
morse = {"A":"·-", "B":"-···", "C":"-·-·", "D":"-··", "E":"·", "F":"··-·",
"G":"--·", "H":"····","I":"··", "J":"·---", "K":"-·-","L":"·-··","M":"--
","N":"-·","O":"---","P":"·--·","Q":"--·-","R":"·-·","S":"···","T":"-
","U":"··-","V":"···-","W":"·--","X":"-··-","Y":"-·--","Z":"--··"," ":""}
# 빈칸은 " "으로 설정
while True:
    letter = input("변환할 문장(대문자)을 입력하세요 (종료하려면 'q' 입력): ")
    if letter.lower() == "q":  # 소문자 'q'도 인식하도록 처리
        print("프로그램을 종료합니다.")
        break
```

```
print("입력하신 문장의 모스부호: ")
for char in letter:
    print(morse.get(char, "?"), end=" ")  # 잘못된 문자는 '?'로 표시
print()  # 줄바꿈
```

파이썬의 자료형 총정리 요약

- **bool형**: True, False만을 가지는 값
  bool형은 True, False의 대문자로 Python 예약어로써 1byte의 크기를 가진다.
- **정수형**: 0과 음수, 양수 값을 포함하는 숫자 값
  정수형은 int와 long형이 있고 int는 4byte, long은 무제한의 크기를 가진다.
- **실수형**: 소수점을 사용하는 숫자 값
  실수형은 float 형이 있고 정수형의 2배인 8byte의 크기를 가진다.
- **문자열**: 따옴표로 묶여 있는 값들
  문자열은 " " , ' ' , """ """, ''' ''' 4가지 형태의 모양을 가진다.
- **리스트**: 정수, 실수, 문자열 등의 값들의 집합
  리스트는 [value, value, value ...]의 모양을 가진다.
- **튜플**: 정수, 실수, 문자열 등의 값들의 집합으로 수정 삭제가 불가능
  튜플은 (value, value, value ...)의 모양을 가진다.
- **딕셔너리**: 정수, 실수, 문자열 등의 값들의 집합으로 키와 값이 한 묶음
  딕셔너리는 {key:value, key:value ...}의 모양을 가진다.
- **집합**: 정수, 실수, 문자열 등의 정렬되지 않은 고유한 원소의 모임
  집합은 {value, value, value ...}의 모양을 가진다.

변수의 자료형을 확인할 때는 type(변수명)을 사용하며, 출력 결과는 <class 'set'>와 같이 출력된다. 자료형 중에서 순회가 가능한 자료는 문자부터 집합이다. 즉, 자료의 값들을 순서대로 읽거나 반복문에서 사용할 수 있다.

TIPS

파이썬의 자료는 모두 객체이기 때문에 자료의 값이 메모리에 직접 들어가는 것이 아니라 객체를 담은 주소를 가리키게 된다. 따라서 자료형의 크기가 결정되지 않고 유연하게 구현된다.

데이터와 순회식

순회가 되는 자료형은 앞서 배운 자료형 중에서 논리형(T, F)과 숫자형(정수, 실수, 복소수)을 제외한 문자형, 리스트, 딕셔너리, 튜플, 집합이 순회의 특성을 가진다.

순회형 자료형은 변수 안에 여러 개의 값을 갖게 되기 때문에 자연스럽게 그 자료의 순서대로 읽어나갈 수 있으며 그 자료의 수만큼 반복을 실행할 수 있다.

```
a='apple'                  # 문자열
b=[2,4,6]                  # 리스트
c={'a':1, 'b':2, 'c':3}    # 딕셔너리
d={1,2,3}                  # 집합
e=(1,2,3)                  # 튜플
```

- **숫자로 순회시키기**

```
for i in range(0,4):
      print(i)
```

```
0
1
2
3
4
```

- **문자열로 순회시키기**

```
a='app'
for i in a:
    print(i)
```

```
a
p
p
```

- **리스트로 순회시키기**

```
a=[1,2,3,4]
for i in a:
    print(i)
```

```
1
2
3
4
```

• 리스트 문자열로 순회시키기

```
a=['h','a','n']
for i in a:
    print(i)
```

```
h
a
n
```

• 딕셔너리로 순회시키기

```
a={'a':'first','b':'second','c':'third','d':'fourth'}
for i in series:
    print(i)
```

```
a
b
c
d
```

• 딕셔너리값으로 순회시키기

```
a={'a':'first','b':'second','c':'third','d':'fourth'}
for i in a.values():
    print(i)
```

```
first
second
third
fourth
```

9 기초튼튼 컴퓨터과학

• **딕셔너리와 해시함수**

딕셔너리는 해시함수, 해시맵, 맵, 해시테이블, 연관배열의 일종이다. 해시함수는 어떤 항목을 다른 값으로 대치하여 표시한 표이다.

예를 들어보자. 미영이가 편의점을 열었다. 판매 상품 200가지를 좌판에 배열하였고 손님들은 필요한 것이 있으면 상품을 구매한다. 한 손님이 구매한 물품 비용을 내기 위해 계산대로 왔다. 소시지, 우유, 맥주, 쥐포, 라면 등 다양하게 골랐는데 미영이는 아직 바코드 시스템을 설치하지 않았고, 아직 미숙해서 물품의 가격도 잘 몰라서 장부에 적힌 물품과 가격을 하나씩 대조해 가며 물건값을 계산했다.

정리되지 않은 장부에서 상품에 맞는 가격을 찾는 게 여간 쉽지 않았다. 모두 200개의 상품을 하나씩 매치하면서 찾다 보니 결재를 기다리던 손님은 슬슬 짜증이 나기 시작했다. 5개의 상품을 200번씩 찾다 보니 1,000번이나 장부를 뒤져야 했다. 간신히 계산을 끝낸 미영이는 장부에 있는 상품 목록을 가나다 순으로 정리하여 다시 장부를 마련했다.

이제 색인(인덱스)이 되어 이분 탐색(log n 시간)으로 찾기 때문에 그럭저럭 빠르게 계산했지만, 점심시간이 되어 손님이 몰려들자 이것도 빨리 처리하기 어려웠다. 그래서 편의점 달인 써니를 초빙하기로 했는데 써니는 모든 상품의 가격을 모두 암기하고 있었다. 바코드 시스템이 설치되기 전까지 써니가 미영이 옆에서 계산을 도와 바로바로 계산이 끝났다.

미영이는 써니에게 어떻게 그렇게 한 번에 상품과 가격을 알고 있는지 물었는데, 써니는 상품의 배치와 그에 따른 가격을 머리 공간에 표처럼 펼쳐서 바로바로 가격을 알 수 있다고 답하였다.

여기서 써니가 처리하는 방식이 해시함수이다. 머릿속에 배치된 상품과 가격이 해시테이블(맵)이다. 모든 상품 목록에 가격을 연결하여 테이블로 구성한 것이 바로 해시테이블, 해시맵이다. 써니의 기억에는 소시지를 입력하면 인덱스 0번이 연결되어 2,300원을 반환하여 바로 한 번에 찾는 것이다.

상품명	소시지	우유	맥주	쥐포	라면	키
인덱스	0	1	2	3	4	인덱스
가격	2300	1100	1300	1000	750	값

파이썬의 딕셔너리는 이처럼 해시테이블 구조로 사용되기 위한 자료구조이다.

해시함수를 자세히 살펴보자. 해시함수는 임의의 길이를 갖는 임의의 데이터를 고정된 길이의 데이터로 매핑하는 단방향 함수를 말한다. 쉽게 말해 아무리 큰 숫자를 넣더라도 정해진 크기의 숫자가 나오는 함수이다. 예를 들어, 어떤 숫자를 10으로 나누었을 때 그 나머지를 구하는 함수도 해시함수이다. 해시함수는 실제 컴퓨터 처리를 통해 전화번호부, 도서관, 검색엔진, 데이터베이스 등에서 유용하게 사용된다.

Chapter 17

내장함수와 외장함수

여러 개의 데이터 중에 최댓값(Maximum)을 구한다거나 평균을 구하고, 소문자를 대문자로 변환하기 위해서는 프로그래머가 일일이 코딩으로 구현해야 한다. 프로그래머들이 반복문에서 특히 많이 사용하는 range() 함수나 print() 함수는 개발자들이 굳이 모든 코드에 구현하기보다 파이썬 프로그래밍 언어에 자체 포함시켜 함수명만 불러 사용하게 함으로써 편리성을 제공하고 있다. 이런 함수를 **내장함수**라고 한다. 우리가 이미 앞서 사용했던 print(), input(), int(), str() 함수들이 대표적인 내장함수이다.

```
>>> a=45
>>> b=int(input("아무 숫자나 입력하시오.")
>>> c=str(b)
>>> print(a, b)
```

또한, 수학에서 사용되는 함수(사인함수, 지수함수 등)나 시간과 날짜 함수, 시스템 함수, 웹브라우저 함수 등은 개발하고자 하는 프로그램의 특징을 반영하기 위해 파이썬을 설치할 때 라이브러리 형태로 같이 설치를 해두었다. 이것을 사용하기 위해서는 import 명령을 통해 모듈을 불러와서 함수를 사용하게 된다. 이러한 함수를 **외장함수**라고 한다.

```
>>> import random
>>> random.randint(1,100)    # 1~100 사이의 임의의 수를 불러온다.
34
```

이번 장에서는 파이썬의 대표적인 내장함수와 외장함수에 대해 살펴보고 함수의 사용 방법에 대해 알아보자.

- **내장함수, 외장함수 기본형**

```
import 외장함수 라이브러리명  # 예시 import random, import math, import time

내장함수명()
외장함수명()
```

1 내장함수의 활용

수학과 관련된 내장함수들을 알아보고 함수를 사용하며 어떤 작업을 수행하는지 살펴보자.

```
>>> abs(-7)                    # 절댓값을 구한다.
7
>>> bool(0)                    # 값이 0이면 false를 반환한다.
False
>>> bool(3)                    # 값이 0이 아닌 수이면 true를 반환한다.
True
>>> bin(96)                    # 십진수를 이진수로 변환한다.
'0b1100000'
>>> oct(96)                    # 십진수를 팔진수로 변환한다.
'0o140'
>>> hex(96)                    # 십진수를 십육진수로 변환한다.
'0x60'
>>> int(12.30)                 # 정수의 값을 구한다.
12
>>> float(34)                  # 실수의 값을 구한다.
34.0
>>> max(23,54,76,1,6,32)       # 최대의 값을 구한다.
76
>>> min(32,65,87,23,5,76)      # 최소의 값을 구한다.
5
>>> pow(2,8)                   # 지수 승(2^8)의 값을 구한다.
256
>>> round(45.9)                # 반올림한 값을 구한다.
46
>>> divmod(9,2)                # 나눈 수의 몫과 나머지를 반환한다.
(4, 1)
>>> sorted((34,56,9,71,5,11))  # 정렬한 값을 반환한다.
[5, 9, 11, 34, 56, 71]
>>> sum((23,45,67,89))         # 총합계를 구한다.
224
```

다음으로 문자 관련 내장함수들을 알아보고 어떤 작업을 수행하는지 살펴보자.

```
>>> chr(99)                  # 아스키코드값을 받아 해당하는 문자를 출력한다.
'c'
>>> ord('C')                 # 해당 문자의 아스키코드값을 반환한다.
67
>>> len("asdasdasd")         # 문자열의 길이를 반환한다.
9
>>> sorted("Violin")         # 문자열을 순서대로 정렬한다(대소문자 구분).
['V', 'i', 'i', 'l', 'n', 'o']
>>> str(54)                  # 숫자를 문자열로 변환한다.
'54'
```

파이썬에서 제공하는 내장함수들의 목록은 다음과 같으며, 이 함수들은 파이썬 명령창에 dir(__builtins__)을 입력하여 목록을 확인할 수 있다.

abs()	dict()	help ()	min ()	setattr()
all()	dir()	hex()	next()	slice()
any()	divmod()	id()	object()	sorted()
ascii()	enumerate()	input()	oct()	staticmethod()
bin()	eval()	int()	open()	str()
bool()	exec()	isinstance()	ord()	sum()
bytearray()	filter()	issubclass()	pow()	super()
bytes()	float()	iter()	print()	tuple()
callable()	format()	len()	property()	type()
chr()	frozenset()	list()	range()	vars()
classmethod()	getattr()	locals()	repr()	zip()
compile()	globals()	map()	reversed()	
complex()	hasattr()	max()	round()	
delattr()	hash()	memoryview()	set()	

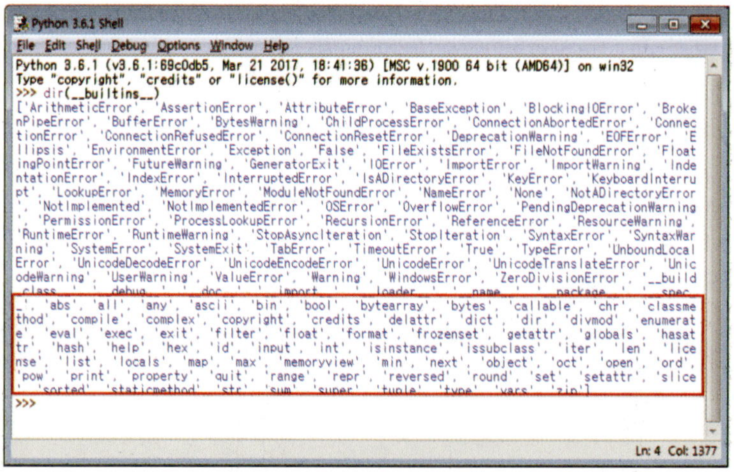

2 외장함수의 활용

앞서 수학과 관련된 내장함수들을 살펴봤다면, 이번에는 수학 관련 외장함수들을 살펴보자.

```
>>> import math        # 외장함수를 불러온다.

>>> print(math)        # 불러온 외장함수를 출력해 보면 built-in이 되어
                         있음을 알 수 있다.
<module 'math' (built-in)>

>>> dir(math)          # 수학 함수의 세부 함수 목록을 볼 수 있다.
['__doc__', '__loader__', '__name__', '__package__', '__spec__', 'acos',
'acosh', 'asin', 'asinh', 'atan', 'atan2', 'atanh', 'ceil', 'copysign', 'cos',
'cosh', 'degrees', 'e', 'erf', 'erfc', 'exp', 'expm1', 'fabs', 'factorial',
'floor', 'fmod', 'frexp', 'fsum', 'gamma', 'gcd', 'hypot', 'inf', 'isclose',
'isfinite', 'isinf', 'isnan', 'ldexp', 'lgamma', 'log', 'log10', 'log1p',
'log2', 'modf', 'nan', 'pi', 'pow', 'radians', 'sin', 'sinh', 'sqrt', 'tan',
'tanh', 'tau', 'trunc']

>>> math.pi            # 원주율(π)의 값(근사값 15자리)을 출력한다.
3.141592653589793

>>> math.e             # 자연상수(e)의 값을 출력한다.
2.718281828459045

>>> math.sin(90)       # 사인함수(sin(90))의 값을 출력한다.
0.8939966636005579

>>> math.sqrt(3)       # 3의 제곱근 값을 출력한다.
1.7320508075688772

>>> math.factorial(12)   # 팩토리얼 연산 값을 출력한다.
479001600

>>> math.fabs(-6.5)    # 절댓값을 구한다. 내장함수 abs()와 같다.
6.5
```

TIPS

점 표기법: 외장함수는 내장함수의 사용 방법과는 달리 외부에서 모듈을 불러와서 사용하기 때문에 import한 라이브러리 이름을 앞에 쓰고 점(.)을 사용하여 세부 함수를 사용한다.

```
>>> math.log()        # math 라이브러리의 log 함수
>>> time.localtime()  # time 라이브러리의 localtime( ) 함수
```

다음으로 시간 관련 외장함수를 사용해 보자.

```
>>> import time   # time 라이브러리 불러오기

# 세계 표준시를 이용하여 현재의 시간을 실수 형태로 반환하며 1970년 1월 1일 0시
0분 0초를 기준으로 지난 시간을 초 단위로 돌려준다.
>>> time.time()
1494915463.2016735

# time.time()에 의해서 반환된 실수값을 이용해서 년도, 달, 월, 시, 분, 초, ...
의 터플 형태로 바꾸어 준다.
>>> time.localtime(time.time())
time.struct_time(tm_year=2017, tm_mon=5, tm_mday=16, tm_hour=15, tm_min=16, tm_
sec=37, tm_wday=1, tm_yday=136, tm_isdst=0)

# 알아보기 쉬운 날짜와 시간 형태의 값을 반환한다.
>>> time.asctime(time.localtime(time.time()))
'Tue May 16 15:19:31 2017'

#2초 동안 실행속도를 멈춘다.
>>> time.sleep(2)
```

예제 1

1) 다음 명령을 실행해 보고 각각 어떤 결과를 출력하는지 비교해 보자.

```
>>> import math

>>> 5.7%3                 # A
```

```
>>> math.fmod(5.7,3)          # B
>>> pow(2,10)                 # C
>>> math.pow(2,10)            # D
```

– 명령 A와 B는 각각 어떤 값을 출력하는가?

– 명령 C과 D는 각각 어떤 값을 출력하는가?

2) 다음 함수가 어떤 의미를 지니고 있는지 설명해 보자.

```
>>> import math
>>> x=pow(math.pi, int(min(23,45,7,2,82)))
>>> print(x)
```

– 사용된 내장함수와 외장함수는 무엇인가?

– 출력되는 x의 값은 무엇인가?

3) 다음 외장함수가 어떤 결과를 출력할지 생각해 보자.

```
>>> import time
>>> for i in range(10):
        print(i)
        time.sleep(0.5)
```

4) 다음 두 개의 외장함수가 어떤 결과를 출력할지 생각해 보자.

```
>>> import calendar
>>> print(calendar.calendar(2019))

>>> import webbrowser
>>> webbrowser.open("http://www.google.com")
```

예제 2

1) 다음의 수학 공식과 코드의 함수를 이용하여 원의 넓이와 둘레를 구하는 프로그램을 완성해 보자.

$$원의\ 넓이 = 반지름 \times 반지름 \times \pi$$

$$원의\ 둘레 = 반지름 \times 2 \times \pi$$

```
import math

r=20                           # 반지름
circle1= math.pi * r**2        # 원의 넓이
circle2= 2 * math.pi * r       # 원의 둘레
print("원의 넓이:",circle1)
print("원의 둘레:",circle2)
```

2) 숫자 6개를 사용자로부터 입력받아 6개의 변수에 저장하고, 저장된 수를 크기순으로 정렬하고 최댓값, 최솟값, 그리고 전체 숫자의 총합을 구하는 프로그램을 완성해 보자.

```
import math

num1 = int(input("첫 번째 숫자를 입력하세요: "))
num2 = int(input("두 번째 숫자를 입력하세요: "))
num3 = int(input("세 번째 숫자를 입력하세요: "))
num4 = int(input("네 번째 숫자를 입력하세요: "))
num5 = int(input("다섯 번째 숫자를 입력하세요: "))
num6 = int(input("여섯 번째 숫자를 입력하세요: "))

# 숫자를 리스트에 저장
numbers = [num1, num2, num3, num4, num5, num6]

numbers_sorted = sorted(numbers)  # 정렬

# 최댓값, 최솟값, 총합 계산
max_value = max(numbers)
min_value = min(numbers)
total_sum = sum(numbers)
mean = math.fsum(numbers) / len(numbers)  # math.fsum은 부동소수점 합산에 사용
```

```
# 결과 출력
print("입력한 숫자: ", numbers)
print("정렬된 숫자: ", numbers_sorted)
print("최댓값: ", max_value)
print("최솟값: ", min_value)
print("총합: ", total_sum)
print("평균값: ", mean)
```

예제 3

3) 거북이 모듈(turtle)을 이용하여 도형을 그리는 코드를 작성하되 한 변을 그리고 나면 1초씩 멈춘 뒤 다시 그리는 프로그램을 완성해 보자.

```
import turtle
```

3 GUI 인터페이스 라이브러리 추가

파이썬외부 라이브러리에는 윈도우와 같은 그래픽 유저 인터페이스(GUI, graphic User Interface) 모듈을 제공한다. 대표적인 표준 라이브러리로는 tkinter가 있으며 윈도우 창, 레이블, 체크박스, 버튼 등을 활용하여 편리한 인터페이스 환경을 제공한다.

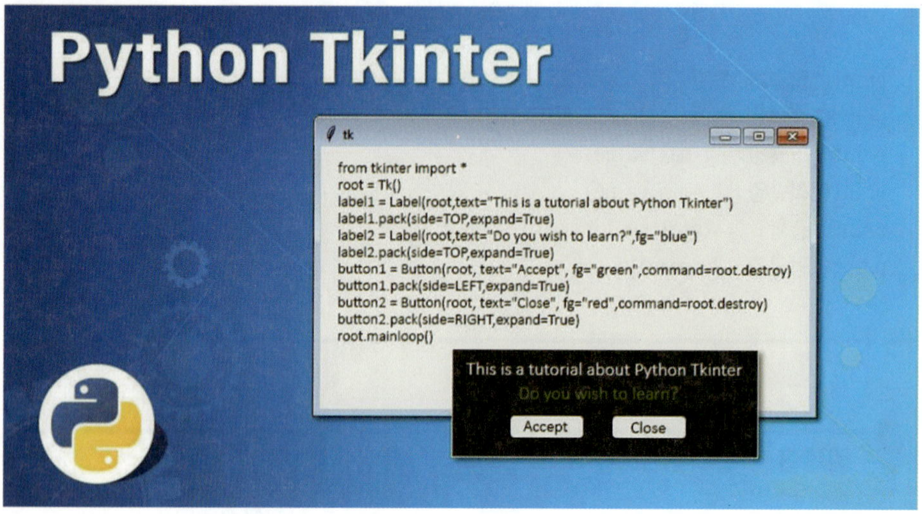

자료: www.educba.com

간단한 버튼을 생성하여 클릭할 수 있는 예제를 살펴보자.

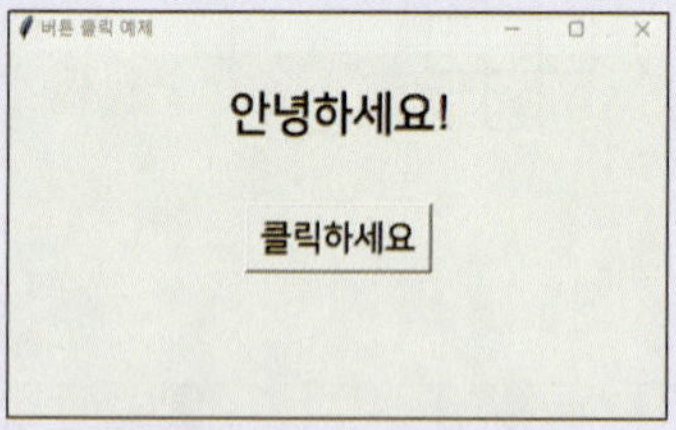


```
import tkinteras tk

def on_click():
    label.config(text="버튼이 클릭되었습니다!")

root = tk.Tk()
root.geometry("800x600")
root.title("버튼 클릭 예제")

label = tk.Label(root, text="안녕하세요!", font=("Arial", 24))
label.pack(pady=20)

button = tk.Button(root, text="클릭하세요", font=("Arial", 18), command=on_
click)
button.pack(pady=20)

root.mainloop()
```

입력 상자와 입력 결과를 출력하는 레이블을 사용한 예이다.

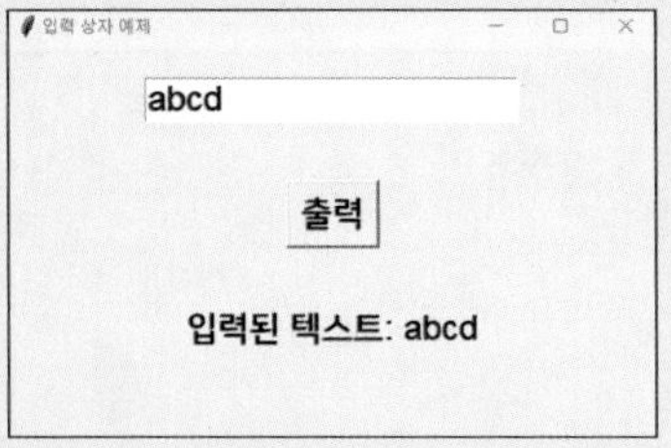


```
import tkinteras tk

def show_text():
    output_label.config(text=f"입력된 텍스트: {entry.get()}")

root = tk.Tk()
root.geometry("800x600")
root.title("입력 상자 예제")

entry = tk.Entry(root, font=("Arial", 18))
entry.pack(pady=20)
button = tk.Button(root, text="출력", font=("Arial", 18), command=show_text)
button.pack(pady=20)
output_label= tk.Label(root, text="", font=("Arial", 18))
output_label.pack(pady=20)

root.mainloop()
```

라디오 버튼을 선택할 수 있는 예제는 다음과 같다.

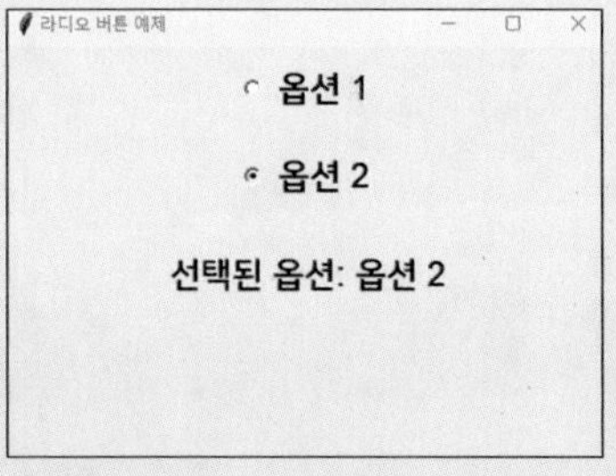


```
import tkinteras tk
```

```
def display_selection():
    label.config(text=f"선택된 옵션: {var.get()}")

root = tk.Tk()
root.geometry("800x600")
root.title("라디오 버튼 예제")

var = tk.StringVar()

radio1 = tk.Radiobutton(root, text="옵션 1", font=("Arial", 18), value="옵션 1",
         variable=var, command=display_selection)
radio1.pack(pady=10)

radio2 = tk.Radiobutton(root, text="옵션 2", font=("Arial", 18), value="옵션 2",
         variable=var, command=display_selection)
radio2.pack(pady=10)

label = tk.Label(root, text="옵션을 선택하세요.", font=("Arial", 18))
label.pack(pady=20)

root.mainloop()
```

그 밖에 Tkinter는 스크롤바, 리스트박스, 계산기 창, 불러오기, 색상 바꾸기, 이미지 불러오기 등의 다양한 기능을 제공하여 편리한 GUI 환경을 개발할 수 있다.

구체적인 Tkinter의 메서드는 다음과 같은 명령을 입력하면 확인할 수 있으며, 공식 문서는 다음의 사이트에서 확인할 수 있다.

https://docs.python.org/3/library/tkinter.html

```
import tkinteras tk

# tkinter의 Tk 클래스 메서드 확인
help(tk.Tk)

# tkinter 모듈에 포함된 모든 메서드와 속성 확인
print(dir(tk))
```

```
# tkinter의 Button 위젯 메서드 확인
root = tk.Tk()
button = tk.Button(root)
print(dir(button))
```

4 도전 내공 쌓기

- 시저 암호 만들기

• 시저 암호(Caesar cipher)

카이사르 암호라고도 불리는 시저 암호는 간단한 치환 암호의 하나이다. 암호화하고자 하는 내용을 알파벳별로 일정한 거리만큼 밀어서 다른 알파벳으로 치환하는 방식이다. 예를 들어, 'YOU LOVE PYTHON'라는 문장을 3글자씩 밀어내는 시저 암호로 암호화하면 'BRX ORYH SBWKRQ'라는 암호 문장이 된다.

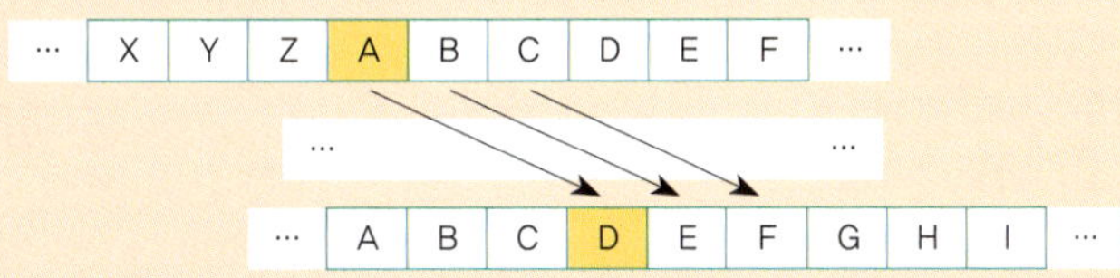

평문	A	B	C	D	E	F	G	H	I	J	K	L	M	N	O	P	Q	R	S	T	U	V	W	X	Y	Z
x	0	1	2	3	4	5	6	7	8	9	10	11	12	13	14	15	16	17	18	19	20	21	22	23	24	25
x+3	3	4	5	6	7	8	9	10	11	12	13	14	15	16	17	18	19	20	21	22	23	24	25	0	1	2
암호문	D	E	F	G	H	I	J	K	L	M	N	O	P	Q	R	S	T	U	V	W	X	Y	Z	A	B	C

1) 상대방에게 전달해야 하는 문장을 시저 암호 방법을 사용하여 암호문을 만들어 보자.

2) 전달하고자 하는 문장을 입력 받아보자.

```
print("시저 암호 세상에 온 것을 환영합니다.")
msg=input("암호화할 문장을 영어로 입력하세요: ")
```

만약, 문장에 대소문자가 섞여서 입력된 경우에는 어떤 문제가 발생하는지 생각해 보자.

3) 입력받은 문장의 알파벳을 3글자씩 오른쪽으로 밀어(shift) 치환해 보자.

알파벳 문자를 3글자씩 밀기 위해서는 연산이 가능한 숫자로 바꿔야 한다. 여기서 알파벳 변환을 위해 사용할 코드는 아스키코드(ASCII)이다.

	평문		암호문
문자	A	→	D
아스키코드	65	→	68

· 암호화 공식: 아스키코드+3
· 복호화 공식: 아스키코드-3

10진수	부호	10진수	부호	10진수	부호	10진수	부호
032		056	8	080	P	104	h
033	!	057	9	081	Q	105	i
034	"	058	:	082	R	106	j
035	#	059	;	083	S	107	k
036	$	060	<	084	T	108	l
037	%	061	=	085	U	109	m
038	&	062	>	086	V	110	n
039	'	063	?	087	W	111	o
040	(	064	@	088	X	112	p
041	)	065	A	089	Y	113	q
042	*	066	B	090	Z	114	r
043	+	067	C	091	[	115	s
044	,	068	D	092	\	116	t
045	-	069	E	093	]	117	u
046	.	070	F	094	^	118	v
047	/	071	G	095	_	119	w
048	0	072	H	096	`	120	x
049	1	073	I	097	a	121	y
050	2	074	J	098	b	122	z
051	3	075	K	099	c	123	{
052	4	076	L	100	d	124	|
053	5	077	M	101	e	125	}
054	6	078	N	102	f	126	~
055	7	079	O	103	g		

```
print("시저 암호 세상에 온 것을 환영합니다.")
msg = input("암호화할 문장을 영어로 입력하세요: ")
msg=msg.upper()                 # 입력받은 문장을 모두 대문자로 변경
encode=""                       # 암호화된 문장을 저장하기 위한 변수 설정
for alphabet in msg:            # 문장의 알파벳을 하나씩 불러오기
    if alphabet.isupper()==True: # 만약 불러온 알파벳이 대문자가 ~라면(참이면)
        tmp = ord(alphabet)+3   # 아스키코드값을 3 증가하여 임시 변수에 저장
        alphabet = chr(tmp)     # 임시 값을 다시 글자로 변환하여 저장
    encode = encode+alphabet
print("평  문:", msg)
print("암호문:", encode)
```

코드를 실행해 보고 문장을 입력하면서 결과를 살펴보자. 문장을 넣어 암호문을 만들다 보면, 'w' 이후의 문자(x, y, z)를 입력하면 문제가 발생하는 것을 확인할 수 있을 것이다. 그 이유를 생각해 보고 해결 방법을 찾아보자.

```
print("시저 암호 세상에 온 것을 환영합니다.")
msg = input("암호화할 문장을 영어로 입력하세요: ")
msg=msg.upper()                      # 입력받은 문장을 모두 대문자로 변경
encode=""                            # 암호화된 문장을 저장하기 위한 변수 설정
for alphabet in msg:                 # 문장의 알파벳을 하나씩 불러오기
    if alphabet.isupper()==True:     # 만약 불러온 알파벳이 대문자가 ~라면(참이면)
        tmp = ord(alphabet)+3        # 아스키코드값을 3 증가하여 임시 변수에 저장
        alphabet = chr(tmp)          # 임시 값을 다시 글자로 변환하여 저장
        if alphabet.isupper()==False: # 아스키코드가 알파벳 대문자가 아니면(거
                                       짓이면)
            tmp = tmp-26             # 알파벳 개수(26개)만큼 빼서 임시 변수에 저장
            alphabet = chr(tmp)      # 임시 값을 다시 글자로 변환하여 저장
    encode = encode+alphabet
print("평  문:", msg)
print("암호문:", encode)
```

이제 완성된 프로그램을 실행하여 원하는 결과가 출력되는지 확인해 보고, 어떤 점들을 보완하면 좋을지 생각해 보자.

4) 다음의 조건들을 추가해서 프로그램의 기능을 개선해 보자.

- 평문을 입력받을 때 만약 사용자가 문장에 숫자나 특수기호가 입력될 경우는 어떻게 처리해야 할지 해결해 보자.
- 오른쪽으로 3씩 밀려서 암호화되는 대신 사용자가 미루는 값을 직접 입력하여 암호화하는 코드를 작성해 보자.

```
print("시저 암호 세상에 온 것을 환영합니다.")

# 암호화할 문장 입력
msg = input("암호화할 문장을 영어로 입력하세요: ")
key = input("암호화 키(1~26 숫자)를 입력하세요: ")

# 입력값 검증
if not key.isdigit() or not (1 <= int(key) <= 26):
    print("암호화 키는 1에서 26 사이의 숫자여야 합니다.")
else:
    key = int(key)              # 키를 정수로 변환
    msg = msg.upper()           # 입력받은 문장을 대문자로 변환
    encode = ""                 # 암호화된 문장을 저장할 변수
    for alphabet in msg:        # 문장의 문자를 하나씩 처리
        if alphabet.isalpha():  # 만약 문자가 알파벳이라면
            tmp = ord(alphabet) + key   # 아스키코드값에 키를 더함
            if tmp > ord('Z'):          # 만약 범위를 넘어가면
                tmp -= 26               # 알파벳 개수(26)를 빼서 순환
            alphabet = chr(tmp)         # 다시 문자로 변환
        elif alphabet == " ":           # 공백은 그대로 유지
            pass
        else:                           # 숫자나 특수기호는 무시
            continue
        encode += alphabet              # 암호화된 문자를 결과에 추가

    # 결과 출력
    print("평문: ", msg)
    print("암호키: ", key)
    print("암호문: ", encode)
```

5 기초튼튼 컴퓨터과학

• 암호와 컴퓨팅 사고

수천 년 역사에서 대부분의 국가와 그 지도자들은 효율적인 정보의 관리와 통신 수단에 의존하여 나라를 다스리고 지켜왔다. 특히, 전쟁이나 국가의 위기 상황에서 정보와 통신은 더할 나위 없이 중요하였다. 이러한 정보와 통신을 지키기 위해 탄생한 것이 바로 암호이다. 최초의 암호는 스테가노그래피 암호로, 불빛이나 약품 심지어 몸의 문신으로 비밀을 숨기는 방적이었고 스키테일 암호는 원통의 막대에 종이를 감아서 문자의 위치를 바꾸는 방식으로 정보를 암호화하였다.

스키테일 암호에 사용하는 원통형 막대기
출처: Wikimedia

시저 암호는 원래 글자를 다른 글자로 치환하는 방식으로 알파벳의 순서를 미뤄(shift) 암호화하는 방식을 사용하였다. 여기서 암호화 키(key)는 알파벳을 미룬 수이다. 시저 암호는 큐(queue)의 구조를 가지고 있으며 평문과 암호문의 배치는 배열의 구조로 표현할 수 있다. 이것을 원형의 형태로도 표현할 수 있는데, 자료구조의 측면에서 환형큐의 구조를 가지고 있다.

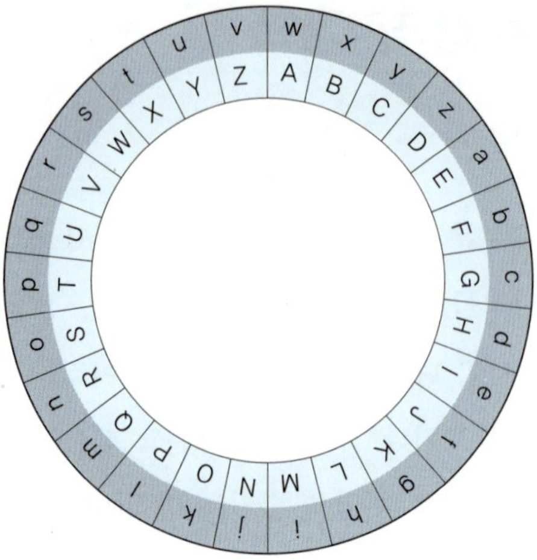

앞서 시저 암호의 구조를 보여주는 표를 두 개의 원이 회전하는 원형 모양으로 만들었을 때 암호화된 코드를 작성하기 훨씬 쉬울 것이다. 같은 암호화일지라도 자료구조를 어떻게 하는 가에 따라 암호화 복호화의 효율성이 달라지는 것을 발견할 수 있다. 이것은 컴퓨팅 사고로 문제를 해결하는 한 가지 사례를 보여준다.

즉, 자료구조를 이해하는 과정이 곧 컴퓨터과학자와 같이 생각하는 과정이고 컴퓨팅 파워를 이용하여 효과적으로 문제를 해결하는 과정이라고 볼 수 있다.

이러한 암호화 방법론들은 악보 암호, 에니그마 암호 등으로 발전하였고 컴퓨터 등장의 계기가 되었다. 현대에 와서 암호는 컴퓨터도 해결하기 어려운 방식으로 등장하고 있으며, 기존의 대칭키 암호방식에서 공개키 암호방식으로 바뀌었고 이를 RSA 암호로 개발하였다. 이후 IBM에서 제안한 DES 암호 알고리즘이 금융시스템 중심으로 사용되며 슈퍼컴퓨터로도 해석할 수 없는 안전한 암호 방식으로 활용되고 있다.

Chapter 18

파일 처리

게임을 하던 중 급한 일이 생겨서 컴퓨터를 끄고 일을 처리한 뒤 다시 컴퓨터를 켰다. 하지만 이전에 했던 게임의 기록과 점수를 이어서 계속 진행하고 싶은데, 프로그램은 무조건 처음부터 다시 시작되었다. 왜 그런 일이 발생하였을까?

게임을 실행했을 때 점수나 진행 상황 등의 데이터들은 변수로 설정되어 컴퓨터의 메모리(램)에 입력된다. 여기서 주기억장치(램)는 컴퓨터가 꺼지면 데이터가 모두 사라진다. 하지만 이러한 데이터를 컴퓨터의 전원이 꺼지더라도 그대로 유지하도록 하려면 보조기억장치(HDD, SDD, USB 메모리 등)에 데이터를 저장해야 한다. 여기서 보조기억장치에 저장된 데이터를 파일(file)이라고 한다.

여러분이 메모장이나 워드프로세서를 이용하여 저장된 문서 자료나 그림 자료, 음악 자료, 동영상 자료도 이와 같이 보조기억장치에 파일로 저장해야 다시 사용하거나 수정할 수 있고 인터넷을 통해 자료를 공유할 수도 있다.

이번 장에서는 파일의 의미를 이해하고 파일을 읽고, 수정하고, 저장하는 방법을 살펴보자. 또한 앞서 만든 프로그램들의 자료를 파일로 저장해 보자.

- **파일 처리 기본형**

```
파일객체 = open(파일명, 파일모드)
파일객체.close()
```

1 파일 처리 기초

친구 이름을 저장할 수 있는 텍스트 파일을 생성해 보자.

```
f = open("name.txt", "w")
f.close()
```

위 코드에서 f는 파일 객체로, 변수명처럼 이름을 설정하여 사용할 수 있다. 파일 열기 모드로는 r(읽기 모드), w(쓰기 모드), a(추가 모드)가 있으며, 코드에서 사용한 w는 write(쓰기) 모드이다. 파일을 open한 뒤에는 반드시 close() 명령을 통해 다시 닫아야 한다.

다음으로 텍스트 파일에 친구 이름을 저장해 보자.

```
f = open("name.txt", "w")
f.write("홍길동 ₩n")
f.write("김유신 ₩n")
f.write("이순신")
f.close()
```

프로그램을 실행해 보자. 파이썬 코드 파일이 저장된 폴더에 name.txt라는 메모장(notepad.exe) 텍스트파일이 생성된 것을 확인할 수 있다. 이제 파일을 열어 내용을 살펴보자.

만약, 코드 파일이 저장된 폴더가 아닌 특정 폴더에 파일을 저장하도록 하려면 f=open("c:\python\name.txt", "w")와 같이 저장 경로를 직접 설정하면 된다.

이제 파일의 내용을 읽어 보자. 각각의 코드를 실행해 보고 어떤 내용이 출력되는지 비교해 보자.

TIPS

₩n은 문자열에서 줄 바꿈을 의미한다. 만약 위 코드에서 \n을 생략하고 실행한다면, '홍길동김유신이순신'이라는 문자열이 텍스트 파일에 저장될 것이다.

```
f = open("name.txt", "r")
text=f.read()
print(text)
f.close()
```

```
f = open("name.txt", "r")
text=f.readlines()
print(text)
f.close()
```

```
f = open("name.txt", "r")
text=f.readline()
print(text)
f.close()
```

TIPS

파일의 내용을 읽는 방법은 다음과 같이 세 가지 방법이 있다.
- read(): 모든 텍스트를 한꺼번에 읽는다.
- readlines(): 모든 텍스트를 리스트의 형태로 읽는다.
- readline(): 첫 번째 라인의 텍스트를 읽는다.

기존의 텍스트 파일에 다른 내용을 추가해 보자. 먼저, 왼쪽의 코드를 실행하고, 다시 오른쪽 코드로 수정하여 실행한 뒤에 그 내용을 비교해 보자.

```
f = open("name.txt", "w")
f.write("한석봉 ₩n")
f.write("안중근 ₩n")
f.write("정약용")
f = open("name.txt", "r")
text=f.read()
print(text)
f.close()
```

```
f = open("name.txt", "a")
f.write("김정호 ₩n")
f.write("대장금 ₩n")
f.write("유관순")
f = open("name.txt", "r")
text=f.read()
print(text)
f.close()
```

결과를 비교해 보면 읽기 모드의 w와 추가 모드 a의 차이점은 무엇인지 알 수 있을 것이다. 이제 오른쪽 코드를 실행한 상태에서 다시 왼쪽의 코드를 실행하면 어떤 결과가 출력될지 생각해 보자.

2 파일 저장과 읽기

다음과 같이 동물 파일을 생성한 뒤 마지막에 f.close() 명령을 생략해서 실행하고, 그 결과를 확인하면서 close() 명령이 어떤 역할을 하는지 생각해 보자.

```
f = open("animal.txt", "w")
f.write("cat ₩n")
f.write("dog ₩n")
f.write("mouse ₩n")
f.write("cow ₩n")
# f.close() 명령 생략
```

TIPS

파일을 처리하는 과정은 '파일 열기' → '파일에 자료를 읽거나 쓰거나 추가하기' → '파일 닫기' 순서로 진행된다.

• **파일 모드 옵션**

모드	용어	의미	내용	사용 방법
r	read	읽기	파일의 내용을 읽어온다.	f=open("a.txt", "r") f.read() f.readlines() f.readline()
w	write	쓰기	파일을 생성하고 입력 내용을 모두 지운 뒤 처음부터 쓴다.	f=open("a.txt", "w") f.write()
a	append	추가하기	파일을 생성하고 입력 내용을 기존 파일 내용의 뒤에 추가한다.	f=open("a.txt", "a") f.write()

스포츠 이름에 대한 세 가지 데이터를 입력한 뒤 프로그램을 실행해 보자.

```
f = open("sport.txt", "w")
f.write("soccer ₩n")
f.write("base ball ₩n")
f.write("basket ball")
text=f.read()
print(text)
f.close()
```

코드를 실행하면 오류가 발생할 것이다. 발생한 문제를 해결해 보자.

```
f = open("sport.txt", "w")  # 파일 쓰기 모드로 열기
f.write("soccer ₩n")
f.write("base ball ₩n")
f.write("basket ball")
f.close()                   # 파일 닫기

f = open("sport.txt", "r")  # 파일 읽기 모드로 다시 열기
text=f.read()
print(text)
f.close()                   # 파일 닫기
```

TIPS

파일을 연 뒤에 쓰거나 읽기 작업을 할 경우 두 가지 작업을 동시에 수행하지 않는다. 읽거나 쓰는 작업을 동시에 할 경우에는 각각 파일을 열고 닫는 명령을 구분하면서 코딩해 준다.

다음의 sport.txt 파일을 한 줄씩 읽어 출력하는 두 프로그램을 실행해 보자.

```
import time

f = open("sport.txt", "r")
text=f.readline().rstrip()
while text != "":
    print(text)
    text=f.readline().rstrip()
    time.sleep(1)
f.close()
```

```
import time

f = open("sport.txt", "r")
for text in f:
    text=text.rstrip()
    print(text)
    time.sleep(1)
f.close()
```

text=f.readline().rstrip()에서 rstrip()와 time.sleep(1)는 프로그램에서 어떤 역할을 수행하는지 생각해 보고, while문을 사용하여 파일의 내용을 한 줄씩 읽는 것과 for문을 사용하여 파일의 내용을 한 줄씩 읽는 것의 차이점을 설명해 보자.

예제 1

1) 반복문을 이용하여 1부터 99까지 수를 생성하여 파일에 저장해 보자.

```
f = open("number.txt", "w")        # 파일 읽기 모드 w
for i in range(1,100):
    f.write(str(i))
    f.write("\n")
f.close()

f = open("number.txt", "r")        # 파일 읽기 모드 r
num=f.read()
print(num)
f.close()
```

2) 1~100 사이의 숫자 중 3의 배수만 출력하도록 코드를 수정해 보자.

```
f = open("number.txt", "w")
for i in range(1,100):

   if i%3==0:
        f.write(str(i))
        f.write("\n")
f.close()

f = open("number.txt", "r")
num=f.read()
print(num)
f.close()
```

예제 2

친구의 이름과 전화번호를 직접 입력하여 tel.txt 파일에 저장해 보자.

```
f = open("tel.txt", "a")            # 파일 쓰기 모드
name=input("친구의 이름은?")
tel=input("전화번호는?")
f.write(name)
f.write(tel)
f.write("\n")
f.close()

f = open("tel.txt", "r")            # 파일 읽기 모드
friend=f.read()
print(friend)
f.close()
```

1) 친구의 이름이 순서대로 추가되도록 파일 읽기 모드를 설정하시오.

2) 친구의 이름, 전화번호, 그리고 생일을 추가로 입력받아 저장하시오.

3) 엔터키를 입력받을 때까지 친구 이름과 전화번호, 생일을 입력받아 저장하시오.

예제 3

5마리 곰이 순서대로 출력하여 저장하는 프로그램을 만들어 보자.

```
f=open("bear.txt",'w')
for i in range(1,6):
    print("%d 마리 곰\n" % i)
    data=("%d 마리 곰\n" % i)
    f.write(data)
f.close()
```

TIPS

data 변수에 사용된 %d, %i의 의미는 반복문의 i 변수값을 d로 치환하여 대체한다.

• **문자열의 포매팅**

코드	설명
%s	문자열(String)
%c	문자 1개(character)
%d	정수(Integer)
%f	부동소수(floating-point)
%o	8진수
%x	16진수
%%	Literal %(문자 % 자체)

예제 4

시스템의 현재 날짜와 시간을 파일에 저장해 보자. 이때 날짜와 시간은 어떤 함수를 어떻게 가져오면 될지 지난 내용을 떠올려보자.

```
import time

f=open("time.txt",'w')
f.write(time.ctime())
f.close()
```

예제 5

1) 딕셔너리 형태의 친구 생일 자료를 읽고 쓰는 프로그램을 만들어 보자.

```
friend={'영철':'7월 3일','미영':'2월 9일','수빈':'4월 5일'}
f = open("friend.txt", "w")
for key in friend:
    print(key, friend[key])
    f.write("친구이름: "+key+", ")
    f.write("생일: "+friend[key]+"\n")
f.close()
```

2) 피클 모듈을 이용하여 딕셔너리 자료를 파일에서 읽고 기록해 보자.

```
import pickle
import time

friend={'영철':'7월 3일','미영':'2월 9일','수빈':'4월 5일'}
f = open("friend1.txt", "wb")
pickle.dump(friend, f)          # 파일에 자료 저장(덤프)하기
f.close()

time.sleep(1)
f = open("friend1.txt", "rb")
a = pickle.load(f)              # 파일에서 자료 불러오기
print(a)
```

- pickle 모듈을 사용하면 for문을 사용하여 복잡한 딕셔너리나, 리스트, 클래스 형태의 자료를 파일에서 읽거나 저장하는 방법보다 간편하다.
- pickle 모듈을 사용하여 자료를 파일로 저장할 때는 dump()를 사용하며, 읽을 때는 load() 함수를 사용한다.
- 생성된 friend1.txt를 열어보면, 파일의 내용이 깨진 것처럼 보이지만 이것은 바이트코드로 저장되어 그렇게 보이는 것뿐이며 실제로는 정상적으로 저장된 상태이다.

TIPS

- f = open("friend1.txt", "wb")에서 wb는 바이트코드로 저장하라는 의미이다.
- pickle 모듈을 사용할 때 파일 형식을 바이트(byte) 형식으로 읽고 써야 한다.

```
file = open('text.txt','wb')
file = open('text.txt','rb')
```

3 로그 기록 파일

이번에는 사용자가 컴퓨터에 로그인해서 실행했던 행위를 기록하는 로그 파일을 생성해 보자.

1) 서버에 로그인하고자 한다. 이때 로그인 ID, PW, 접속 시각을 저장해 보자.

```
import time
f = open("log.txt", 'w')  # 로그 파일 열기
log_id = input("사용자의 아이디: ")
log_pw = input("사용자의 패스워드: ")
# 현재 시간 가져오기
login_time = time.strftime("%Y-%m-%d %H:%M:%S")  # 현재 날짜와 시간
f.write(f"로그인 시간: {login_time}\n")  # 로그 정보 기록
f.write(f"로그인 ID: {log_id}\n")
f.write(f"로그인 PW: {log_pw}\n")
print(log_id + "님 반갑습니다.")  # 사용자 환영 메시지 출력
print("로그인 정보가 기록되었습니다.")
f.close()
```

2) 로그인 정보가 맞는지 확인하여 ID, PW, 로그인 시각을 기록해 보자.

- ID는 "admin"으로 하고 PW는 "amho123"으로 한다.
- ID와 PW가 틀리면 다시 입력받고 5회 틀리면 강제 종료한다.
- 이 모든 기록을 log.txt 파일에 저장하도록 한다.

```
import sys
import time
f = open("log.txt", 'w')  # 로그 파일 열기
turn = 5                  # 로그인 시도 횟수

# 저장된 아이디와 패스워드 (관리자 계정)
correct_id = "admin"
correct_pw = "1234"

while turn:
log_id = input("사용자의 아이디: ")
log_pw = input("사용자의 패스워드: ")

    # 로그인 시도 정보 기록
    f.write(time.ctime() + ", ")      # 현재 시간
    f.write(log_id + ", ")            # 입력된 아이디
    f.write(log_pw + ", " + "\n")     # 입력된 패스워드

# 아이디와 비밀번호 확인
    if log_id == correct_id and log_pw == correct_pw:
break          # 로그인 성공 시
    else:
print("아이디 또는 암호 오류! 다시 입력하세요.")
turn -= 1     # 시도 횟수 감소
        if turn == 0:
print("아이디와 암호가 5회 틀려 강제 종료합니다.")
f.write(time.ctime() + ", " + "\n")
f.write("5회 접속 실패로 강제 종료\n")
f.close()
sys.exit()   # 프로그램 강제 종료

print("admin 관리자님 반갑습니다.") # 로그인 성공 메시지
f.close()                          # 로그 파일 닫기
```

4 도전 내공 쌓기

- **파일에 날짜를 저장하고 파일의 숫자를 읽어 계산하기**

1) 사용자로부터 도시 이름을 입력받아 저장할 때, 도시 이름과 입력된 날짜, 시간을 파일로 저장해 보자.

```
import time

f = open("city.txt", "w")
city=input("도시의 이름은?")
f.write(city+" ")
f.write(time.ctime())        # 시간 기록
f.write("\n")
f.close()
```

```
f = open("city.txt", "r")
city=f.read()
print(city)
f.close()
```

2) 50명의 수학 점수(0~100점)를 랜덤하게 난수로 생성하여 math.txt 파일에 저장한 뒤 그 파일의 수학 점수를 읽어 총점과 평균을 출력해 보자.

```
import random                          # 랜덤 모듈 불러오기

f = open("math.txt", "w")
for i in range(1,51):
    score=random.randrange(0,100)      # 0~100점 사이의 수학 점수 난수


    f.write(str(score))
    f.write("\n")
f.close()


f = open("math.txt", "r")
sum=0
for score in f:                        # 읽어온 파일의 라인 수만큼 반복
    score=score.rstrip()               # 각 행의 \n 줄바꿈 삭제
    print(score)
    sum+=int(score)                    # 총점 계산
avg=sum/50                             # 평균 계산
print("총점=" + str(sum))
print("평균=" + str(avg))
f.close()
```

- **단어 추측 게임 만들기**

1) 단어에 포함된 알파벳을 추측하여 찾는 게임을 작성해 보자.

게임 규칙

- 하나의 단어를 변수로 설정한다.
- 단어의 각 글자는 화면의 세로로 출력하되 초기에는 _로 나타낸다.
- 알파벳을 입력받아 단어의 글자와 비교한다.
- 추측한 알파벳이 단어에 포함되면 _를 알파벳으로 대체한다.
- 10번 동안 시도하도록 한다.

먼저 게임의 절차를 순서도로 나타내보자.

다음과 같이 사용자의 이름을 입력받아 프로그램이 시작되도록 만들어 보자.

```
이름이 무엇인가요? 홍길동
안녕? 홍길동 나와 같이 단어 추측게임을 즐겨보자!
추측 게임 시작하기...
```

```
import time           # time 모듈 불러오기

name = input("이름이 무엇인가요? ")
print(" ")
print("안녕? " + name, "나와 같이 단어 추측게임을 즐겨보자!")
print(" ")
time.sleep(1)         # 1초 기다리기
```

```
print("추측 게임 시작하기...")
time.sleep(0.5)
```

게임에 사용될 변수들을 정의해 보고, 각 변수가 어떤 역할을 할지 생각하며 적어보자.

```
word = "secret"     # [            ]

guesses = ''        # [            ]

turns = 10          # [            ]
```

10회 반복하며 알파벳을 맞추는 코드를 작성한다. 추측하려는 단어의 길이만큼 _로 표현한 다음 추측한 알파벳이 맞을 때 출력해 보자.

```
while turns > 0:                  #실행 횟수가 0이 될 때까지 반복
    failed = 0                    # 틀린 알파벳 수를 나타내는 변수
    for char in word:             # 추측하려는 단어의 알파벳 수만큼 반복
        if char in guesses:       # 만약 추측한 알파벳이 있다면,
            print(     ),         # 추측한 알파벳 출력하기


        else:
            print("_", end=" ")   # 추측한 알파벳이 없다면 _로 출력
            failed += 1           # 틀린 알파벳 수 증가시키기
 if failed == 0:                  # 틀린 알파벳 수가 0이라면 승부 끝내기
        print("당신이 이겼습니다.")
        break                     # 끝내기
    print(" ")
```

알파벳을 입력받고 틀렸을 경우의 조건을 처리해 보자.

```
guess = input("추측한 알파벳을 입력하세요:")
guesses += guess                        # 추측한 알파벳 추가하여 넣기
if guess not in word:                   # 만약 단어에 해당 알파벳이 없으면,
    turns -= 1                          # 시도 횟수 1씩 줄이기
    print("없습니다.")
    print("이제", + turns, "번 더 추측할 수 있습니다.")
    if turns == 0:                      # 만약 남은 시도 횟수가 0이면
        print("당신이 졌습니다.")
```

완성된 소스를 살펴보자.

```
import time

name = input("이름이 무엇인가요? ")
print(" ")
print("안녕? " + name, "나와 같이 단어 추측게임을 즐겨보자!")
print(" ")
time.sleep(1)  #1초 기다리기
print("추측 게임 시작하기...")
time.sleep(0.5)

word = "secret"                 # 추측할 단어 대입
guesses = ''                    # 빈 값 생성
turns = 10                      # 시도 횟수

while turns > 0:                # 실행 횟수가 0이 될 때까지 반복
    failed = 0                  # 틀린 알파벳 수를 나타내는 변수
    for char in word:           # 추측하려는 단어의 알파벳 수만큼 반복
        if char in guesses:     # 추측한 알파벳이 있다면
            print(char),        # 추측한 알파벳 출력하기
        else:
            print("_", end=" ") # 추측한 알파벳이 없다면 _로 출력
            failed += 1         # 틀린 알파벳 수 증가시키기
 if failed == 0:                # 틀린 알파벳 수가 0이라면 승부 끝내기
        print("당신이 이겼습니다.")
```

```
        break                                   # 끝내기
    print(" ")
    guess = input("추측한 알파벳을 입력하세요:")
    guesses += guess                            # 추측한 알파벳 추가하여 넣기
    if guess not in word:                       # 단어에 해당 알파벳이 없으면
        turns -= 1                              # 시도 횟수 줄이기
        print("없습니다.")
        print("이제", + turns, "번 더 추측할 수 있습니다.")
        if turns == 0:
            print("당신이 졌습니다.")
```

2) 단어 추측 게임의 기능을 확장해 보자.

추측할 단어 10개를 리스트 변수로 설정하고 임의의 단어를 불러서 추측해 보자.

```
import random                                # 랜덤 모듈 불러오기
words = ["secret","apple","computer","sky","school","game","korea","train","book
","piano"]
word = words[random.randrange(0,9)]  # words 리스트에서 0~9 사이의 임의값 불러오기
```

시도 횟수를 10번으로 고정하지 말고 사용자로부터 횟수를 자유롭게 입력받아 보자.

```
turns = int(input("시도할 회수는?"))
```

추측한 단어를 세로로 출력하지 말고 가로로 출력해 보자.

```
    for char in word:                # 추측하려는 단어의 알파벳 수만큼 반복
        if char in guesses:          # 추측한 알파벳이 있다면
            print(char, end=" ")     # 추측한 알파벳 출력하기
        else:
            print("_", end=" ")      # 추측한 알파벳이 없다면 _로 출력
            failed += 1              # 틀린 알파벳 수 증가시키기
```

3) 사용자가 입력한 시간과 내용을 모두 파일에 순서대로 저장해 보자.

사용자 이름, 시도 횟수, 입력한 알파벳 등 키보드로 입력할 때마다 입력 시간과 입력된 값을 파일에 저장한다. 이때 파일에 저장하는 부분은 함수로 구현하여 간단하게 호출해서 사용한다.

```
import time                              # time 모듈 불러오기
import random                            # 랜덤 모듈 불러오기

def record((variable):
    with open("game_record.txt", "a") as file:
        file.write((variable + "\n")
    return

name = input("이름이 무엇인가요? ")
record(name)
print(" ")
print("안녕? " + name, "나와 같이 단어 추측게임을 즐겨보자!")
print(" ")
time.sleep(1)       # 1초 기다리기
print("추측 게임 시작하기...")
time.sleep(0.5)

words = ["secret","apple","computer","sky","school","game","korea","train","book
","piano"]

word = words[random.randrange(0,9)]      # words 리스트에서 0~9 사이의 임의값 불
                                           러오기
guesses = ''                             # 빈 값 생성
turns = int(input("시도할 회수는?"))     # 시도 횟수
```

```
record(str((turns))

while turns > 0:                # 실행 횟수가 0이 될 때까지 반복
    failed = 0                  # 틀린 알파벳 수를 나타내는 변수
    for char in word:           # 추측하려는 단어의 알파벳 수만큼 반복
        if char in guesses:     # 추측한 알파벳이 있다면
            print(char, end=" ")    # 추측한 알파벳 출력하기
        else:
            print("_", end=" ")     # 추측한 알파벳이 없다면 _로 출력
            failed += 1             # 틀린 알파벳 수 증가시키기
    if failed == 0:             # 틀린 알파벳 수가 0이라면 승부 끝내기
        print("당신이 이겼습니다.")
        break                   # 끝내기
    print(" ")
    guess = input("추측한 알파벳을 입력하세요:")
    record(guess)
    guesses += guess            # 추측한 알파벳 추가하여 넣기
    if guess not in word:       # 단어에 해당 알파벳이 없으면
        turns -= 1              # 시도 횟수 줄이기
        print("없습니다.")
        print("이제", + turns, "번 더 추측할 수 있습니다.")
        if turns == 0:
            print("당신이 졌습니다.")
```

5 기초튼튼 컴퓨터과학

• 보조기억장치

인류는 자연으로부터 얻은 정보를 기억하고 기록하는 데 많은 노력을 하였다. 뇌가 가진 한계와 기능으로 뇌가 온전히 모든 것을 기억하는 것은 불가능했다. 그래서 인간은 보조기억장치를 마련하여 이를 기억하거나 연산하는 데 활용하였다. 저장장치의 역사를 돌아보면 최초 동굴에 빗금이나 낙서를 통해 기록을 남기었고, BC 3500년경 쐐기문자와 파피루스의 발명으로 인류 지식이 남아 후세에 전달되며 문명이 발전하였다. 이후 주판의 발명으로 단기기억과 계산을 동시에 처리하며 수학의 자동화에 한몫하였다.

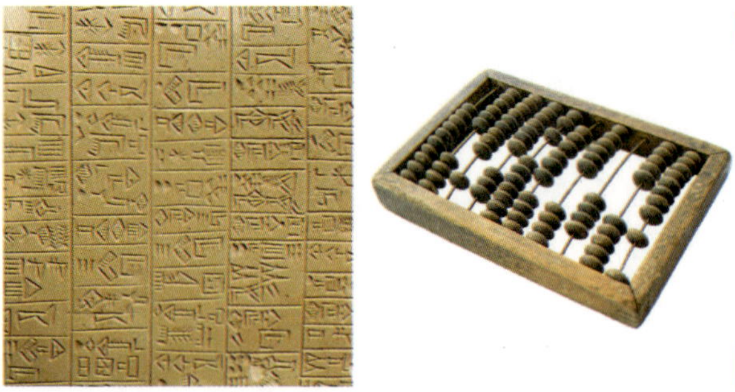

쐐기문자와 주판

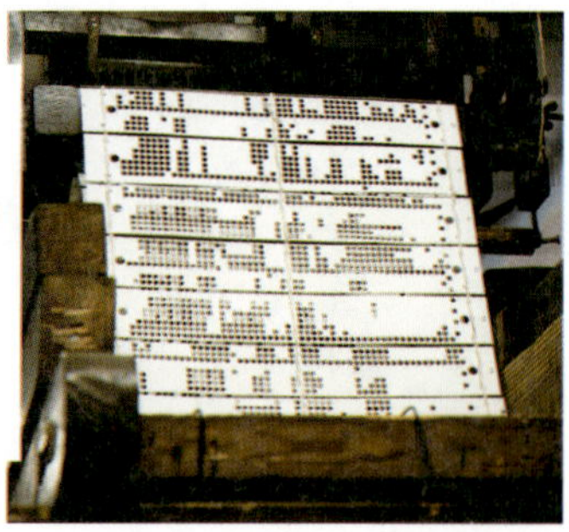

자카드 방직기

이후 인류는 정보와 지식을 저장하기 위한 노력으로 인쇄술의 발전 그리고 산업혁명이 들어서며 방직기의 제조 방법을 기록화하여 자동화하였고, 초기 컴퓨터의 등장으로 천공카드와 OMR 등의 보조기억장치를 활용하였다. 이후 자석을 이용한 드럼, 테이프, 디스크를 활용하고 빛을 이용한 방법으로 CD, DVD 등을 활용하였으나 이후 반도체를 기반으로 하는 USB 메모리로 작은 크기의 장치로 수많은 데이터를 저장하게 되었다. 앞으로 유리를 이용한 장치와 생명체를 이용한 저장장치들이 제시되며 인류의 데이터와 정보 그리고 지식을 기록하고 통합하는 데 획기적인 발판을 마련하고 있다.

천공카드와 OMR카드

다양한 보조기억장치들과 하드디스크

미래의 저장장치

• **유리 저장장치(5차원 데이터 저장장치)**

데이터는 3층으로 구성된 레이어에 기록되며 3D 좌표와 함께 크기와 방향으로 저장하며 한 장의 디스크에 360TB의 정보를 실온에서 최대 138억 년간 변질 없이 저장 가능하다. (출처: www.zdnet.co.kr)

• **생명체의 기억장치(DNA)**

현재 연구 중인 DNA 저장장치는 DNA 염기를 0과 1로 치환하여 디지털 데이터를 저장하는 것으로, 개발된다면 1g의 DNA만으로 4,550억 기가바이트의 데이터를 저장할 수 있다고 한다.

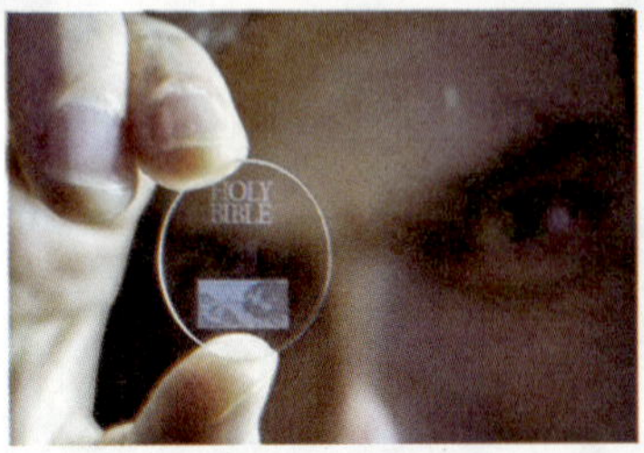

유리 저장장치

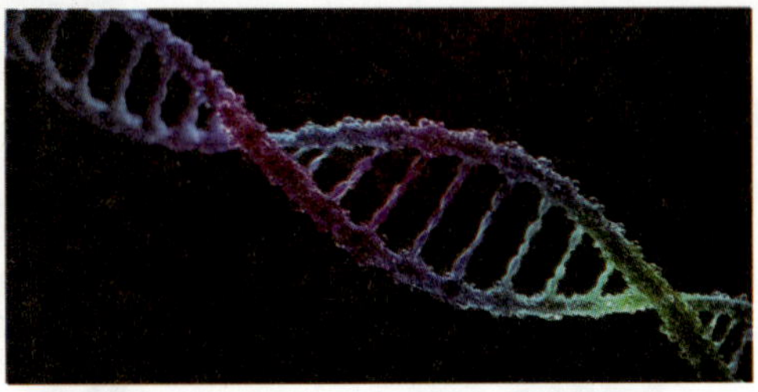

생명체의 기억장치(DNA)

• **원자 메모리**

원자 메모리는 손톱만 한 칩 하나에 미국 의회 도서관의 모든 서적 정보, 또는 영화 4,000편을 담을 수 있는 획기적인 메모리 기술이라고 한다.

• **석영 광학 저장 기술**

석영 광학 기술은 열과 방사선에 강한 석영 유리에 블루레이 디스크와 비슷한 밀도로 데이터를 기록하는 기술이다. 약 1,000년으로 알려진 블루레이 디스크의 보존 기간을 크게 웃도는 3억 년간 데이터를 저장할 수 있다고 하지만, 아직 증명할 길은 없다.

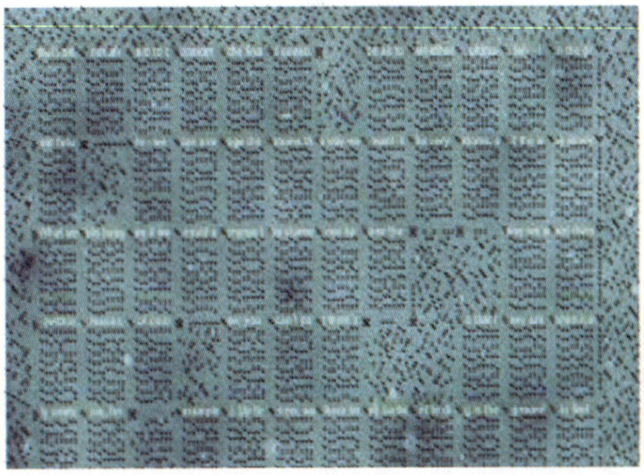

원자 메모리

석영 광학 저장 기술

Chapter 19

예외 처리

컴퓨터를 실행하면서 다음과 같은 화면을 본 적이 있는가?

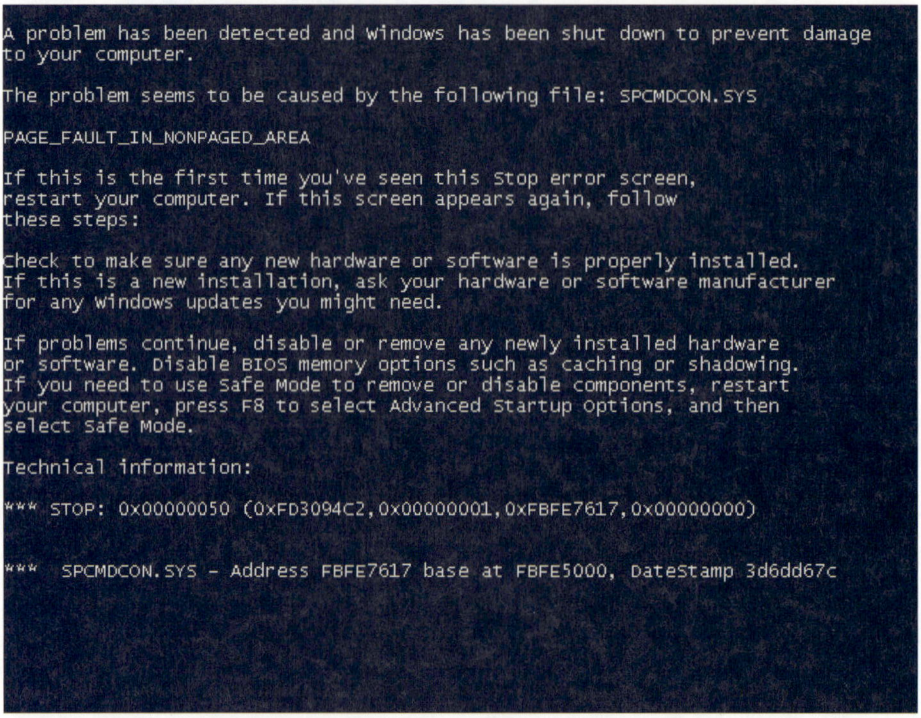

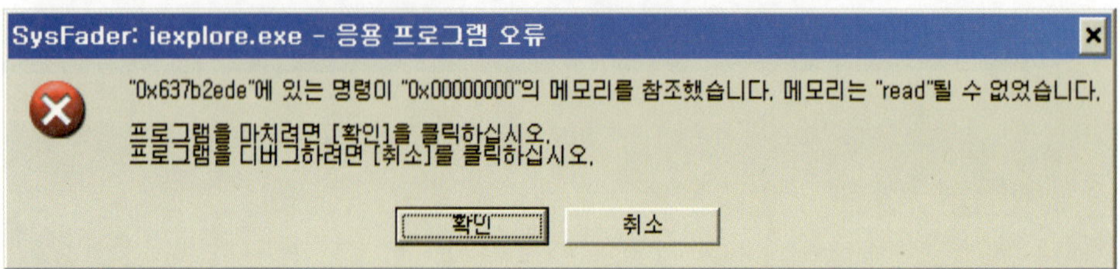

아마도 중요한 작업을 하던 중에 저장하지 못하고 이러한 에러 화면이 떠서 애를 먹었던 기억이 있을 것이다. 내가 만든 프로그램에서 예상치 못한 에러가 발생하였을 때 프로그램을 그냥 끝내지 말고 시스템이 자동으로 에러의 상황을 사용자에게 알려주고 에러를 피해 계속 실행될 수 있도록 할 수 있도록 코드 개발 단계에서 처리해 줄 수 있다.

이번에는 예상치 못한 오류가 발생했을 때 처리하는 방법과 함께 보다 효율적인 프로그램을 개발하는 방법을 살펴보자.

- **예외 처리 사용 기본형**

```
try:
    ...

except [발생오류 [as 오류변수]]:
    ...
```

1 예외 처리 기초

먼저 디렉터리나 폴더에 없는 파일을 열어보자.

```
>>> file = open("afile.txt", 'r')
Traceback (most recent call last):
  File "<pyshell#1>", line 1, in <module>
    file = open("afile.txt", 'r')
FileNotFoundError: [Errno 2] No such file or directory: 'afile.txt'
```

이제 위에 나타난 복잡한 에러 문구 대신 "파일이 없습니다. 파일을 먼저 생성하세요."라는 문구가 나오도록 수정해 보자.

```
try:
    file = open("afile.txt", 'r')
except:
    print("파일이 없습니다. 파일을 먼저 생성하세요.")
```

다음으로 숫자를 0으로 나누어 보자.

```
>>> 12/0
Traceback (most recent call last):
  File "<pyshell#0>", line 1, in <module>
    12/0
ZeroDivisionError: division by zero
```

이제 위에 나타난 복잡한 에러 문구 대신 "0으로 나눌 수 없습니다. 다른 수로 나누세요."라는 문구가 나오도록 수정해 보자.

```
try:
    b=12/0
except:
    print("0으로 나눌 수 없습니다. 다른 수로 나누세요.")
```

TIPS

0으로 나눌 경우 except ZeroDivisionError as e 문을 이용하여 처리한다. 여기서는 간단하게 오류가 발생하는 상황을 처리하기 위해 간단하게 except문만 예시로 사용하였다.

2 예외 처리 실습

나눗셈을 여러 번 반복할 수 있게 프로그램을 작성하려 한다. 나누려는 숫자를 입력받되 0이 입력되면 예외 상황을 처리하도록 해보자.

```
while 1:
    try:
        a=int(input("나누고자 하는 수"))
        b=12/a
```

```
        print(b)
    except:
        print("0으로 나눌 수 없습니다.")
```

이제 0을 입력하면 어떤 내용이 출력될까? try-except문 대신에 조건문(if문)을 사용하여 예외 처리를 해보자. 어떤 차이점이 있을지 살펴보자.

```
while 1:
    a=int(input("나누고자 하는 수"))
    if a==0:
        print("0으로 나눌 수 없습니다.")
    else:
        b=12/a
        print(b)
```

if문을 사용한 프로그램에서 입력값을 알파벳 문자로 넣어보자. 또한 엔터키를 눌러 빈값으로 입력해 보고, 한글이나 특수문자로도 입력해 보자.

TIPS

사용자가 어떤 값을 입력할지 모르는 상황에서 프로그래머가 다양한 에러 상황을 if문으로 구현하기는 어렵다.

다음과 같이 0으로 나누거나 숫자가 아닐 경우처럼 두 가지의 에러가 발생할 수 있는 상황을 예측해 보자.

```
try:
    a = int(input("피제수를 입력하세요: "))
    b = int(input("제수를 입력하세요: "))
    print("a / b = ", a / b)
except ValueError:
    print('입력된 값이 적절하지 않습니다.')
except ZeroDivisionError:
    print('0으로 나눌 수 없습니다!')
```

TIPS

두 가지 이상의 에러가 예상될 경우에는 에러의 유형을 이용하여 except문으로 나누어 표현하면 된다. 위의 코드에서 다음과 같이 as 문을 사용하여 간결하게 표현할 수 있다.

```
except ZeroDivisionError as e:
        print(e)
```

파일을 열 때 문제가 발생할 경우와 예외가 발생하지 않을 경우를 고려하여 구현해 보자.

```
try:
    file = open('song.txt', 'r')
except FileNotFoundError as e:     # 파일이 없거나 파일에 문제가 발생할 때 에러
                                     문구를 보여준다.
    print(str(e))
else:                              # 예외가 발생하지 않으면 실행된다.
    data = file.read()
    print(data)
    file.close()
```

입력에서 숫자형이 아니어서 발생하는 여러 개의 오류에 else 문으로 처리하는 방법을 살펴보자.

```
try:            # 질문에 숫자가 아닌 다른 값을 입력하면 오류 발생
    age=int(input('나이를 입력하세요: '))
except:
    print('입력이 정확하지 않습니다.')
else:           # 오류가 없을 때만 else 문이 수행됨
    if age <= 18:
        print('미성년자는 출입 금지입니다.')
    else:
        print('환영합니다.')
```

오류가 발생했을 때 아무 명령도 실행하지 않고 그냥 통과시키는 방법을 살펴보자.

```
try:
    f = open("z.txt", 'r')

except FileNotFoundError:
    pass     # pass를 사용하여 오류를 그냥 회피하도록 함
```

try-finally 문을 사용하여 중간에 오류가 발생했을 때 무조건 실행하는 방법을 살펴보자. 다음은 foo.txt 파일을 쓰기 모드로 연 후, 예외 발생 여부와 상관없이 항상 파일을 닫아 주기 위해 try-finally 문을 사용하는 예이다.

```
try:
    f=open('foo.txt', 'w')
    # 무언가를 수행한다.
    (…생략…)

finally:
    f.close()   # 중간에 오류가 발생하더라도 무조건 실행된다.
```

숫자를 입력받아 나눗셈할 때 발생하는 오류에 대해 출력하는 예외 처리 방법을 살펴보자.

```
try:
    x = int(input('나눌 숫자를 입력하세요: '))
    y = 10 / x
    print(y)

except:      # 예외가 발생했을 때 실행
    print('0으로 나눌 수 없습니다.')
```

try-except, else, finally를 모두 사용하는 예제 2가지를 살펴보면서 각 명령어의 쓰임새를 확인해 보자.

```
try:    # 사용자로부터 두 개의 숫자를 입력받음
    num1 = int(input("첫 번째 숫자를 입력하세요: "))
    num2 = int(input("두 번째 숫자를 입력하세요: "))
    result = num1 / num2

except ValueError:
    print("숫자를 올바르게 입력해 주세요.")
except ZeroDivisionError:
    print("0으로 나눌 수 없습니다.")
except Exception as e:
    print(f"알 수 없는 오류가 발생했습니다: {e}")
else:   # 예외가 발생하지 않았을 때 실행되는 코드
    print(f"나눗셈 결과: {result}")
finally:    # 항상 실행되는 정리 작업
    print("프로그램을 종료합니다.")
```

```
file_path= r"c:\abc.txt"

data = "smith and smith"

try:
   f = open(file_path, "w")  # 파일 열 때 저장 경로와 오픈 모드
   f.write(data)             # 데이터 쓰기
   print("파일 저장이 완료되었습니다.")
except:
   print("지정한 경로가 올바르지 않습니다.")
finally:                     # 파일 입출력은 반드시 메모리 자원을 반납
   f.close()                 # 파일 닫기
```

3 기초 내공 쌓기

예제 1

다음과 같이 파일에 과일 이름을 저장하는 프로그램을 만들어 보자.

1) 리스트를 이용하여 3개의 과일 이름을 입력하고 파일에 저장해 보자.

2) 리스트에 있는 과일의 개수가 넘도록 하여 저장하고 예외 상황을 처리해 보자.

3) fruit.txt 파일을 열어보자. 어떤 결과가 저장되었는가?

4) 에러가 발생되기 전까지의 과일 이름이 fruit.txt 파일에 저장되도록 해보자.

```
try:
    a=["사과","딸기","자두"]
    f.write(a[0])
    f.write(a[1])
    f.write(a[2])
    f.write(a[3])
except:
    print("저장하려는 과일의 이름이 없습니다.")
finally:
    f.close()
```

예제 2

KeyError 처리

딕셔너리에서 존재하지 않는 키를 조회하려고 할 때 발생하는 에러를 예외 처리를 해보자. 이때 사용되는 명령어는 KeyError를 사용하며 사용자가 지정되지 않은 키를 조회하면 사용자에게 경고 메시지를 출력하며, 프로그램이 종료되지 않도록 한다.

```python
my_dict= {"name": "Alice", "age": 25}

try:
    print(my_dict["address"])

except KeyError:
    print("KeyError: 'address' 키가 존재하지 않습니다!")
```

예제 3

IndexError 처리

사용자가 리스트의 인덱스를 입력하여 요소를 출력할 때 유효하지 않은 인덱스를 입력하면 IndexError를 처리하여 경고 메시지를 출력하도록 한다. 리스트에서 숫자가 아닌 값을 입력했을 경우 ValueError를 처리하여 잘못된 입력임을 알리도록 한다.

```python
my_list=[1, 2, 3]

try:
    index = int(input("찾고 싶은 인덱스를 입력하세요: "))
    print(my_list[index])

except IndexError:
    print("IndexError: 유효한 인덱스를 입력하세요.")

except ValueError:
    print("숫자를 입력하세요.")
```

예제 4

Custom Exception 처리

수가 입력되었을 때 사용자 정의 예외 NegativeNumberError를 발생시킬 수 있다. 음수를 입력할 경우 사용자 정의 예외 처리 블록에서 사용자에게 경고 메시지를 출력하도록 한다. 숫자가 아닌 값을 입력하면 ValueError 예외를 처리하여 유효한 입력값이 아니라고 알린다.

```
class NegativeNumberError(Exception):
    """음수가 입력되었을 때 발생하는 사용자 정의 예외"""
    pass

try:
    num = int(input("양수를 입력하세요: "))
    if num < 0:
        raise NegativeNumberError("음수는 입력할 수 없습니다!")
except NegativeNumberErroras e:
    print(e)
except ValueError:
    print("숫자를 입력하세요.")
```

TIPS

다음은 예외 상황의 사례들이다. 단어의 뜻을 이해하면 예외 상황의 에러가 무엇인지 추측할 수 있다.

IOError	입출력 문제가 생길 때	OverflowError	숫자 값의 범위가 넘을 때
ImportError	모듈 불러오기에 문제 있을 때	RuntimeError	실행에 문제가 생길 때
IndexError	리스트의 인덱스 범위가 넘을 때	SyntaxError	구문 오류가 날 때
MemoryError	메모리가 부족할 때	ValueError	적절치 못한 값이 입력될 때
OSError	운영체제가 문제 있을 때	ZeroDivisionError	0으로 나누었을 때

TIPS

좋은 코딩 스타일이란?

다음 제안하는 좋은 코딩 스타일은 python.org 사이트에서 제시하고 있는 팁이다. 코드를 보다 쉽게 작성하고 이해하며 공유할 수 있도록 다음 사항을 숙지하도록 하자.

- 들여쓰기에는 4개의 스페이스를 사용하고 탭을 사용하지 않는다.
- 4개의 스페이스는 작은 들여쓰기(더 많은 중첩 허락)와 큰 들여쓰기(읽기 쉬움) 사이의 좋은 절충이다. 탭은 혼란을 일으키므로 줄이는 것이 최선이다.
- 79자를 넘지 않도록 줄 넘김 한다. 이는 작은 화면을 가진 사용자를 돕고 큰 화면에서는 여러 코드 파일을 나란히 볼 수 있게 한다.
- 함수, 클래스, 함수 내의 큰 코드 블록 사이에 빈 줄을 넣어 분리한다.
- 가능하면 주석은 별도의 줄로 넣는다.
- 독 스트링을 사용한다.
- 연산자들 주변과 콤마 뒤에 스페이스를 넣고, 괄호 바로 안쪽에는 스페이스를 넣지 않는다.
  예) a = f(1, 2) + g(3, 4)
- 클래스와 함수들에 일관성 있는 이름을 붙인다. 예를 들어, 관례는 클래스의 경우 CamelCase, 함수와 메서드의 경우 lower_case_with_underscores이다. 첫 번째 메서드 인자의 이름으로는 항상 self를 사용한다.
- 여러분의 코드를 국제적인 환경에서 사용하려고 한다면 특별한 인코딩을 사용하지 않는다. 어떤 경우에도 파이썬의 기본, UTF-8, 또는 단순 ASCII조차, 이 최선이다.
- 마찬가지로, 다른 언어를 사용하는 사람이 코드를 읽거나 유지할 약간의 가능성만 있더라도, 식별자에 ASCII 이외의 문자를 사용하지 않는다.

출처: https://docs.python.org/ko/3/

Chapter 20

외부 라이브러리와 이미지 편집

파이썬의 장점은 다른 사람들이 만든 다양하면서도 소중한 프로그램 모듈을 쉽게 공유하여 활용할 수 있는 점이다. 외부에서 정의한 라이브러리를 간단히 import 시킨 후에 내가 만든 프로그램에 적용하기만 하면 된다. 예를 들면 공이 튀는 장면, 포토샵의 효과, 3D 구현, 음악 효과, 탄도를 구하는 수식 등을 직접 구현하지 않고 다른 사람이 만든 라이브러리를 구해 쉽게 자신의 프로그램에 적용할 수 있다.

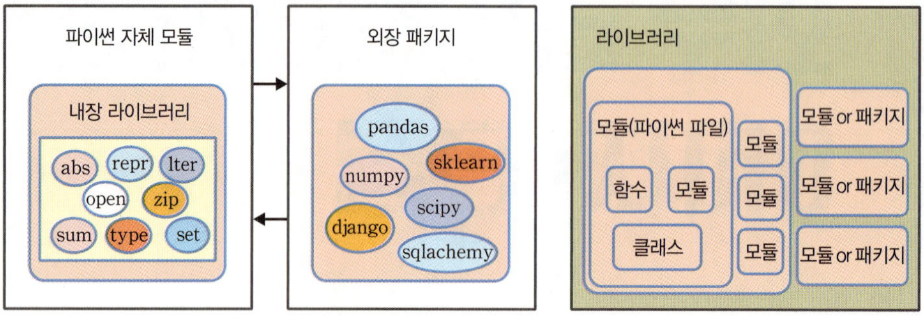

이러한 외부 라이브러리를 사용하기 위해서는 먼저 라이브러리를 내가 사용하는 파이썬 프로그램에 설치해야 한다. pip 프로그램을 이용하여 간단하게 설치하게 되며 코딩에서는 이전에 배운 math, time, turtle 등의 내부 모듈처럼 import를 사용하여 불러와 사용한다.

이번 장에서는 이미지를 편집할 수 있는 유용한 외부 모듈을 파이썬 프로그램에 설치하여 포토샵의 효과를 가진 이미지 편집 기능을 구현해 보자.

• 외부 라이브러리 활용 기본형

```
pip install 외부 라이브러리명
import 외부 라이브러리명
```

파이썬 코드를 작성하다 보면 함수, 모듈, 패키지, 라이브러리라는 용어를 많이 접하게 된다. 용어들이 비슷하면서 다른 점이 있는데 그 차이점을 살펴보자.

• 함수

• 단위 기능을 수행하는 코드
• 코드 내에서 정의해서 일시적으로 사용
• def abc() :
  abc()

• 모듈

• 상수, 변수, 함수, 클래스를 포함하는 코드가 저장된 파일
• '모듈 이름.py'로 저장
– 단일모듈 불러오기
  import 모듈명: 모든 모듈 내용 불러옴
  모듈명.변수(), 모듈명.함수() 형태로 모듈 내의 변수, 함수 호출 가능

– 특정 부분만 불러오기
  from 모듈명 import 변수명, 함수명, 클래스명
  from 모듈명 import * – 모듈 내의 모든 변수, 함수, 클래스 불러오기

– 모듈에 별칭 지정하기
  import 모듈명 as 별명
  from 모듈명 import 변수명/함수명/클래스명 as 별명

• 패키지

• 모듈: 코드가 저장된 파일
• 패키지: 여러 모듈을 체계적으로 모아 놓은 것
• 여러 모듈을 폴더로 묶어서 계층적으로 관리
• 패키지 사용
  import 패키지명.모듈명
  from 패키지명 import 사용할 모듈명
  from 패키지명.모듈명 import 사용할 함수명

• 라이브러리

- 패키지의 집합
- PyPI: 공식 패키지, 저장소 패키지 사용
- 표준 라이브러리
  - 자료형, 내장함수, 스탠다드 모듈
  - 파이썬 설치 시 기본적으로 포함되어 따로 설치할 필요 없음
  - 패키지가 아님
- 외부 라이브러리(외부 패키지)
  - 파이썬을 사용하는 일반 개발자들이 패키지를 만들어서 PyPI에 업로드해 놓은 것
  - 직접 설치가 필요

1 외부 라이브러리 설치

파이썬에서 많이 사용하는 외부 라이브러리를 찾아보고, 각 외부 라이브러리가 어떤 용도로 사용되는지 직접 실행해 보자.

- **pygame:** 게임 개발에 유용한 라이브러리
- **numpy:** 수학 관련 라이브러리
- **scipy:** 과학 관련 라이브러리
- **pillow:** 이미지 편집 라이브러리
- **matplotlib:** 그래프 작성 라이브러리 등

외부 라이브러리를 설치하는 프로그램을 살펴보자. 라이브러리 설치 프로그램 및 경로는 다음 예시와 같이 파이썬이 설치된 폴더의 scripts 폴더에 존재한다.

```
C:\Users\a\AppData\Local\Programs\Python\Python3\Scripts
```

설치 명령어는 다음과 같다. 이제 파이썬에 이미지 편집 라이브러리를 설치해 보자.

```
C:\Python3\Scripts\pip install 외부 라이브러리명
```

외부 라이브러리를 설치 방법

1. [윈도우 키]+[R]을 눌러 'cmd'를 입력하고 확인 버튼을 누르면, 윈도우 명령창(도스 창)이 실행된다.

2. cd 명령을 이용하여 파이썬이 설치된 폴더의 Scripts 폴더로 이동한다.
   예) cd C:\Users\a\AppData\Local\Programs\Python\Python311\Scripts

3. pip install pillow를 입력하여 설치를 진행하면, 검은색 DOS 창에서 pillow 프로그램이 설치되는 과정을 볼 수 있다.

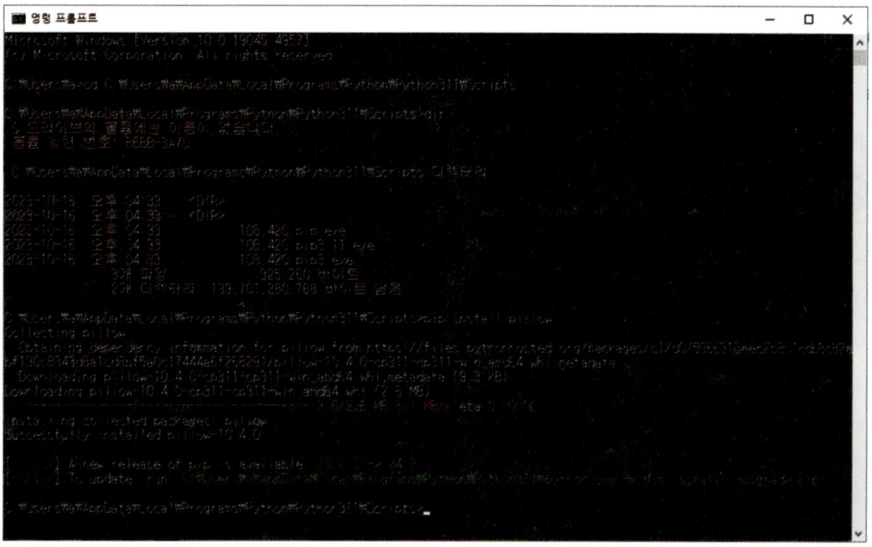

TIPS

내 컴퓨터에 설치된 외부 라이브러리 목록을 확인하기 위해서는 도스 명령창에서 scripts 폴더로 이동한 뒤, pip list를 입력하면 된다.

이제 파이썬 코드에 설치한 필로우 라이브러리를 불러오자.

```
from PIL import Image
```

TIPS

이미지 편집 라이브러리 pillow를 사용하기 위해서는 대문자로 지정된 PIL로부터 그림 편집을 위해 Image 모듈을 import해야 한다.

2 이미지 처리하기

이미지 파일을 화면에 출력해 보자.

```
from PIL import Image

img = Image.open('flower.jpg')   # 이미지 파일 열기
img.show()                       # 이미지를 화면에 출력
```

TIPS

파이썬에서 사용하는 이미지 파일은 파이썬 코드가 저장된 폴더에 같이 있어야 한다. 만약 다른 폴더에 이미지 파일이 있는 경우에는 별도로 경로를 지정해야 한다.

바탕이 파란색인 이미지 파일을 만들어 보고, 빨간색, 초록색, 보라색으로 변경해 보자.

```
from PIL import Image
img=Image.new("RGB",(256,256),(0,0,255))   # 파일 형식, 가로세로 크기, RGB 값
img.show()                                 # 이미지를 화면에 출력
```

이미지의 크기를 보여주고 다른 형식의 이미지 파일로 저장해 보자.

```
from PIL import Image

img = Image.open('flower.jpg')      # 이미지 파일 열기
img.show()                          # 이미지 화면에 출력
print(img.size)                     # 이미지 크기 출력
img.save('flower.png')              # 이미지를 png로 저장
```

큰 이미지 파일의 썸네일 이미지를 만들어 저장해 보자.

```
from PIL import Image

img = Image.open('flower.jpg')       # 이미지 파일 열기
size = (64, 64)                      # 썸네일 이미지 생성
img.thumbnail(size)
img.save('flower-thumb.jpg')
```

TIPS

- 썸네일 이미지는 큰 파일을 대신하여 간단하게 보여주는 작은 이미지를 말한다.
- 썸네일 이미지로 저장하면 이미지 파일이 매우 작은 크기로 저장된 것을 확인할 수 있다.

3 이미지에 효과 주기

이미지에 다양한 효과를 주며 편집해 보자. 이미지의 크기를 조절하기도 하고 일부분을 잘라서 저장한 뒤 회전시켜 보자.

또한, 프로그램을 실행하여 img.crop() 함수 안의 숫자가 무엇을 의미하는지 살펴보자.

```
from PIL import Image

img = Image.open('flower.jpg')

img1 = img.resize((400, 400))          # 이미지 크기를 400*400으로 변경
img1.save('flower-resize.jpg')

cut = img.crop((300, 300, 500, 400))   # 이미지의 일부 자르기
cut.save('flower-cut.jpg')

img2 = cut.rotate(90)                  # 잘라낸 이미지 회전하기
img2.save('flower-rotate.jpg')
```

이미지를 흐리게 만들거나 경계선만 나타나도록 필터 효과를 적용해 보자. 흐림(blur) 효과를 더 강하게(흐리게) 하려면 어떻게 해야 할까?

```
from PIL import Image, ImageFilter

img = Image.open('flower.jpg')
blurimg = img.filter(ImageFilter.BLUR)          # 흐림 효과 주기
blurimg.save('flower-blur.jpg')
contimg = img.filter(ImageFilter.CONTOUR)       # 경계선 효과 주기
contimg.save('flower-cont.jpg')
```

4 두 장의 이미지 병합하기

- **두 장의 이미지를 병합하여 겹친 그림 효과를 나타내기**

빛의 3원색(빨강색, 초록색, 파랑색; RGB)을 이용하여 이미지의 색상을 변경하자.

```
from PIL import Image

img=Image.open('flower.jpg')
r,g,b=img.split()
newimg=Image.merge('RGB',(r,g,b))
newimg.show()
```

위 코드에서 r,g,b=img.split()의 역할을 알아보자. 또한, Image.merge('RGB',(r,g,b))에서 괄호의 r, g, b 순서를 바꿔서 실행해 보자. 어떤 결과가 나타나는가?

다음으로 사이즈가 똑같은 두 장의 이미지를 불러와서 RGB 값을 바꾼 뒤 병합하여 한 장의 이미지로 저장해 보자.

```
from PIL import Image

img1=Image.open('flower2.jpg')
img2=Image.open('flower3.jpg')        # 두 개의 이미지 크기가 같아야 한다.

r,g,b=img1.split()
r1,g1,b1=img2.split()

newimg=Image.merge('RGB',(g1,b,r))  # (      )의 r, g, b의 값을 바꿔보자.
newimg.save('flower-merge.jpg')
newimg.show()
```

마지막으로 인터넷에서 세 장의 이미지를 불러와 r, g, b의 값을 분해한 뒤, 한 장의 이미지로 병합해 보자.

5 이미지 편집하기

불러온 이미지에 대각선으로 선을 그리고, 사각형 텍스트를 그려보고, draw.line과 rectangle의 fill 값을 변경해 보자.

```
from PIL import Image, ImageDraw

img = Image.open("dog.jpg")
draw = ImageDraw.Draw(img)
draw.line((0, 0) + img.size, fill=(255,255,255))                # 흰색 대각선
draw.line((0, img.size[1], img.size[0], 0), fill=(255,0,255)) # 보라색 대각선
draw.rectangle([(80,120),(220,320)],fill=(255,255,0))         # 노란색 채운 사각형
draw.text((250,150),"Hello")                                  # 텍스트 추가
img.save("dog12.jpg")
```

이미지의 색을 반전시켜 보자. 람다 함수의 256-x의 뺄셈이 되는 숫자값을 변경해 보자. 그림이 어떻게 달라지는가?

```
from PIL import Image

img = Image.open('dog.jpg')                # 이미지 파일 열기
img = Image.eval(img, lambda x : 256-x)    # 이미지 반전시키기
img.save("dog2.jpg")
```

이미지의 색을 밝게 해보자. 람다 함수의 x+90의 값을 변경하여 보자. 어떤 변화가 생기는지 살펴보고, 이미지를 어둡게도 해보자.

```
from PIL import Image
img = Image.open('dog.jpg')                                     # 이미지 파일 열기
Image.eval(img, lambda x:x+90).save("brightdog.jpg")  # 이미지의 밝기를 변경하
                                                                  여 저장하기
```

이미지의 경계선을 나타내 보자.

```
from PIL import Image, ImageFilter          # 이미지와 이미지 필터 모듈 불러오기

img=Image.open("dog.jpg")
img.filter(ImageFilter.FIND_EDGES).save("edgedog.jpg")
```

TIPS

이미지 필터의 옵션을 바꾸면 다양한 필터 효과를 줄 수 있다. 다음 옵션을 코드에 추가하여 실습한 뒤 효과들을 정리해 보자.

필터명	효과 설명
BLUR	블러 효과로 이미지를 흐리게 한다.
CONTOUR	
DETAIL	
EDGE_ENHANCE	
EDGE_ENHANCE_MORE	
EMBOSS	
FIND_EDGES	그림의 경계선을 찾아 검은 배경에 나타낸다.
SMOOTH	
SMOOTH_MORE	
SHARPEN	

그 외의 효과로는 다음과 같은 것들이 있다.

GaussianBlur, UnsharpMask, Kernel, RankFilter, MedianFilter, MinFilter, ModeFilter

컬러 이미지를 흑백 이미지로 변경해 보자.

```
from PIL import Image

img = Image.open('dog.jpg')          # 이미지 파일 열기
img.convert("L").save("dog5.jpg")    # 이미지 파일 모드 변경하여 저장하기
```

TIPS

convert() 함수의 모드는 다음과 같다. 제시한 모드를 적용하여 이미지를 컨버팅해 보자.

모드	설명
RGB	RGB 화면 컬러 모드
CMYK	CMYK 프린터 컬러 모드
L	256 그레이 모드
1	단색 모드

• 이미지를 다양하게 편집하기

이미지의 일부분을 흰색으로 채워보자. 단, 이미지를 불러올 때 이미지 파일이 없거나 문제가 있을 때는 예외 처리한다.

```
from PIL import Image
import time

while 1:
    image=input("불러올 파일의 이름(확장자 필요 없음)을 입력하시오. ")
    try:
        img = Image.open(image+".jpg")      # 이미지 파일 열기
        print("이미지 파일을 불러왔습니다")
        time.sleep(1)
        break
    except IOError:
        print("XX이미지 파일을 열 수 없습니다XX")

print("이미지 파일을 변환하고 있습니다")
time.sleep(1)
pix=img.load()
for i in range(int((img.size[0])/2)):       # 이미지 가로/2 만큼 반복
    for j in range(int((img.size[1])/2)):   # 이미지 세로/2 만큼 반복
        pix[i,j]=(255,255,255)              #각 픽셀의 값을 흰색 RGB로 바꾸기


print("이미지 파일을 변환하였습니다")
time.sleep(1)
img.save("dog13.jpg")
```

위의 코드를 이용하여 이미지의 첫 줄을 흰색으로 바꾸시오.

```
:
for i in range((img.size[0])):
    pix[i,0]= [          ]

:
```

위의 코드를 이용하여 이미지 안에 10*10픽셀마다 점을 찍어서 모눈종이처럼 나타내시오.

```
:
for i in range(0,img.size[0],10):
    for j in range(0,img.size[1],10):
        pix[i,j]= [          ]
:
```

컬러 이미지를 256단계의 흑백 이미지로 변경해 보자. 그리고 이미지를 불러와 각각 픽셀값을 하나씩 회색으로 변경해 보자.

```
from PIL import Image
import time

while 1:
    image=input("불러올 파일의 이름(확장자 필요 없음)을 입력하시오. ")

    try:
        img = Image.open(image+".jpg")      # 이미지 파일 열기
        print("이미지 파일을 불러왔습니다")
        time.sleep(1)
        break
```

```
    except IOError:
        print("XX이미지 파일을 열 수 없습니다XX")

pix=img.load()                          # 이미지의 픽셀값 가져오기
for i in range(img.size[0]):
    for j in range(img.size[1]):
        L=0.2126*pix[i,j][0]+0.7152*pix[i,j][1]+0.0722*pix[i,j][2]
                                        #가로세로 픽셀값을 회색으로 바꾸기 위한 공식
        L=int(L)                        # 계산 결과를 정수형으로 변경
        pix[i,j]=(L,L,L)                # 이미지의 픽셀값을 모두 회색값으로 바꾸기
img.save("graydog.jpg")
```

가로 세로의 픽셀값을 회색으로 바꾸는 L 변수의 값을 수정하여 이미지 색을 변경하시오. L 변수의 각 pix에 곱한 실수값은 어떤 역할을 하는가?

마지막으로 pix[i,j]=(L,L,L)의 L,L,L 값을 일부 변경하여 이미지를 변경해 보자. 예를 들면 pix[i,j]=(L,255,L) 등으로 변경해 보자.

6 OpenCV 이미지 편집

OpenCV는 Open Source Computer Vision의 약자로 영상 처리에 사용할 수 있는 오픈 소스 라이브러리이다. 기본 이미지 처리와 고급 컴퓨터 비전 알고리즘을 포함하고 있어 인간의 시각처럼 사물을 인식하고 이미지와 동영상을 편집하는 데 많이 활용되고 있다. 최근에는 자율주행 자동차의 카메라 인식 모듈을 OpenCV로 처리하면서 AI 분야로 발전하고 있다.

OpenCV를 설치한 뒤 파이썬 코드로 이미지 처리와 편집해 보자.

OpenCV2 모듈 설치 방법

1. Window 환경에서는 명령 프롬프트(윈도우키+R → cmd)를 실행한다.
2. Linux나 Mac 환경에서는 터미널을 실행한다.
3. $ pip install opencv-python으로 설치(혹은 python3 -m pip install opencv-python)을 입력하여 설치한다. 만약 설치가 제대로 되지 않는다면 pip install--upgrade pip를 통해 pip를 업데이트한 후에 다시 설치를 수행한다.
4. 모든 이미지와 xml 파일은 python 코드와 같은 폴더에 존재해야 한다.

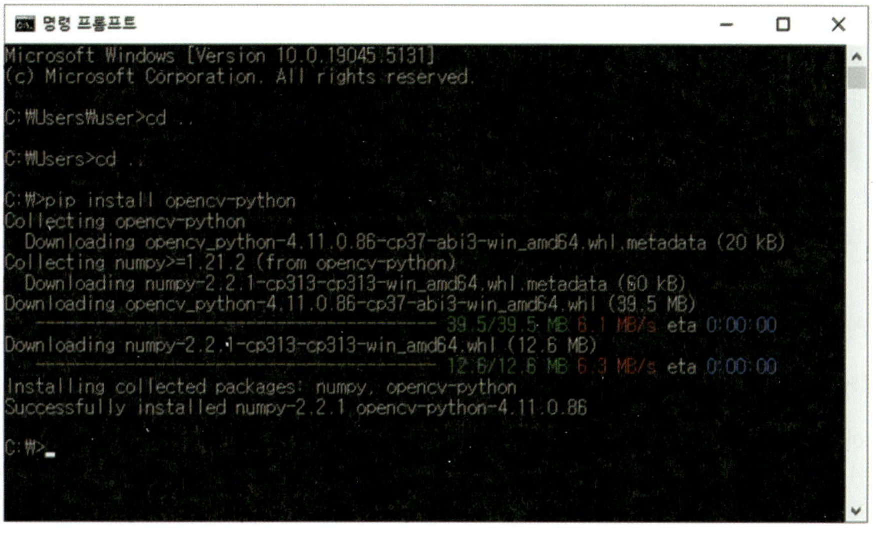

1) 이미지 읽기와 저장하기

컴퓨터에 있는 이미지(face.jpg)를 읽어서 opencv에서 자체 제공하는 창에서 이미지를 보여준다. 기존 이미지를 새로운 이름으로 저장한다.

```
import cv2

img= cv2.imread('friend.jpg')

if imgis None:
    raise FileNotFoundError("이미지 파일을 찾을 수 없습니다.")

# 이미지 화면에 표시
```

```
cv2.imshow('Image Display', img)

# 이미지 저장
cv2.imwrite('friend_copy.jpg', img)  # 이미지를 새로운 이름으로 저장

cv2.waitKey(0)  # 키보드 입력 대기 후 종료
cv2.destroyAllWindows()
```

출력 결과

2) 이미지 크기 조정, 회전하기

OpenCV를 이용하면 모서리 검출을 매우 쉽게 할 수 있다. FAST(Features from Accelerated Segment Test) 알고리즘을 사용하여 매우 짧고 간단하게 구현이 가능하다.

```
img= cv2.imread('friend.jpg')

# 이미지 크기 조정 (600x400)
resized_img= cv2.resize(img, (600, 400))

# 조정된 이미지 표시
cv2.imshow('Resized Image', resized_img)

# 이미지 90도 회전
rotated_img= cv2.rotate(img, cv2.ROTATE_90_CLOCKWISE)

# 회전된 이미지 표시
cv2.imshow('Rotated Image', rotated_img)

# 키보드 입력 대기 후 종료
cv2.waitKey(0)
cv2.destroyAllWindows()
```

출력 결과

3) 엣지 검출하기

이미지의 경계선을 검출하기 위해서는 우선 흑백 이미지로 변환하여 정보를 축소한다. 흑백 이미지 중 색상이 변화는 부분을 경계로 인식하여 선으로 표현한다.

```
import cv2

# 흑백 이미지로 읽기
img= cv2.imread('friend.jpg', cv2.IMREAD_GRAYSCALE)

# Canny Edge Detection
edges = cv2.Canny(img, 100, 200)

# 엣지 이미지 표시
cv2.imshow('Edge Detection', edges)

cv2.waitKey(0)
cv2.destroyAllWindows()
```

출력 결과

4) 흐림(Blur) 효과 주기

이미지의 경계선을 검출하기 위해서는 우선 흑백 이미지로 변환하여 정보를 축소한다. 흑백 이미지 중 색상이 변화는 부분을 경계로 인식하여 선으로 표현한다.

```
import cv2

img= cv2.imread('friend.jpg')

# GaussianBlur 적용
blurred_img= cv2.GaussianBlur(img, (15, 15), 0)

# 블러효과 이미지 표시
cv2.imshow('Blurred Image', blurred_img)

# 키보드 입력 대기 후 종료
cv2.waitKey(0)
cv2.destroyAllWindows()
```

출력 결과

5) 얼굴과 눈 검출하기

OpenCV를 이용하면 이미지에서 사람의 얼굴과 눈을 매우 쉽게 검출할 수 있다. 얼굴 분류기(CascadeClassifier) XML 파일을 이용하여 매우 짧고 간단하게 구현할 수 있다.

이미지에서 사람의 얼굴과 눈 부분만 인식하여 사각형으로 표시한다.

```python
import cv2

# HaarCascade XML 파일 로드 (OpenCV에서 제공)
face_cascade= cv2.CascadeClassifier(cv2.data.haarcascades + 'haarcascade_
frontalface_default.xml')
eye_cascade= cv2.CascadeClassifier(cv2.data.haarcascades + 'haarcascade_eye.xml')

img= cv2.imread('friend.jpg')

# 이미지를 흑백으로 변환
gray = cv2.cvtColor(img, cv2.COLOR_BGR2GRAY)

# 얼굴 검출
faces = face_cascade.detectMultiScale(gray, scaleFactor=1.1, minNeighbors=5,
minSize=(30, 30))

# 얼굴 주위에 사각형 그리기
for (x, y, w, h) in faces:
    cv2.rectangle(img, (x, y), (x+w, y+h), (255, 0, 0), 2)

# 얼굴 영역에서 눈 검출
    roi_gray= gray[y:y+h, x:x+w]
    roi_color= img[y:y+h, x:x+w]
    eyes = eye_cascade.detectMultiScale(roi_gray)
    for (ex, ey, ew, eh) in eyes:
        cv2.rectangle(roi_color, (ex, ey), (ex+ew, ey+eh), (0, 255, 0), 2)

# 결과 출력
cv2.imshow('Face and Eyes Detection', img)
cv2.waitKey(0)
cv2.destroyAllWindows()
```

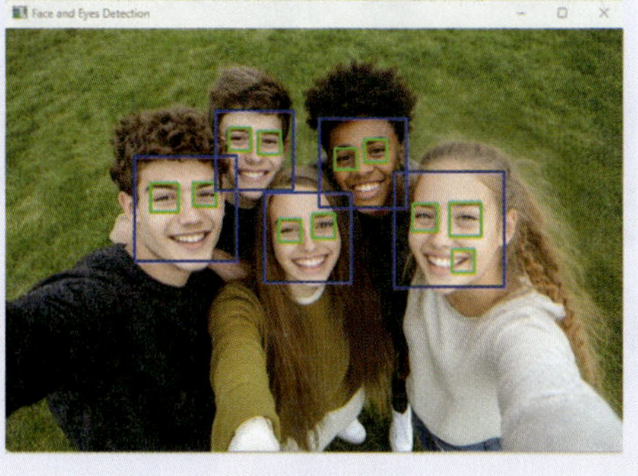

출력 결과

6) 얼굴의 윤곽선 검출하기

이미지에서 사람의 얼굴 부분의 윤곽선을 인식하여 굵은 선으로 표시한다.

```
import cv2

img= cv2.imread('friend.jpg')

# 이미지를 그레이 스케일로 변환
gray = cv2.cvtColor(img, cv2.COLOR_BGR2GRAY)

# 이진화(Thresholding)
_, thresh = cv2.threshold(gray, 127, 255, cv2.THRESH_BINARY)

# 윤곽선 검출
contours, _ = cv2.findContours(thresh, cv2.RETR_TREE, cv2.CHAIN_APPROX_SIMPLE)

# 원본 이미지에 윤곽선 그리기
contour_img= img.copy()
cv2.drawContours(contour_img, contours, -1, (0, 255, 0), 3)

# 결과 출력
cv2.imshow('Original Image', img)
cv2.imshow('Contours', contour_img)

cv2.waitKey(0)
cv2.destroyAllWindows()
```

출력 결과

7) 특정 범위의 색을 검출하여 표현하기

이미지에 있는 색상 중 원하는 색상 범위를 설정하여 그 부분만 출력한다.

```
import cv2
import numpyas np

img= cv2.imread('people.jpg')

# 이미지를 HSV 색상 공간으로 변환
hsv= cv2.cvtColor(img, cv2.COLOR_BGR2HSV)

# 특정 색상 범위 설정 (예: 파란색)
lower_blue= np.array([100, 150, 0])  # HSV에서 파란색 하한값
upper_blue= np.array([140, 255, 255])  # HSV에서 파란색 상한값

# 색상 범위에 해당하는 마스크 생성
mask = cv2.inRange(hsv, lower_blue, upper_blue)

# 원본 이미지에서 마스크 영역 강조
result = cv2.bitwise_and(img, img, mask=mask)

# 결과 출력
cv2.imshow('Original Image', img)
cv2.imshow('Mask', mask)
cv2.imshow('Detected Color', result)

cv2.waitKey(0)
cv2.destroyAllWindows()
```

원본

색상 변환 마스크

색상 변환 결과

8) 카메라에 비친 얼굴 인식하기

카메라 영상에서 사람의 얼굴 부분만 인식하여 사각형으로 표시한다. 코드가 실행되면 카메라 활성화를 허용하고 진행한다. VideoCapture(0)를 사용하여 웹캠을 연다.

```
import cv2

# HaarCascade XML 파일 로드
face_cascade= cv2.CascadeClassifier(cv2.data.haarcascades + 'haarcascade_
frontalface_default.xml')

cap = cv2.VideoCapture(0) # 웹캠 열기

while True:
    ret, frame = cap.read()
    if not ret:
        break

    # 이미지를 흑백으로 변환
    gray = cv2.cvtColor(frame, cv2.COLOR_BGR2GRAY)

    # 얼굴 검출
     faces = face_cascade.detectMultiScale(gray, scaleFactor=1.1, minNeighbors=5,
minSize=(30, 30))

    # 얼굴 주위에 사각형 그리기
    for (x, y, w, h) in faces:
        cv2.rectangle(frame, (x, y), (x+w, y+h), (255, 0, 0), 2)
```

```python
    # 결과 출력
    cv2.imshow('Real-Time Face Detection', frame)

    # 'q' 키를 누르면 종료
    if cv2.waitKey(1) & 0xFF == ord('q'):
        break

cap.release()
cv2.destroyAllWindows()
```

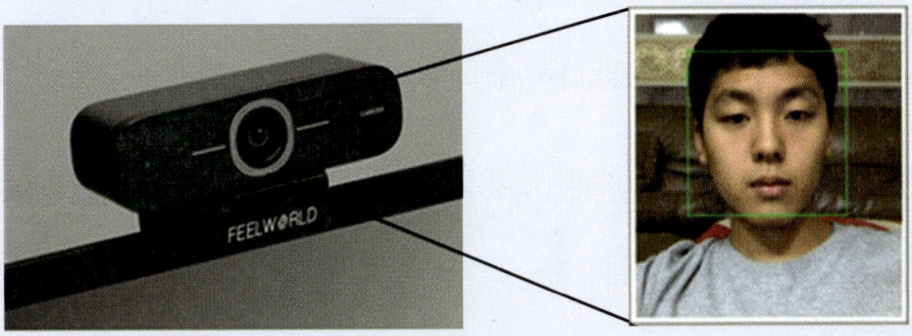

출력 결과

9) 실시간 동영상에서 색상을 추적하기

카메라에 잡힌 영상에서 원하는 색상 범위를 설정하여 그 부분만 출력한다. 예제에서는 파란색 계열의 영상만 추적하여 출력해 보았다.

```python
import cv2
import numpy as np

cap = cv2.VideoCapture(0)  # 웹캠 열기

# 파란색 범위 설정(HSV)
lower_blue= np.array([100, 150, 0])
upper_blue= np.array([140, 255, 255])

while True:
    ret, frame = cap.read()
    if not ret:
        break
```

```python
    # 이미지를 HSV 색상 공간으로 변환
    hsv= cv2.cvtColor(frame, cv2.COLOR_BGR2HSV)

    # 색상 범위에 해당하는 마스크 생성
    mask = cv2.inRange(hsv, lower_blue, upper_blue)

    # 원본 프레임에서 마스크 영역 강조
    result = cv2.bitwise_and(frame, frame, mask=mask)

    # 결과 출력
    cv2.imshow('Original Frame', frame)
    cv2.imshow('Mask', mask)
    cv2.imshow('Detected Color', result)

    # 'q' 키를 누르면 종료q
    if cv2.waitKey(1) & 0xFF == ord('q'):
        break

cap.release()
cv2.destroyAllWindows()
```

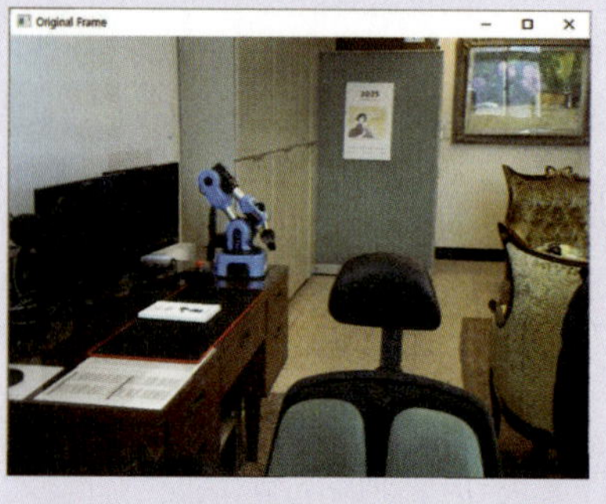

원본

마스크 영상

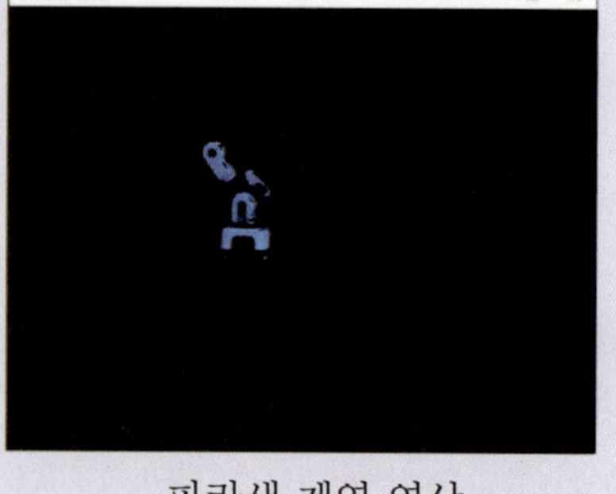

파란색 계열 영상

10) 실시간 동영상에서 움직임 감지하기

카메라를 이용하여 사람의 움직임을 인식한다. 움직임이 발생한 부위에 사각형으로 표시하여 감지한다.

```
import cv2

cap = cv2.VideoCapture(0)  # 웹캠 열기
ret, first_frame= cap.read()  # 첫 번째 프레임 읽기
if not ret:
    raise Exception("첫 번째 프레임을 읽을 수 없습니다.")

# 첫 번째 프레임을 그레이 스케일로 변환
gray_first= cv2.cvtColor(first_frame, cv2.COLOR_BGR2GRAY)
gray_first= cv2.GaussianBlur(gray_first, (5, 5), 0)

while True:
    ret, frame = cap.read()
    if not ret:
        break

    # 현재 프레임을 그레이 스케일로 변환
    gray_frame= cv2.cvtColor(frame, cv2.COLOR_BGR2GRAY)
    gray_frame= cv2.GaussianBlur(gray_frame, (5, 5), 0)

    # 프레임 간 차이 계산
    diff = cv2.absdiff(gray_first, gray_frame)

    # 이진화
    _, thresh = cv2.threshold(diff, 25, 255, cv2.THRESH_BINARY)

    # 윤곽선 검출
    contours, _ = cv2.findContours(thresh, cv2.RETR_TREE, cv2.CHAIN_APPROX_SIMPLE)

    # 움직임 영역에 사각형 그리기
    for contour in contours:
        if cv2.contourArea(contour) < 500:
            continue
        x, y, w, h = cv2.boundingRect(contour)
        cv2.rectangle(frame, (x, y), (x+w, y+h), (0, 255, 0), 2)
```

```
    # 결과 출력
    cv2.imshow('Motion Detection', frame)

    # 'q' 키를 누르면 종료
    if cv2.waitKey(1) & 0xFF == ord('q'):
        break

cap.release()
cv2.destroyAllWindows()
```

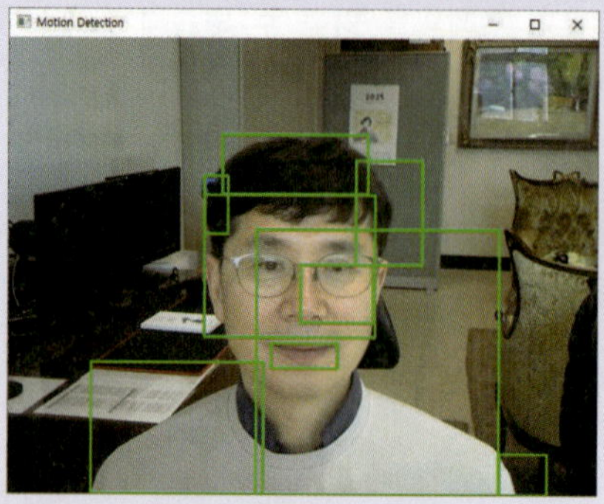

출력 결과

파이썬 철학

- 아름다운 것이 추한 것보다 낫다.
- 명시적인 것이 암시적인 것보다 낫다.
- 간결한 것이 복잡한 것보다 낫다.
- 복잡한 것이 난해한 것보다 낫다.
- 단조로운 것이 뒤엉킨 것보다 낫다.
- 공백을 주는 것이 빽빽한 것보다 낫다.
- 가독성은 중요하다.
- 특별한 경우라 하더라도 규칙을 어길 수 있을 만큼 특별하지 않다.
- 비록 실용성이 순수함을 앞선다고 할지라도.
- 오류를 절대로 조용히 넘기면 안 된다.
- 분명하게 조용하지 않는 한.
- 모호한 상황에서도 추측하려는 유혹을 떨쳐내야 한다.
- 그것을 할 수 있는 분명한 한 가지 방법이 있어야 한다. 그 방법이 유일하다면 더 좋다.
- 네덜란드 사람(Guido van Rossum)이 아니라면, 처음에 그 방법이 분명하지 않을 수도 있다.
- 지금 하는 것이 하지 않는 것보다 낫다.
- 비록 하지 않는 것이 종종 지금 "당장"하는 것보다 나을지라도.
- 구현한 것이 설명하기 어렵다면, 그것은 나쁜 아이디어이고 설명하기 쉽다면 좋은 아이디어일 것이다.
- 네임스페이스는 정말 좋은 아이디어다. 더 많이 사용하자!

한 권으로 끝내는
내공의 파이썬
초보자용 코딩 입문서

저 자 한선관
발 행 인 김지영
발 행 처 자유아카데미
주 소 경기도 파주시 회동길 37-42
파주출판도시
전 화 031-955-1321
팩 스 031-955-1322
홈페이지 www.freeaca.com
전자우편 main@freeaca.com (대표)
editor@freeaca.com (편집)
crm@freeaca.com (영업)
등 록 제406-2003-017호, 1980. 7. 12
제1판1쇄 2025년 3월 15일 발행

ISBN 979-11-5808-700-5 93000